Autore - Oleg Nashchubskiy
Traduttore - E.Borovkova

Violenza di genere.
Come smettere di essere una vittima.

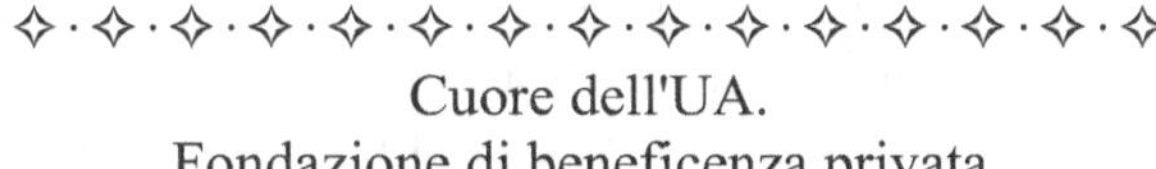

Cuore dell'UA.
Fondazione di beneficenza privata.

Gli orfanotrofi che si prendono cura dei bambini colpiti dalla guerra tra Russia e Ucraina ricevono il 50% dei profitti dalla vendita di questo libro.

✧ · ✧ · ✧ · ✧ · ✧ · ✧ · ✧ · ✧ · ✧ · ✧ · ✧ · ✧ · ✧ · ✧ · ✧

✧ Questo libro è su Amazon. com è stato pubblicato contemporaneamente in sette lingue: inglese, spagnolo, tedesco, francese , portoghese, italiano e ucraino.

✧ Il libro è già in vendita in formato stampato, su carta di alta qualità con copertina rigida, che garantisce maggiore stabilità e durata.
✧ Il libro è venduto anche in formato stampato con copertina morbida, il che rende più comodo portarlo con sé.

✧ Naturalmente, puoi acquistare questo libro in versione digitale, che è molto più economica e ti consente di leggere il libro su qualsiasi gadget moderno.

Tutti i miei libri, come continuazione di questa serie di libri sull'educazione psicologica dei bambini, così come tutti i libri aggiuntivi con materiali pratici pratici e teorici, possono essere trovati su Amazon inserendo il mio cognome nella ricerca: Nashchubskiy

✧ · ✧ · ✧ · ✧ · ✧ · ✧ · ✧ · ✧ · ✧ · ✧ · ✧ · ✧ · ✧ · ✧ · ✧

Introduzione

La violenza di genere è una questione complessa e sfaccettata e molte persone, anche se non hanno un'esperienza diretta come vittima o carnefice, hanno ancora difficoltà a comprenderla.

Innanzitutto, è importante riconoscere che la violenza di genere non si limita alla violenza fisica. Comprende anche abusi emotivi, psicologici ed economici, nonché minacce e controllo. La maggior parte dei casi di violenza di genere non avviene a causa dell'uso della forza, ma piuttosto per il desiderio di controllare e reprimere un'altra persona.

Per quanto riguarda la domanda sul perché gli uomini commettono violenza di genere e le donne rimangono in tali relazioni, le risposte possono essere molteplici e dipendono dalla situazione specifica. Ad esempio, gli uomini possono utilizzare la violenza di genere per mantenere il potere e il controllo nelle relazioni, mentre le donne possono rimanere in tali relazioni a causa della paura, della dipendenza, della vulnerabilità economica o delle dinamiche culturali e sociali.

La violenza di genere è un problema sociale ampio e complesso che tocca molti aspetti della vita umana. Può manifestarsi in varie forme e contesti, incluso l'ambiente familiare, le relazioni sociali, l'ambiente di lavoro, ecc. È importante capire che la violenza di genere non si limita alle azioni fisiche, sebbene spesso siano una delle sue manifestazioni. Comprende anche l'abuso emotivo, l'abuso psicologico, l'abuso economico, le minacce e il controllo comportamentale.

Una delle principali cause della violenza di genere è il desiderio di controllare e reprimere un'altra persona. Ciò può verificarsi a causa delle disuguaglianze di potere e di status tra i partner, nonché di atteggiamenti culturali e sociali che sostengono e rafforzano la disuguaglianza tra i sessi. Inoltre, gli stereotipi sulla mascolinità e sulla femminilità possono contribuire all'emergere e al mantenimento della violenza di genere creando norme di comportamento che giustificano o normalizzano tali azioni.

È importante comprendere che la violenza di genere può colpire tutte le persone, indipendentemente dal sesso, dall'età, dalla razza, dallo status sociale o da altre caratteristiche. Sebbene le donne costituiscano la maggioranza delle vittime della violenza di genere, anche gli uomini possono esserlo, e questo spesso non viene apprezzato o sottovalutato nella società.

genere può colpire sia donne che uomini, nonché persone di qualsiasi identità di genere. È importante capire che la violenza di genere non si limita alle vittime di sesso femminile, sebbene le donne e le ragazze costituiscano una percentuale significativa delle vittime. Tuttavia, anche uomini, ragazzi e persone con altre identità di genere possono essere vulnerabili alla violenza di genere.

La ricerca mostra che anche gli uomini possono essere vittime di violenza di genere, ma la frequenza e le forme di violenza possono variare a seconda di fattori culturali, sociali e di altro tipo. La violenza di genere è una questione complessa e diversificata che richiede attenzione e sostegno per tutte le vittime, indipendentemente dalla loro identità di genere.

La lotta alla violenza di genere richiede un approccio sistemico che includa l'educazione e la consapevolezza pubblica del problema, il rafforzamento delle risposte giuridiche e legali, il sostegno alle vittime e il lavoro per cambiare le norme culturali e gli stereotipi sul genere. Lavorare per superare la violenza di genere richiede la partecipazione dell'intera società e sforzi a tutti i livelli, da quello personale a quello globale.

La violenza di genere comprende un'ampia gamma di forme, tra cui la violenza fisica, emotiva, sessuale ed economica, nonché minacce e comportamenti controllanti. Può manifestarsi in vari ambiti della vita, compreso l'ambiente familiare, le relazioni sociali, l'ambiente lavorativo, ecc.

Nel nostro mondo, in cui ci battiamo per l'uguaglianza e la giustizia, il tema della violenza di genere rimane uno dei più importanti e rilevanti. La violenza di genere non è solo un problema fisico, ma anche un fenomeno socio-culturale complesso che abbraccia diversi aspetti della vita umana. Nel nostro libro esamineremo questo problema in tutte le sue manifestazioni e aspetti, esplorando le varie tipologie di violenza, le sue cause e conseguenze, nonché i modi per superarla e prevenirla.

Nella prima parte, ci immergiamo nel mondo delle tipologie di violenza di genere, rivelandone la natura multiforme: dalla violenza fisica a quella emotiva, psicologica ed economica. Esamineremo ciascuna tipologia separatamente, analizzandone le cause, i meccanismi di azione e le conseguenze per le vittime.

Nella Parte 2, approfondiamo i fattori e le cause della violenza di genere, esplorando il ruolo degli stereotipi culturali, delle aspettative sociali, del potere e del controllo. Condurremo una ricerca sui fattori personali e psicologici che contribuiscono all'emergere e al mantenimento della violenza di genere nella società moderna.

La terza parte del nostro libro è dedicata al sostegno alle vittime della violenza di genere. Copriamo assistenza primaria, sicurezza, salute mentale, supporto legale e sociale, offrendo ai lettori consigli pratici e risorse per sostenere se stessi e coloro che li circondano.

Nella quarta parte, ci occuperemo della prevenzione e della lotta alla violenza di genere, discutendo il ruolo dell'istruzione, dei programmi e delle campagne, lavorando con gli autori dei reati e impegnando la comunità nella risoluzione di questo problema.

La parte finale del nostro libro esaminerà le idee principali proposte in esso e inviterà i lettori all'azione. Ci auguriamo che il nostro lavoro diventi non solo una fonte di conoscenza, ma anche una fonte di ispirazione per coloro che si sforzano di creare un mondo libero dalla violenza di genere.

Ti invitiamo in un viaggio attraverso i complessi percorsi della violenza di genere, dove insieme cercheremo di comprenderne la natura, le conseguenze e le modalità per superarla.

✧·✧·✧·✧·✧·✧·✧·✧·✧·✧·✧·✧·✧·✧·✧

Parte 1: Violenza di genere.
Capitolo 1.
Introduzione all'argomento.

La violenza di genere è uno dei problemi più urgenti e importanti della società moderna e colpisce milioni di persone in tutto il mondo. Tuttavia, il termine "violenza di genere" copre non solo l'attacco fisico o le molestie, ma anche tutta una serie di diverse forme di violenza basate sulle disuguaglianze di potere e di status tra i sessi.

Il concetto di violenza di genere è molto diffuso e copre vari ambiti della vita, compresi i rapporti familiari, la sfera pubblica, i luoghi di lavoro, ecc. Comprende non solo la violenza fisica, ma anche la violenza emotiva, psicologica, sessuale ed economica, nonché le minacce e controllo.

La violenza fisica può manifestarsi attraverso percosse, percosse e atti violenti, ma anche la violenza emotiva e psicologica può essere non meno distruttiva, lasciando profonde ferite emotive e psicologiche. La violenza sessuale comprende un'ampia gamma di reati, che vanno dal contatto indesiderato e dalle molestie allo stupro e al traffico sessuale. La violenza economica, a sua volta, si manifesta attraverso la limitazione dell'accesso ai finanziamenti e alle risorse, creando dipendenza e controllo.

È importante capire che la violenza di genere non si limita agli atti fisici. Si basa spesso su disuguaglianze di potere e di status tra i sessi, radicate in norme e stereotipi socioculturali. I preconcetti sulla mascolinità e sulla femminilità, così come le convinzioni sul comportamento e sui ruoli "corretti" di ciascun genere, possono rafforzare e mantenere la violenza di genere nella società.

Pertanto, la comprensione e la consapevolezza del problema della violenza di genere rappresenta un passo importante verso la sua soluzione. Il nostro libro mira ad acquisire una comprensione più profonda della natura e della portata della violenza di genere e a fornire indicazioni pratiche e risorse per combattere il problema. Di seguito esamineremo più nel dettaglio i diversi aspetti e forme della violenza di genere, con l'obiettivo di sviluppare consapevolezza e contribuire a creare una società sicura e giusta per tutti i suoi membri.

La violenza di genere è uno dei problemi più urgenti e urgenti che la società moderna deve affrontare. Colpisce milioni di persone in tutto il mondo e ha un impatto devastante sulla loro vita, salute e benessere.

È importante capire che la violenza di genere non si limita ad atti fisici come percosse e stupri. Comprende anche l'abuso emotivo, psicologico, sessuale ed economico, nonché la minaccia e il controllo su un'altra persona. Queste forme di violenza possono manifestarsi sia nell'ambiente familiare che sul posto di lavoro, nelle istituzioni educative, nei luoghi pubblici, ecc.

Il problema della violenza di genere colpisce soprattutto le donne e le ragazze, che costituiscono la maggioranza delle vittime. Tuttavia, è importante capire che anche uomini e ragazzi possono essere vittime di violenza di genere, sebbene i loro casi spesso rimangano sottostimati o invisibili nella società.

La violenza di genere ha gravi conseguenze per le vittime, tra cui lesioni fisiche, traumi psicologici, problemi di salute mentale, isolamento sociale e dipendenza economica. Pone inoltre rischi per la sicurezza e inibisce l'autodeterminazione e l'autonomia personale.

Nella società moderna, il problema della violenza di genere non è solo una questione di sicurezza personale, ma anche una questione di giustizia sociale e diritti umani. Colpisce tutti i livelli della società e richiede un approccio sistematico alla soluzione, che comprenda l'istruzione, la sensibilizzazione, il rafforzamento della legislazione, la protezione giudiziaria e il sostegno sociale.

Affrontare la violenza di genere richiede non solo sforzi legislativi e in materia di diritti umani, ma anche cambiamenti nelle norme culturali, negli stereotipi e nelle relazioni di genere. Si tratta di una sfida per l'intera società, che richiede la partecipazione attiva e l'attenzione di ogni persona.

Alla luce di quanto sopra, comprendere e affrontare la violenza di genere è fondamentale per creare una società più giusta, equa e sicura per tutti i suoi membri.

La violenza di genere è una forma di violenza basata sulla disparità di potere e di status tra i sessi, che può manifestarsi in vari ambiti della vita, comprese le relazioni familiari, gli ambienti sociali, i luoghi di lavoro e altri. Non si tratta solo di violenza fisica, ma anche di violenza emotiva, psicologica, sessuale ed economica, nonché di minacce e controllo sul comportamento di un'altra persona.

Il chiarimento dei termini chiave e delle definizioni relative alla violenza di genere comprende i seguenti aspetti:

1. Il genere è un concetto socioculturale che definisce il comportamento, i ruoli, le norme e gli stereotipi attesi per uomini e donne nella società. Il genere è costruito socialmente e può variare a seconda delle culture e dei tempi.

2. Violenza - azioni o minacce fisiche, emotive, psicologiche o sessuali volte a causare danno, sofferenza o controllo su un'altra persona.

3. La violenza di genere è una forma di violenza basata sulla disuguaglianza di potere e di status tra i sessi, che può manifestarsi in vari ambiti della vita. Può includere violenza fisica (percosse, stupro), violenza emotiva (insulti, minacce), violenza psicologica (manipolazione, controllo), violenza sessuale (toccamenti indesiderati, molestie) e violenza economica (accesso limitato a finanziamenti e risorse).

4. La disuguaglianza di potere e status è un aspetto fondamentale della violenza di genere, in cui una parte ha più potere e controllo sull'altra parte a causa della sua identità di genere. Ciò può verificarsi a causa di fattori culturali, sociali o economici, nonché di stereotipi e pregiudizi sui ruoli e sui comportamenti di uomini e donne.

Comprendere questi termini e definizioni aiuta a comprendere meglio la natura e i meccanismi della violenza di genere, che a sua volta aiuta a superarla e prevenirla.

In che modo la violenza di genere differisce da altre forme di violenza :

1. Base e causa: la violenza di genere si basa sulle disuguaglianze di potere e di status tra i sessi, mentre altre forme di violenza possono essere causate da vari fattori come conflitti, droghe o disturbi mentali.

2. Carattere della vittima e dell'autore del reato: nei casi di violenza di genere, molto spesso le vittime sono donne e ragazze e gli autori del reato sono uomini. In altre forme di violenza possono esserci diverse combinazioni di vittime e autori, non necessariamente legate al genere.

3. Forme di manifestazione: la violenza basata sul genere può includere violenza fisica, emotiva, psicologica, sessuale ed economica, nonché minacce e controllo, mentre altre forme di violenza possono avere una gamma di manifestazioni più limitata.

4. Fattori culturali e sociali: la violenza di genere è spesso associata a stereotipi culturali e sociali sui ruoli e sul comportamento di uomini e donne, mentre altre forme di violenza possono essere più legate a circostanze o situazioni specifiche.

5. Impatto sulla società: la violenza di genere ha un impatto profondo e diffuso sulla società, influenzando le relazioni sociali, il benessere psicologico e lo sviluppo economico. Anche altre forme di violenza possono avere gravi ripercussioni sulla società, ma potrebbero non essere così culturalmente e socialmente legate come la violenza di genere.

Queste differenze aiutano a comprendere la natura e la portata del problema della violenza di genere, il che è importante per sviluppare strategie efficaci per prevenire e combattere questo tipo di violenza.

La violenza di genere si presenta in molte forme e le tratteremo tutte. Cominciamo esaminando la più popolare, o meglio, purtroppo, la più comune tra le vittime della violenza di genere: la violenza fisica.

La violenza fisica è una forma di violenza di genere che avviene attraverso attacchi fisici e violenza contro una persona. Ecco alcuni esempi astratti, caratteristiche e conseguenze della violenza fisica:

Esempi:

- Colpire, percuotere, con pugni, oggetti.
- Soffocamento, strangolamento.
- Premere contro un muro o un pavimento.
- Espressione fisica brutale dell'aggressività.

Caratteristiche:

- Lesioni: l'abuso fisico può causare lesioni gravi, comprese fratture, abrasioni, contusioni, ustioni, ecc.

- Uso della forza: l'aggressore utilizza attivamente la propria forza fisica o superiorità per dominare e controllare la vittima.

- Attacchi ripetuti: la violenza fisica è spesso caratterizzata da attacchi ripetuti o sistematici, che aumentano la paura e la vulnerabilità della vittima.

- Obiettivo del controllo: l'obiettivo dello stupratore è controllare la vittima dimostrando il suo potere e dominio.

Conseguenze:

- Lesioni fisiche: lesioni evidenti come sanguinamento, fratture, abrasioni e contusioni.

- Conseguenze psicologiche: Paura, ansia, depressione, sindrome da stress post-traumatico.

- Conseguenze sociali: isolamento sociale, perdita di fiducia negli altri, perdita di autostima.

- Ciclo di abuso: l'abuso fisico è spesso accompagnato da abuso emotivo e psicologico, creando un ciclo di abuso che può essere difficile da interrompere.

Questi esempi, caratteristiche e conseguenze aiutano a comprendere la gravità e la distruttività della violenza fisica come forma di violenza basata sul genere, e la necessità di fermarla e prevenirla.

La violenza emotiva e psicologica è una forma di violenza di genere che si basa sulla manipolazione, minacce, umiliazione e altre azioni volte a controllare e reprimere la vittima manipolando le sue emozioni e il suo stato mentale. Non si tratta di violenza fisica, ma può anche essere distruttiva e lasciare profonde ferite emotive.

Scenari di esempio:

1. Umiliazione e insulti: l'aggressore può costantemente criticare la vittima, umiliarla e insultarla.

2. Isolamento: l'aggressore può isolare la vittima dai suoi amici e

dalla sua famiglia, facendola sentire sola e dipendente da lui.

3. Manipolazione: l'aggressore può utilizzare bugie, promesse e minacce per manipolare il comportamento della vittima e ottenere da lei i risultati desiderati.

4. Minacce: l'aggressore può minacciare la vittima con violenza fisica, autolesionismo o addirittura suicidio per costringerla a sottomettersi alla sua volontà.

5. Isolamento dalle risorse: l'aggressore può controllare l'accesso della vittima alle finanze, ai trasporti o ad altre risorse al fine di sopprimerla e aumentare il proprio potere.

Impatto sulla vittima:

1. Trauma emotivo: la vittima può sperimentare stress costante, ansia, depressione e bassa autostima a causa delle continue umiliazioni e insulti.

2. Isolamento sociale: la vittima può isolarsi dai propri cari e dal sostegno a causa delle manipolazioni dell'aggressore, rendendola più vulnerabile e dipendente da lui.

3. Perdita di autodeterminazione: la vittima può perdere fiducia in se stessa e nella sua capacità di prendere decisioni poiché la sua opinione viene costantemente ignorata o criticata dall'aggressore.

4. Ciclo di abuso: l'abuso emotivo e psicologico fa spesso parte di un ciclo di abuso che può essere difficile da interrompere a causa della sua natura nascosta e manipolativa.

Questi esempi e impatti aiutano a comprendere la distruttività e la profondità dell'abuso emotivo e psicologico, nonché l'importanza di riconoscerlo e prevenirlo.

La violenza sessuale è una forma di violenza basata sul genere in cui l'autore del reato utilizza atti sessuali, minacce o coercizione per controllare e reprimere la vittima. Può includere una vasta gamma di comportamenti, dal contatto indesiderato allo stupro, ed è spesso accompagnato da abusi fisici ed emotivi.

Forme e contesti di violenza sessuale:

1. Violenza sessuale domestica: questa violenza si verifica all'interno di una famiglia o di una relazione intima e può includere atti sessuali non consensuali o atti sessuali forzati tra partner.

2. Molestie sessuali: questa è una forma di violenza sessuale in cui l'autore del reato fa atti o commenti sessuali indesiderati senza il consenso della vittima. Ciò può includere contatti non richiesti, domande invadenti sul sesso o minacce.

3. Stupro: è la violenza in cui lo stupratore costringe fisicamente o con minacce la vittima a compiere un atto sessuale senza il suo consenso. Lo stupro può includere la forza fisica, le minacce, la violenza con un'arma o la violenza sotto l'effetto di droghe.

Impatto sulla vittima:

1. Effetti traumatici: una vittima può sperimentare traumi gravi, disturbo da stress post-traumatico, depressione e disturbi d'ansia a causa della violenza sessuale.

2. Perdita di fiducia e sicurezza: la violenza sessuale può compromettere il senso di sicurezza e di fiducia della vittima negli altri, compresi i propri cari e i partner intimi.

3. Danno fisico: lo stupro e altre forme di violenza sessuale possono portare a danni fisici, infezioni, gravidanza e infezioni trasmesse sessualmente.

4. Perdita di autostima e disfunzione sessuale: la vittima può provare sentimenti di vergogna, senso di colpa e bassa autostima, nonché problemi e disfunzioni sessuali dovuti all'abuso sessuale.

Questi esempi e impatti aiutano a riconoscere la gravità e la distruttività della violenza sessuale come forma di violenza basata sul genere ed evidenziano la necessità di fermarla e prevenirla.

La violenza economica è una forma di violenza basata sul genere in cui l'aggressore utilizza il controllo sulle finanze, sulle risorse e sulla dipendenza economica della vittima per stabilire e mantenere il potere e il controllo su di lei. Ciò può includere accesso limitato ai finanziamenti, oppressione finanziaria, lavoro forzato o deprivazione economica.

Esempi di violenza economica:

1. Controllo finanziario: l'aggressore può controllare i conti bancari, le carte di credito e altre risorse finanziarie della vittima, limitando il suo accesso al denaro.

2. Oppressione finanziaria: l'aggressore può rifiutarsi di fornire fondi per spese essenziali come cibo, vestiti o cure mediche, costringendo la vittima a dipendere da lui.

3. Lavoro forzato: l'aggressore può costringere la vittima a lavorare senza retribuzione o con una retribuzione minima, impedendole di trovare un altro lavoro o di sostenersi finanziariamente.

4. Deprivazione economica: l'aggressore può distruggere o decorare la proprietà della vittima, privandola dei suoi mezzi di sostentamento e minacciando la rovina finanziaria.

Impatto sulla vittima:

1. Dipendenza e controllo: l'abuso economico crea dipendenza della vittima dall'aggressore a causa della sua vulnerabilità finanziaria, che consente all'aggressore di stabilire il controllo e manipolare il suo comportamento.

2. Paura e impotenza: la vittima può provare paura di perdere il sostegno finanziario o il sostegno per se stessa e per i suoi figli, costringendola a rimanere in una relazione dannosa o pericolosa.

3. Isolamento sociale: l'abuso economico può portare all'isolamento

sociale della vittima poiché potrebbe avere una capacità limitata di comunicare con gli altri o di ricevere aiuto a causa di problemi finanziari.

Questi esempi e impatti aiutano a riconoscere gli effetti devastanti della violenza economica e sottolineano l'importanza di fermarla e prevenirla.

La violenza di genere implica l'uso di minacce e pressioni psicologiche per controllare e reprimere la vittima. Ciò può manifestarsi attraverso varie forme di minaccia, manipolazione e tattiche psicologiche che creano sentimenti di paura, ansia e impotenza nella vittima.

Forme e meccanismi di minaccia e manipolazione:

1. Minacce di violenza: l'aggressore può minacciare violenza fisica o sessuale, o violenza contro i propri cari o le proprietà della vittima.

2. Minacce di negare il sostegno: l'aggressore può minacciare di rifiutare il sostegno finanziario, di porre fine alle relazioni o di ritirarsi dai social network se la vittima non rispetta la sua volontà.

3. Ricatto emotivo: un aggressore può usare sentimenti di colpa, vergogna o ansia per costringere la vittima a fare ciò che vuole.

4. Utilizzo dei bambini: l'aggressore può utilizzare i bambini come mezzo di minaccia o manipolazione, minacciando di portarli via dalla vittima o di farle del male.

Come affrontare le minacce e la manipolazione:

1. Ottenere supporto: le vittime dovrebbero chiedere aiuto ad amici intimi, familiari, professionisti o organizzazioni che possono fornire supporto e assistenza in situazioni difficili.

2. Educazione e consapevolezza: le vittime dovrebbero essere istruite sui segnali della violenza di genere, sui loro diritti e sulle risorse disponibili per la protezione e l'assistenza.

3. Sviluppo di un piano di sicurezza: le vittime possono sviluppare un piano di sicurezza che includa misure per proteggere se stesse e i propri figli in caso di minaccia o pericolo.

4. Richiesta di risarcimento legale: le vittime possono richiedere assistenza e protezione legale, inclusa la presentazione di ordini restrittivi o il contatto con le forze dell'ordine.

5. Supporto psicologico: le vittime possono rivolgersi a psicologi o terapisti per ricevere supporto psicologico e assistenza nel superare l'esperienza traumatica della violenza di genere.

Queste strategie aiutano le vittime ad affrontare minacce e manipolazioni, prevenendo ulteriori impatti e trovando percorsi per il rilascio e il recupero.

La violenza di genere è un fenomeno terribile che penetra nel profondo della società, colpendo talvolta le relazioni più strette. Si presenta sotto forma di minacce e pressioni psicologiche, causando alle vittime dolore e sofferenze inimmaginabili. Questo tipo di violenza è spesso invisibile e rimane a porte chiuse, rendendo più difficile identificarla e combatterla.

Comprendere l'intera profondità del problema della violenza di genere è estremamente importante per la società, poiché solo comprendendone la portata possiamo sperare in progressi nel superarlo. Dopotutto, la violenza di genere ha un impatto devastante non solo sulle vittime, ma anche sulle loro famiglie e sulla società nel suo insieme.

Le vittime della violenza di genere affrontano difficoltà inimmaginabili. Affrontano traumi fisici e psicologici e perdono il senso di sicurezza e fiducia negli altri. La violenza lascia segni non solo sullo stato fisico ed emotivo, ma anche a livello sociale, distruggendo le famiglie e creando un'atmosfera di paura e violenza.

È quindi necessario combattere la violenza di genere, fornire sostegno e protezione alle vittime, condannare la violenza in tutte le sue forme e impegnarsi per creare una società in cui tutti abbiano diritto alla sicurezza, al rispetto e alle pari opportunità.

La violenza di genere ha un impatto profondo e devastante sulla salute mentale delle vittime, nonché sul benessere della società nel suo insieme. Ecco gli aspetti principali di questa influenza:

1. Trauma psicologico per le vittime: le vittime di violenza di genere spesso sperimentano gravi conseguenze psicologiche come disturbo da stress post-traumatico (PTSD), depressione, disturbi d'ansia e compromissione dell'autostima. Questi traumi possono avere effetti a lungo termine sulle vittime, influenzando la loro vita personale, il lavoro, le relazioni e la partecipazione sociale.

2. Ciclo di violenza e ricaduta: la violenza di genere spesso diventa parte di un ciclo di violenza in cui le vittime vengono ripetutamente attaccate dai loro aggressori. Questo ciclo può portare a stress e ansia costanti per le vittime e rendere loro difficile liberarsi dall'aggressore.

3. Costi economici: la violenza di genere può avere gravi conseguenze economiche per le vittime, come la perdita del lavoro, la perdita dell'indipendenza finanziaria e la diminuzione del benessere finanziario. Ciò può portare ad un ulteriore isolamento sociale e difficoltà nella riabilitazione.

4. Diffusione della violenza nella società: la violenza di genere crea un'atmosfera di paura, violenza e sfiducia nella società, che può portare a un'ulteriore diffusione della violenza e ad un aumento dei tassi di criminalità. Ciò crea un ambiente pericoloso per tutti i membri della società, non solo per le vittime di aggressioni.

5. Costi economici e sociali: la violenza di genere impone costi economici e sociali significativi alla società nel suo complesso, compresi i costi dell'assistenza sanitaria, della protezione legale, del supporto psicologico e della riabilitazione per le vittime, nonché la perdita di lavoro

e di produttività.

Nel complesso, la violenza di genere non solo distrugge la vita degli individui, ma crea anche gravi conseguenze negative per la società nel suo insieme. Pertanto, combattere questo problema è parte integrante dello sviluppo sociale e della creazione di un ambiente sicuro e sano per tutti i suoi membri.

Naturalmente, ecco una rapida panoramica delle statistiche e delle ricerche sulla violenza di genere:

1. Ambito del problema: secondo l'Organizzazione Mondiale della Sanità (OMS), una donna su tre nel mondo subisce nel corso della sua vita violenza fisica o sessuale da parte del partner o dell'autore del reato.

2. Vulnerabilità delle donne: le donne rappresentano la principale categoria di vittime della violenza di genere. I dati mostrano che tra il 15% e il 71% delle donne in tutti i paesi denunciano violenze fisiche o sessuali da parte di un partner.

3. Violenza domestica: la maggior parte dei casi di violenza di genere si verificano nel contesto delle relazioni familiari. Circa il 38% di tutti gli omicidi di donne nel mondo sono commessi dai loro partner.

4. Esposizione dei bambini: anche i bambini sono spesso esposti alla violenza di genere. Circa 120 milioni di ragazze sotto i 20 anni (circa 1 su 10) subiscono violenza sessuale.

5. Sottostima del problema: c'è ancora una significativa sottostima della portata del problema della violenza di genere. Molti casi non vengono denunciati o non vengono denunciati a causa dello stigma, della paura e della mancanza di accesso alla protezione e all'assistenza legale.

Questi dati alzano solo leggermente il sipario sul problema della violenza di genere. Nonostante gli sforzi di molte organizzazioni per i diritti umani e agenzie governative, la violenza di genere rimane uno dei problemi più gravi della società moderna, che richiede un'attenzione globale e misure per prevenirla e combatterla.

Care vittime della violenza di genere, vi scrivo con un accorato appello all'azione. Capisco che hai attraversato prove inimmaginabili e hai affrontato difficoltà che nessuno dovrebbe sopportare. Tuttavia, la forza e la determinazione che dimostri ogni giorno sono incredibili.

È importante rendersi conto che la violenza di genere non è colpa tua. Nessuna persona merita di essere sottoposta a tale orrore. Tuttavia, ora è il momento di prendere il controllo della tua situazione e lottare per il cambiamento.

La tua consapevolezza del problema e la tua determinazione al cambiamento giocano un ruolo fondamentale nel processo di recupero e nel superamento delle difficoltà. Ricorda che non sei solo in questo. Esiste un'enorme comunità di persone e risorse pronte a supportarti in ogni fase del percorso verso il recupero e la liberazione.

Fai il primo passo chiedendo aiuto e supporto. Potrebbe trattarsi di parlare con un amico o una famiglia fidati, contattare professionisti della salute mentale o dei servizi sociali o anche semplicemente cercare informazioni sulle risorse e sui servizi disponibili.

Ricorda che meriti sicurezza, rispetto e amore. La tua voce è importante e il tuo diritto a vivere in un ambiente sicuro e sano è innegabile. Sii forte e ricorda che insieme possiamo fare la differenza.

Capitolo 2.
L'importanza di affrontare la violenza di genere.

Per quelle anime che avvertono il peso della violenza di genere , ogni giorno diventa una sfida. Ciò non è solo traumatico e umiliante, ma mina anche l'autostima, la fiducia in se stessi e la fiducia nelle proprie capacità. L'importanza di affrontare il problema della violenza di genere per un individuo del genere è fuori dubbio. Ogni momento di paura e incertezza causata dalla violenza di genere porta il suo pezzo di pesantezza nel cuore e nella mente. Ciò influisce sul modo in cui pensi e sull'immagine di te stesso, allontanandoti dalla gioia, dalla fiducia e dalla fiducia nel futuro.

Affrontare la violenza di genere significa molto più che semplicemente fermare specifici atti di aggressione. Questa è la restaurazione della dignità umana e l'elevazione dello spirito. È recuperare la forza di credere in te stesso e lottare per i tuoi obiettivi senza essere costantemente tiranneggiato. Ogni azione intrapresa per affrontare la violenza di genere apre la porta a nuove opportunità e porta alla liberazione dalle catene della paura e dell'incertezza.

Per chi soffre di violenza di genere , la soluzione a questo problema è ritrovare un senso di sicurezza e calma. Questa è un'opportunità per smettere di nasconderti dietro una maschera ed essere accettato per quello che sei. Questa è un'opportunità per ottenere la vera libertà dall'essere insultati, umiliati e feriti ogni giorno. Ogni passo verso la fine della violenza di genere è un passo verso il recupero della dignità e della felicità perdute.

Agire per affrontare la violenza di genere apre anche la porta a nuove opportunità di crescita e di auto-sviluppo. Quando una persona si libera dal peso dello stress e dell'ansia costanti, può concentrarsi sui suoi hobby, interessi e obiettivi. Essere in grado di esprimersi in sicurezza e prosperare in un ambiente sociale promuove un sano senso di sé e di fiducia.

Inoltre, affrontare la violenza di genere è importante per creare un ambiente comunitario sano e solidale. La violenza di genere non solo danneggia le sue vittime dirette , ma distrugge anche la società nel suo insieme poiché alimenta un ciclo di violenza e ingiustizia. Agire per combattere la violenza di genere promuove una cultura di rispetto, tolleranza e comprensione, portando a una riduzione dei conflitti e a un ambiente più solidale ed empatico per tutti i membri.

Naturalmente, affrontare la violenza di genere significa anche proteggere e promuovere i diritti umani alla libertà e alla sicurezza. Ogni persona ha il diritto di essere trattata con dignità e rispetto e la violenza di genere mina questo diritto. Agire per combattere la violenza di genere è una riaffermazione del nostro impegno a proteggere la dignità e la sicurezza di ogni membro della società.

Affrontare la violenza di genere è di grande importanza per la persona che subisce violenza per diversi motivi:

1. Benessere psicologico: l'esposizione a lungo termine alla violenza di genere può portare a gravi problemi psicologici come depressione, ansia, disturbo da stress post-traumatico e bassa autostima. Affrontare la violenza di genere aiuta a preservare la salute mentale e a migliorare il benessere emotivo della vittima.

L'esposizione prolungata alla violenza di genere può avere gravi conseguenze sul benessere psicologico della vittima. Questo processo inizia con la violenza di genere che crea stress e ansia continui nella vittima. Una paura gradualmente crescente di ulteriori attacchi o bullismo può portare allo sviluppo di disturbi d'ansia come il disturbo d'ansia generalizzato o la fobia sociale.

Oltre all'ansia, anche la depressione è una conseguenza psicologica comune della violenza di genere. Il costante ridicolo, l'umiliazione e l'isolamento possono minare l'autostima e causare sentimenti di impotenza nella vittima, che a loro volta possono portare alla depressione. La sindrome da stress post-traumatico può svilupparsi anche nelle vittime di violenza di genere , soprattutto se hanno subito abusi fisici o emotivi.

Anche la bassa autostima e il senso di insicurezza rientrano tra i problemi psicologici associati alla violenza di genere. Attacchi costanti all'identità e all'autostima possono far sì che la vittima inizi a dubitare delle proprie capacità e del proprio valore come persona.

Affrontare la violenza di genere è fondamentale per preservare la salute mentale e migliorare il benessere emotivo della vittima. Fornire sostegno, creare un ambiente sicuro e attuare strategie efficaci per affrontare la violenza di genere può aiutare a ridurre lo stress e l'ansia, prevenire lo sviluppo di depressione e altri problemi di salute mentale e migliorare l'autostima e la fiducia della vittima.

2. Adeguamento sociale: l'esposizione alla violenza di genere può portare all'isolamento sociale e rendere difficile stabilire relazioni interpersonali sane. Risolvere il problema della violenza di genere consente alla vittima di ripristinare il suo adattamento sociale, ripristinare la fiducia negli altri e ripristinare i legami con altre persone.

L'adattamento sociale gioca un ruolo importante nella vita di una persona e la violenza di genere può complicare notevolmente questo processo. L'esposizione alla violenza di genere può portare all'isolamento sociale poiché la vittima si sente a disagio o ha paura di connettersi con gli altri per paura di essere vittima di bullismo o molestie.

A causa della violenza di genere, la vittima può avere difficoltà a stabilire relazioni interpersonali sane. Potrebbe iniziare a evitare di socializzare con gli altri, perdendo opportunità di stringere amicizie o sviluppare relazioni strette. Ciò può portare a sentimenti di solitudine, indegnità e problemi psicologici ancora più seri.

Risolvere il problema della violenza di genere è di grande importanza per ripristinare l'adattamento sociale della vittima. Una volta che una vittima riceve sostegno e protezione dalla violenza di genere , inizia a riacquistare fiducia negli altri e a sentirsi più sicura e fiduciosa nelle loro interazioni con gli altri. A poco a poco, può riacquistare le sue abilità sociali, imparare a fidarsi delle altre persone e sviluppare relazioni sane, il che migliora notevolmente la sua qualità di vita e il suo benessere.

3. Risultati accademici: la violenza di genere può avere un impatto negativo sul rendimento scolastico e sui risultati scolastici della vittima a causa dello stress, della distrazione e della bassa autostima. Affrontare il problema della violenza promuove un ambiente di apprendimento sicuro e solidale che consente alla vittima di concentrarsi sulla scuola e raggiungere i propri obiettivi educativi.

La violenza di genere può avere un grave impatto negativo sul rendimento scolastico e sulle opportunità educative della vittima. Una vittima di violenza di genere sperimenta uno stress e un'ansia costanti, che distolgono la sua attenzione dai suoi studi e rendono difficile l'apprendimento di nuovo materiale. Lo stress e l'ansia possono anche causare problemi di concentrazione, memoria e apprendimento, che possono ridurre il rendimento scolastico.

Inoltre, una vittima di violenza di genere può sperimentare una bassa autostima e una diminuzione della motivazione a causa di costanti sentimenti di vulnerabilità e impotenza. Ciò può portare a una perdita di interesse per l'apprendimento, una diminuzione dell'ambizione e una perdita di fiducia nelle proprie capacità, che a loro volta influiscono sul rendimento scolastico.

Affrontare la violenza di genere è fondamentale per fornire un ambiente di apprendimento favorevole in cui la vittima possa raggiungere i propri obiettivi educativi. Il sostegno degli insegnanti, degli amministratori scolastici e della comunità in generale aiuta a creare uno spazio sicuro, libero da violenza e discriminazione. Quando la vittima si sente protetta e sostenuta, può concentrarsi sui suoi studi, sviluppare le sue capacità accademiche e avere successo negli studi. Pertanto, affrontare la violenza di genere non solo migliora il rendimento scolastico della vittima, ma anche il suo benessere generale e le prospettive di vita futura.

4. Salute fisica: alcune forme di violenza di genere , come la violenza fisica o verbale, possono causare gravi danni alla salute della vittima. Affrontare la violenza di genere aiuta a garantire la sicurezza e l'incolumità dell'individuo, che è la base del benessere fisico.

La salute fisica è uno degli aspetti più importanti del benessere delle persone che subiscono violenza di genere. Diverse forme di violenza di genere possono causare gravi danni alla salute fisica della vittima, lasciando segni non solo psicologici ma anche fisici.

Gli abusi fisici come colpire, calciare o spingere possono causare lesioni, contusioni, ossa rotte e altre lesioni gravi. Anche le minacce verbali e i commenti leziosi possono provocare nella vittima reazioni di stress che possono influire negativamente sul suo benessere fisico, come mal di testa, problemi di digestione e del sonno.

Affrontare la violenza di genere è fondamentale per garantire la sicurezza e l'incolumità individuale. Prevenire e affrontare gli episodi di violenza fisica e verbale aiuta a prevenire danni fisici e a mantenere in salute la vittima. Ciò implica un intervento attivo da parte di istituzioni come scuole o luoghi di lavoro per creare un ambiente sicuro e solidale in cui la violenza e l'aggressività non siano tollerate.

Proteggere un individuo dal pericolo fisico non solo garantisce il suo benessere fisico, ma crea anche le condizioni per il suo recupero psicologico ed emotivo. Quando un individuo si sente al sicuro, può concentrarsi sulla propria salute fisica, sulla cura di sé e sul recupero da eventi traumatici passati. Pertanto, affrontare la violenza di genere svolge un ruolo importante nel garantire non solo il benessere fisico ma anche quello generale della vittima.

5. Autoaffermazione e autosviluppo: la violenza di genere può impedire l'autoaffermazione e l'autosviluppo di un individuo, sopprimendone l'individualità e i tratti unici. Affrontare la violenza di genere promuove una sana autostima, fiducia in se stessi e la capacità di realizzare il proprio potenziale.

L'autoaffermazione e lo sviluppo personale svolgono un ruolo importante nella formazione della personalità e la violenza di genere può seriamente interrompere questi processi. L'esposizione alla violenza di genere può portare a una perdita di fiducia in se stessi e di autostima, nonché alla soppressione dell'individualità e dei tratti unici della personalità.

La violenza di genere crea un ambiente negativo in cui l'individuo si sente poco importante, indegno e incapace di realizzare il proprio potenziale. Le vittime possono iniziare a dubitare delle proprie capacità ed esitare ad esprimere le proprie opinioni e idee per paura di essere ridicolizzate o criticate. Ciò può portare all'isolamento, all'evitamento della comunicazione e alla limitazione dei propri interessi e ambizioni.

Tuttavia, la risoluzione del problema della violenza di genere gioca un ruolo importante nella possibilità di autoaffermazione e di autosviluppo dell'individuo. Creare un ambiente sicuro e solidale, libero da violenza e minacce, consente all'individuo di sentirsi a proprio agio e fiducioso. Il sostegno degli altri, inclusi genitori, insegnanti e amici, aiuta a sviluppare una sana autostima e fiducia in se stessi.

Inoltre, risolvere il problema della violenza di genere apre le porte allo sviluppo personale e alla realizzazione del potenziale dell'individuo. Quando una persona si sente sicura e supportata, può esprimere liberamente le proprie idee, sviluppare i propri talenti e sforzarsi di raggiungere i propri obiettivi. Ciò contribuisce alla formazione di una sana autostima e fiducia in se stessi, che a sua volta facilita il processo di autoaffermazione e autorealizzazione.

Pertanto, affrontare la violenza di genere non solo contribuisce alla creazione di un ambiente sicuro e solidale, ma è anche un fattore importante nello sviluppo di una sana autostima, fiducia in se stessi e opportunità di sviluppo personale.

6. Sicurezza e benessere: affrontare la violenza di genere crea un ambiente sicuro e di sostegno per tutti i membri della società, che contribuisce al benessere generale e rafforza il tessuto sociale.

La sicurezza e il benessere delle comunità sono strettamente legati alla lotta alla violenza di genere. La violenza crea un clima di paura, ansia e incertezza che incide negativamente sul benessere di tutti i suoi membri. Affrontare questo problema è fondamentale per creare un ambiente sicuro e solidale per tutte le persone, indipendentemente dalla loro età, sesso, razza o status sociale.

In una società in cui la violenza di genere è stata affrontata, le persone possono sentirsi protette e fiduciose nella propria sicurezza. Ciò promuove la fiducia e la connessione sociale tra i suoi membri, creando le basi per relazioni e cooperazione sane. Un ambiente sicuro promuove anche il benessere emotivo e psicologico, consentendo alle persone di realizzare il proprio potenziale e lottare per la propria realizzazione.

Affrontare la violenza di genere è importante anche per creare una struttura sociale armoniosa. La violenza di genere spesso sconvolge le relazioni sociali, creando conflitti e tensioni nella società. Contrastare questo fenomeno contribuisce all'instaurazione di relazioni pacifiche e di reciproca comprensione tra le persone, che, a loro volta, contribuiscono alla stabilità e alla prosperità della società nel suo insieme.

Sicurezza e benessere sono aspetti fondamentali per una vita di qualità per ogni persona. Affrontare la violenza di genere non solo migliora il benessere individuale di coloro che ne sono colpiti, ma contribuisce anche a una società nel suo insieme più giusta, umana e accogliente.

7. Ridurre il rischio di malattie psicosomatiche: l'esposizione a lungo termine alla violenza di genere può aumentare il rischio di sviluppare varie malattie psicosomatiche come mal di testa, disturbi di stomaco, insonnia e altre. Affrontare la violenza di genere aiuta a ridurre questo rischio e a preservare la salute fisica.

L'esposizione a lungo termine alla violenza di genere può avere un grave impatto negativo sulla salute fisica di una persona, aumentando in particolare il rischio di sviluppare varie malattie psicosomatiche. Le malattie psicosomatiche sono manifestazioni fisiche di stress e problemi mentali e possono includere mal di testa, disturbi di stomaco, insonnia, dolori muscolari e altri sintomi.

Lo stress causato dalla violenza di genere può aumentare significativamente il livello dell'ormone cortisolo nel corpo, che a sua volta può portare a disfunzioni del sistema immunitario e aumentare la suscettibilità a varie malattie. Ad esempio, frequenti mal di testa e insonnia possono essere il risultato dello stress e dell'ansia costanti che accompagnano la violenza di genere. I disturbi di stomaco possono essere causati anche da stress psicologico, che porta a cattiva digestione e altri problemi.

Affrontare la violenza di genere svolge un ruolo importante nel ridurre il rischio di malattie psicosomatiche. La creazione di un ambiente sicuro e di supporto può ridurre i livelli di stress e ansia dei sopravvissuti. Ciò, a sua volta, può portare a un miglioramento del benessere fisico e a una riduzione del rischio di sviluppare varie malattie. Inoltre, le misure preventive e il sostegno psicologico forniti nell'ambito della lotta alla violenza di genere possono aiutare le sopravvissute ad affrontare lo stress e ripristinare l'equilibrio nel corpo.

Pertanto, affrontare la violenza di genere non solo promuove il benessere psicologico, ma svolge anche un ruolo chiave nel mantenimento della salute fisica e nella prevenzione dello sviluppo di malattie psicosomatiche nei sopravvissuti.

8. Sviluppare capacità di gestione dello stress: l'esposizione cronica alla violenza di genere può creare elevati livelli di stress nella vittima. Affrontare la violenza di genere implica sviluppare strategie di gestione dello stress che possono essere utili nella vita di tutti i giorni e aiutare a gestire meglio le emozioni negative.

L'esposizione cronica alla violenza di genere può creare elevati livelli di stress per la vittima. Lo stress emotivo, l'ansia e il senso di impotenza possono avere un impatto significativo sul suo stato mentale. Affrontare la violenza di genere implica non solo prevenire ulteriori episodi di violenza di genere , ma anche insegnare alle vittime strategie efficaci di gestione dello stress.

Lo sviluppo di capacità di gestione dello stress sta diventando un aspetto importante per le sopravvissute alla violenza di genere. Con adeguate strategie di gestione dello stress, le vittime possono affrontare meglio le emozioni e le situazioni negative che possono verificarsi nella loro vita quotidiana. Queste abilità possono includere tecniche di rilassamento come esercizi di respirazione, meditazione e yoga, nonché strategie pratiche di gestione del tempo e organizzazione che possono aiutare a ridurre le fonti di stress.

Lo sviluppo di strategie di gestione dello stress può essere utile non solo nel contesto della lotta alla violenza di genere , ma anche per migliorare il benessere psicologico più in generale. Imparare a gestire lo stress in modo efficace può rendere la vittima più resiliente alle future influenze negative, aumentare la sua capacità di autoconsapevolezza e migliorare la qualità della vita.

Inoltre, lo sviluppo delle capacità di gestione dello stress aiuta anche a rafforzare la resilienza psicologica della vittima e la capacità di adattarsi a circostanze avverse. Ciò aiuta a ridurre il rischio di sviluppare problemi psicologici come depressione o disturbi d'ansia e aiuta a migliorare la sua autostima e la fiducia.

Nel complesso, lo sviluppo di strategie di gestione dello stress è una parte importante nell'affrontare la violenza di genere , poiché aiuta le sopravvissute ad affrontare meglio le emozioni e le situazioni negative, aumenta la loro resilienza e contribuisce a un miglioramento generale del loro benessere mentale.

9. Maggiore consapevolezza e comprensione di sé: il processo di lotta alla violenza di genere può stimolare la crescita personale delle vittime, consentendo loro di comprendere meglio se stessi, i propri sentimenti e le reazioni alle situazioni stressanti. Ciò può favorire lo sviluppo dell'autoconsapevolezza e dell'autodeterminazione.

Il processo di lotta alla violenza di genere ha il potenziale per stimolare la crescita personale della vittima promuovendo una maggiore consapevolezza e comprensione di sé. Quando una persona subisce violenza di genere , si trova ad affrontare varie sfide emotive e situazioni stressanti che possono costringerla a guardare se stessa e la propria identità più da vicino.

Nell'affrontare la violenza di genere, la vittima diventa consapevole dei propri sentimenti, reazioni e comportamenti in varie situazioni. Potrebbe mettere in discussione i propri punti di forza, debolezza, valori e convinzioni e il modo in cui influenzano le sue interazioni con il mondo che la circonda. Questo processo di autocomprensione consente alla vittima di comprendere meglio se stessa, i suoi bisogni e preferenze, il che a sua volta contribuisce allo sviluppo dell'autoconsapevolezza.

Sviluppare l'autoconsapevolezza è un aspetto importante della crescita personale perché consente a una persona di comprendere il proprio posto nel mondo, comprendere i propri desideri e obiettivi e accettarsi così come è. Ciò consente alla vittima di violenza di genere di sviluppare una visione più positiva e sana di se stessa, aumentando la propria autostima e fiducia in se stessi.

Inoltre, il processo di lotta alla violenza di genere può contribuire allo sviluppo dell'autodeterminazione nella vittima. Diventando consapevoli dei propri valori, convinzioni e obiettivi di vita, una persona può capire meglio chi è e cosa vuole ottenere nella vita. Questo lo aiuta a prendere decisioni più informate, a costruire relazioni più soddisfacenti e a raggiungere un maggiore successo personale e professionale.

Pertanto, il processo di lotta alla violenza di genere svolge un ruolo chiave nel promuovere la crescita personale della vittima, permettendole di comprendere meglio se stessa, i suoi sentimenti e i suoi bisogni. Sviluppare l'autoconsapevolezza e la comprensione di sé aiuta a costruire l'autostima e la fiducia in se stessi e promuove una maggiore accettazione di sé e lo sviluppo di relazioni interpersonali più sane e resilienti.

10. Sostenere la giustizia sociale: affrontare la violenza di genere non solo aiuta la singola vittima, ma aiuta anche a creare una società più giusta e rispettosa nel suo complesso. Sostenendo una vittima di violenza di genere , sosteniamo i principi di giustizia sociale e uguaglianza.

Affrontare la violenza di genere è fondamentale per promuovere la giustizia sociale e creare società rispettose. La violenza basata sul genere è spesso una manifestazione di disuguaglianza e discriminazione, poiché le vittime possono essere selezionate in base alle loro caratteristiche individuali, come razza, genere, orientamento sessuale, credenze religiose e altri aspetti della loro personalità o identità. Affrontare la violenza di genere sostiene i principi di giustizia sociale e uguaglianza sforzandosi di garantire che tutti i membri della società si sentano sicuri, rispettati ed uguali.

Sostenendo le vittime della violenza di genere , ci schieriamo contro le disuguaglianze negative e la discriminazione. Riconosciamo il diritto di ogni persona a essere libera dalla violenza e dall'umiliazione, indipendentemente dalle sue caratteristiche personali o dal suo status. Sostenere una persona sopravvissuta alla violenza di genere promuove anche il rispetto per la diversità e l'inclusione nella società. Ciò sottolinea l'importanza di rispettare le differenze e riconoscere il valore di ogni individuo.

Inoltre, affrontare la violenza di genere aiuta a rafforzare i legami sociali e a creare un ambiente favorevole nella società. Sostenere le sopravvissute alla violenza di genere le aiuta a sentirsi incluse e protette, il che contribuisce al loro benessere e alla partecipazione alla società. Contribuisce anche a una società più empatica e premurosa in cui tutti possono sentirsi accettati e rispettati.

In questo modo, affrontare la violenza di genere non solo aiuta le singole vittime, ma contribuisce anche a creare una società più giusta, rispettosa e inclusiva nel suo complesso. Sostenendo una vittima di violenza di genere , sosteniamo i valori della giustizia sociale, dell'uguaglianza e del rispetto per la diversità, che promuovono il benessere generale e l'armonia nella società.

11. Mantenere relazioni sane: affrontare la violenza di genere aiuta a mantenere e rafforzare relazioni interpersonali sane. La violenza di genere può avere un impatto negativo sulle relazioni della vittima con gli altri, inclusi familiari, amici e colleghi. Le conseguenze della violenza di genere possono colpire non solo la vittima stessa, ma anche coloro che la circondano. Affrontare questo problema aiuta a mantenere relazioni positive e promuove il benessere generale.

Affrontare la violenza di genere svolge un ruolo importante nel mantenere e rafforzare sane relazioni interpersonali nella società. La violenza di genere, in quanto forma di abuso, può compromettere gravemente le relazioni della vittima con gli altri, compresi familiari, amici, colleghi e persino conoscenti. Le conseguenze negative della violenza di genere possono diffondersi a un'ampia gamma di persone nell'ambiente sociale della vittima.

La violenza di genere colpisce non solo la vittima stessa, ma anche i suoi cari e i suoi colleghi. Le persone che subiscono cambiamenti comportamentali o traumi emotivi a seguito della violenza di genere possono avere difficoltà a stabilire o mantenere relazioni sane. Ciò può portare a conflitti, sfiducia e talvolta a rotture delle relazioni, che compromettono il benessere psicologico ed emotivo di tutte le parti.

Affrontare la violenza di genere aiuta a mantenere relazioni positive e a migliorare il benessere generale nella società. Prevenire e porre fine alla violenza di genere crea un ambiente sicuro e solidale in cui le persone possono sentirsi protette e rispettate. Ciò consente lo sviluppo della fiducia, della cooperazione e della comprensione tra le persone, che è la base per relazioni sane e produttive.

Inoltre, affrontare la violenza di genere aiuta a creare empatia e compassione nella società. Sostenere una vittima di violenza di genere dimostra interesse e rispetto per i sentimenti e la dignità degli altri, il che aiuta a creare un ambiente più accogliente e solidale per tutti i membri. Tali interazioni interpersonali positive aiutano a rafforzare il tessuto sociale della società e creano le basi per la solidarietà e l'assistenza reciproca.

Affrontare la violenza di genere non solo porta a cambiamenti positivi per le singole vittime, ma contribuisce anche alla formazione di una società basata sui principi di tolleranza e rispetto. Ciò significa che quando una comunità agisce per prevenire e combattere la violenza di genere, esprime la propria opposizione a comportamenti sprezzanti e aggressivi sottolineando l'importanza del rispetto dei diritti e della dignità di ogni membro della società. Tali azioni non solo proteggono gli individui dalle conseguenze negative della violenza di genere, ma aiutano anche a creare un ambiente in cui tutti si sentono sicuri e rispettati. Questo processo sostiene lo sviluppo di una società più aperta, inclusiva ed empatica in cui vengono valorizzate le differenze e l'integrità di ciascun individuo.

Capitolo 3.
Miti sulla violenza di genere.

I miti comuni sulla violenza di genere possono portare a malintesi e idee sbagliate sulla questione. Ecco alcuni miti comuni sulla violenza di genere:

1. "Colpa della vittima": questo mito presuppone che la vittima della violenza di genere se la sia procurata da sola, se la sia procurata dall'aggressore, o meriti tale trattamento. In realtà nessuna azione o comportamento della vittima giustifica la violenza. Nessuno merita di subire violenza, qualunque siano le circostanze.
Spiegazione:
- Le vittime non attirano la violenza: la violenza di genere non è il risultato del comportamento o delle azioni della vittima. Nessuno merita di subire violenza, non importa come si veste, si comporta o parla.
- La violenza è responsabilità dell'autore del reato: la colpa della violenza di genere ricade esclusivamente sull'autore del reato. È il risultato delle loro scelte e azioni, non un sacrificio. Nessuno ha il diritto di violare l'integrità di un'altra persona, indipendentemente dalle circostanze.
- Superare il mito: è importante educare la coscienza pubblica e diffondere l'informazione che nessuna azione o comportamento della vittima giustifica la violenza. Sostenere e proteggere le vittime dovrebbe essere una priorità pubblica, piuttosto che una questione di incolparle per il proprio destino nella violenza.
Questo mito può portare le vittime a isolarsi e a non essere in grado di ottenere l'aiuto e il sostegno di cui hanno bisogno. Pertanto, è importante combattere attivamente questo mito riconoscendo che nessuno

merita di subire violenza e che la responsabilità della violenza ricade esclusivamente su chi abusa.

2. "Succede solo nelle famiglie disfunzionali": questo mito presuppone che la violenza di genere si verifichi solo in ambienti disfunzionali o sottosviluppati. Cioè, sostiene che tali casi di violenza si verificano esclusivamente in famiglie di basso status sociale, tra persone prive di istruzione o di denaro.

Spiegazione:

- La violenza non dipende dallo status sociale: la violenza di genere può verificarsi in qualsiasi società, indipendentemente dallo status sociale o dal livello di ricchezza. Non è limitato a nessun gruppo specifico di persone e può manifestarsi in una varietà di ambienti.

- Nascostezza del problema: spesso i casi di violenza di genere nelle famiglie più benestanti possono rimanere nascosti o mascherati dietro un'apparenza ideale. Ciò può creare la falsa impressione che tali problemi esistano solo nelle famiglie disfunzionali.

- Prevalenza: la violenza di genere è un problema globale e può verificarsi in qualsiasi cultura, società e ambiente. Aprire ed educare il pubblico su questo problema è un passo importante per prevenirlo e combatterlo.

Questo mito può portare a sottovalutare la portata del problema della violenza di genere e a impedire azioni per affrontarlo. È quindi importante riconoscere che la violenza di genere può verificarsi in tutti gli ambienti e che prevenirne la diffusione richiede attenzione e impegno da parte dell'intera società.

3. "Gli uomini non possono essere vittime": questo mito presuppone che solo le donne possano essere vittime della violenza di genere. Si basa sugli stereotipi secondo cui gli uomini sono sempre forti, protetti e non soggetti a violenza.

Spiegazione:

- Anche gli uomini possono essere vittime: anche gli uomini, infatti, possono essere vittime di violenza di genere. Ciò può includere abusi fisici, emotivi, psicologici e sessuali. Tuttavia, molti casi di violenza contro gli uomini passano inosservati a causa di stereotipi e pregiudizi.

- Stereotipi sulla mascolinità: gli stereotipi sulla mascolinità e sulla forza possono portare gli uomini a non essere visti come potenziali vittime di violenza e, se lo sono, hanno difficoltà a chiedere aiuto per paura di essere ridicolizzati o sottovalutati.

- L'importanza di riconoscere tutte le vittime: riconoscere che anche gli uomini possono essere vittime di violenza di genere è importante per garantire loro l'accesso al sostegno e all'assistenza. È necessario sfidare gli stereotipi e creare spazi e risorse sicuri per tutte le vittime, indipendentemente dal genere.

Questo mito può far sì che i casi di violenza contro gli uomini passino inosservati e non vengano adeguatamente affrontati dalla società. È quindi importante riconoscere che anche gli uomini possono essere vittime di violenza di genere e fornire loro il sostegno e la protezione necessari.

4. "La violenza avviene solo all'interno della famiglia": questo mito presuppone che la violenza di genere sia limitata solo alle relazioni familiari. Ciò implica che la violenza avviene esclusivamente all'interno dell'ambiente domestico e all'interno delle relazioni strette.

Spiegazione:

- Violenza in vari ambiti della vita: infatti, la violenza di genere può verificarsi in varie situazioni e ambienti, comprese le relazioni intime, i luoghi di lavoro, i luoghi pubblici e altri. Ciò può includere abusi fisici o emotivi, nonché oppressione sessuale o economica.

- Prevalenza al di fuori della famiglia: la violenza non si limita alle relazioni familiari. Può verificarsi in un'ampia gamma di situazioni e spesso i casi di violenza di genere si estendono oltre l'ambiente domestico.

- L'importanza della consapevolezza: la consapevolezza che la violenza può verificarsi non solo all'interno della famiglia, ma anche in altri contesti, aiuta a combattere questo problema in modo più efficace e a fornire protezione alle vittime in varie situazioni.

Questo mito può portare a una comprensione limitata della violenza di genere e a sottostimare la sua portata. È quindi importante riconoscere che la violenza può verificarsi in una varietà di situazioni e ambienti e adottare misure per prevenirla e combatterla, non solo limitandosi all'ambiente domestico.

5. "Le vittime possono fermare la violenza da sole": questo mito suggerisce che le vittime della violenza di genere potrebbero semplicemente abbandonare o fermare la violenza se lo volessero davvero. Sostiene che le vittime hanno il controllo sulla situazione e possono fermare la violenza da sole.

Spiegazione:

- Difficoltà nell'allontanarsi: in realtà, abbandonare l'aggressore può essere estremamente difficile e pericoloso per la vittima. Molti fattori, come la dipendenza economica, le minacce di violenza o la paura per la propria vita e quella dei propri figli, possono impedire a una vittima di lasciare l'aggressore.

- Necessità di sostegno: nella maggior parte dei casi, le vittime di violenza di genere necessitano di sostegno, protezione e assistenza per lasciare una situazione pericolosa. I tentativi solitari di fermare la violenza potrebbero essere insufficienti o addirittura pericolosi per la vita.

- Barriere sistemiche: spesso, le vittime della violenza di genere possono essere ostacolate da barriere sistemiche, come la mancanza di legislazione per proteggere le vittime, un numero insufficiente di rifugi o una debole risposta delle forze dell'ordine alle accuse di violenza.

Questo mito nega la complessità e la realtà della situazione delle vittime della violenza di genere e ignora anche la necessità di un sostegno sistemico e di una protezione per le vittime. Comprendere le sfide che le vittime devono affrontare aiuterà a creare strategie più efficaci per prevenire e combattere la violenza di genere.

6. "La violenza non è una minaccia seria": questo mito presuppone che la violenza di genere non sia una minaccia seria per la salute e il benessere delle vittime. Può creare l'impressione che la violenza sia qualcosa di minore che non ha conseguenze gravi.

Spiegazione:

- Conseguenze fisiche: la violenza basata sul genere può causare lesioni gravi e danni fisici. Ciò può includere contusioni, fratture, abrasioni, ustioni e persino la morte. La violenza può lasciare segni irreparabili sul corpo della vittima.

- Conseguenze psicologiche: oltre alle lesioni fisiche, la violenza di genere ha anche un grave impatto sulla salute mentale della vittima. Ciò può portare a disturbo da stress post-traumatico, depressione, ansia, pensieri suicidi e altri problemi mentali.

- Conseguenze sociali: la violenza di genere può distruggere la vita della vittima, influenzandone le relazioni, il lavoro, le finanze e l'autostima. Può portare all'isolamento sociale, alla stigmatizzazione e alla perdita di fiducia negli altri.

Questo mito sottovaluta la gravità e la portata del problema della violenza di genere. Comprendere che la violenza può avere conseguenze catastrofiche per la vittima, sia fisicamente che psicologicamente, aiuta ad aumentare la consapevolezza del problema e a sviluppare misure efficaci per prevenirlo e combatterlo.

7. "Le vittime possono proteggersi": questo mito presuppone che le vittime della violenza di genere possano proteggersi e prevenire la violenza. Si presuppone che le vittime abbiano forza e risorse sufficienti per proteggersi dalla violenza.

Spiegazione:

- Mancanza di capacità e risorse: in realtà, le vittime spesso non hanno la capacità e le risorse per proteggersi. Ciò può essere dovuto a problemi economici, isolamento sociale, mancanza di sostegno da parte degli altri o paura dell'aggressore.

- La necessità di un intervento comunitario: la lotta alla violenza di genere richiede non solo le azioni delle vittime, ma anche un intervento comunitario su larga scala. Ciò include lo sviluppo di una legislazione efficace per proteggere le vittime, la creazione di rifugi e centri di supporto, la fornitura di accesso all'assistenza legale e alla consulenza e la formazione del pubblico a riconoscere e rispondere ai segnali di violenza.

- Sostegno e protezione: le vittime della violenza di genere necessitano di sostegno e protezione da parte della società e dello Stato. Questo li aiuta a sentirsi più sicuri e aumenta le loro possibilità di uscire da una situazione pericolosa.

Questo mito sottovaluta la complessità della situazione delle vittime della violenza di genere e la necessità di un intervento collettivo da parte della comunità per garantire la loro sicurezza e protezione. Sottolinea l'importanza di creare un ambiente solidale e sicuro in cui le vittime possano ricevere aiuto e sostegno.

8. "La violenza è commessa solo da estranei": questo mito presuppone che la violenza di genere sia commessa esclusivamente da estranei e non da persone care o partner. Ciò implica che la violenza avviene soprattutto in situazioni non familiari e da parte di persone sconosciute.

Spiegazione:

- Relazioni strette: infatti, gli autori degli abusi più comuni sono spesso persone vicine alla vittima, come coniugi, conviventi, parenti o amici. Ciò può comportare l'uso della violenza per controllare, dominare o sopprimere la vittima.

- Meccanismi di potere e controllo: la violenza di genere nelle relazioni intime si basa spesso su meccanismi di potere e controllo, in cui l'autore del reato cerca di controllare il comportamento e le azioni della vittima. Ciò può includere minacce, abusi emotivi e psicologici, nonché abusi fisici e sessuali.

- Difficoltà di riconoscimento: poiché la violenza spesso si verifica all'interno di relazioni strette, può essere difficile riconoscerla o riconoscerla come violenza. Le vittime possono provare vergogna, paura o senso di colpa, rendendo loro difficile cercare aiuto o protezione.

Questo mito sottolinea l'importanza di riconoscere che la violenza può verificarsi in qualsiasi relazione, comprese le relazioni intime. Comprendere questo aiuta ad ampliare la comprensione della violenza di genere e a prestare attenzione alla sua presenza in vari ambiti della vita.

9. "La violenza colpisce solo le persone di una certa classe sociale o gruppo etnico": questo mito presuppone che la violenza di genere sia limitata a determinati gruppi sociali o etnici. Si crea l'impressione che la violenza sia limitata a determinate categorie di persone e non sia diffusa.

Spiegazione:

- Universalità del problema: infatti, la violenza di genere può verificarsi in tutte le società e in tutti gli ambienti, indipendentemente dalla classe sociale, dall'etnia o dal background culturale. Non conosce confini e può essere diffuso in diversi contesti culturali e sociali.

- Stereotipi culturali: alcuni stereotipi e atteggiamenti culturali possono normalizzare la violenza di genere o aumentarne la prevalenza in determinati gruppi. Tuttavia, ciò non significa che la violenza sia limitata a questi gruppi.

- Mancanza di dati: a volte la violenza di genere in alcuni gruppi può essere meno visibile a causa di stereotipi o barriere culturali, che possono creare la falsa impressione che la violenza non esista in quegli ambienti. Ciò però non significa che il problema non esista.

Questo mito evidenzia l'importanza di riconoscere che la violenza di genere è un problema mondiale che non è limitato a determinati gruppi sociali o etnici. Comprendere questo aiuta a combattere in modo più completo ed efficace il problema della violenza nella società.

10. "Le vittime della violenza di genere reagiscono sempre": questo mito presuppone che le vittime della violenza di genere resistano sempre attivamente ai loro aggressori. Crea l'impressione che le vittime abbiano la capacità e la capacità di resistere alla violenza in ogni situazione.

Spiegazione:

- Sentimenti paralizzanti: in realtà, molte vittime di violenza di genere sperimentano paura, orrore e sentimenti paralizzanti che potrebbero impedire loro di resistere o tentare di lasciare l'aggressore. Ciò può essere causato da traumi, pressioni psicologiche o minacce da parte dell'aggressore.

- Meccanismi di controllo: gli autori degli abusi spesso utilizzano vari meccanismi di controllo e manipolazione per sopprimere la resistenza della vittima e mantenerla in loro potere. Ciò può includere minacce, violenza fisica o emotiva e isolamento dal mondo esterno.

- Trauma e stress: le esperienze di violenza di genere possono portare a traumi e stress, rendendo la resistenza ancora più difficile. Le vittime possono sentirsi indifese e impotenti, rendendo loro difficile sfuggire a una situazione pericolosa.

Questo mito evidenzia l'importanza di riconoscere che le vittime della violenza di genere possono provare emozioni diverse e reagire in modo diverso alla violenza. Comprendere questo aiuta a evitare la stigmatizzazione o la colpa se manca una resistenza attiva e garantisce che le vittime siano sostenute e assistite nella loro lotta contro la violenza.

11. "Le vittime di violenza di genere sono sempre libere di andarsene": questo mito presuppone che le vittime di violenza di genere siano sempre libere di abbandonare una situazione di abuso. Ciò implica che le vittime abbiano il controllo sulla propria situazione e la capacità di

lasciare l'aggressore in qualsiasi momento.

Spiegazione:

- Dipendenza finanziaria: molte vittime di violenza di genere si trovano ad affrontare una dipendenza finanziaria dai loro aggressori, rendendo difficile uscire da una situazione di abuso senza sostegno finanziario. Potrebbe essere negato loro l'accesso ai propri mezzi di sussistenza o all'indipendenza economica, limitando la loro capacità di andarsene.

- Minacce e paura: gli autori di abusi spesso ricorrono a minacce e manipolazioni per mantenere le vittime in loro potere e impedire tentativi di abbandonare la situazione violenta. Le vittime potrebbero temere per la propria sicurezza e per quella dei propri figli, il che potrebbe impedire loro di prendere la decisione di andarsene.

- Sentimenti di obbligo o vergogna: alcune vittime possono sentirsi obbligate a restare nella relazione a causa di un senso di obbligo o vergogna, che impedisce loro anche di abbandonare la situazione di abuso.

Questo mito evidenzia l'importanza di comprendere che le vittime della violenza di genere possono incontrare molti ostacoli nel liberarsi dal loro aggressore. Il sostegno, la comprensione e l'accesso alle risorse possono rendere il processo di uscita da una situazione di abuso più sicuro e più accessibile per le vittime.

12. "Gli uomini non possono essere vittime": questo mito presuppone che solo le donne possano essere vittime della violenza di genere, mentre gli uomini sono sempre considerati i responsabili. Sostiene che gli uomini non possono diventare vittime di violenza da parte dei loro partner o in altre situazioni.

Spiegazione:

- La realtà della vittimizzazione maschile: infatti, anche gli uomini possono diventare vittime di violenza di genere. Possono essere soggetti ad abusi fisici, emotivi, sessuali o economici da parte dei loro partner, familiari o altri.

- Stereotipi e stigma: il mito secondo cui gli uomini non possono essere vittime può portare alla stigmatizzazione e al silenzio delle loro esperienze di violenza. Ciò crea barriere all'aiuto e al sostegno e può esacerbare il trauma della vittima.

- Sottovalutazione del problema: ignorare la violenza contro gli uomini porta a sottovalutare il problema e complica la creazione di strategie efficaci per combatterlo. Tenere conto delle esperienze degli uomini vittime della violenza di genere è importante per comprendere e combattere questo problema nella società.

Questo mito evidenzia la necessità di riconoscere che la violenza di genere non conosce confini di genere e può colpire chiunque, indipendentemente dal suo genere o dalla sua identità di genere.

Comprendere questo aiuta a creare un approccio più inclusivo ed efficace alla prevenzione e alla lotta alla violenza di genere.

13. "Vai via e tutto sarà risolto": questo mito implica che le vittime della violenza di genere possano facilmente e semplicemente lasciare il loro aggressore e tutti i loro problemi saranno risolti automaticamente. Sottovaluta la complessità e la pericolosità del processo di liberazione dalla violenza.

Spiegazione:

- Difficoltà nel lasciare: per molte vittime, lasciare un partner violento significa affrontare ostacoli finanziari, emotivi e fisici. Potrebbero dover affrontare minacce, manipolazioni o violenza quando tentano di andarsene, rendendo il processo di rilascio estremamente difficile e pericoloso.

- Dipendenza economica: molte vittime di violenza di genere dipendono finanziariamente o in altro modo dai loro aggressori, rendendo l'abbandono insicuro e rischioso. Potrebbero avere difficoltà a sostenere se stessi e i propri figli senza sostegno o risorse finanziarie.

- Mancanza di sostegno: le vittime spesso sperimentano una mancanza di sostegno da parte della società, degli amici o della famiglia, il che rende il processo di abbandono dell'aggressore ancora più difficile e isolante.

Questo mito evidenzia l'importanza di comprendere che la liberazione dalla violenza di genere è un processo complesso e sfaccettato che richiede sostegno, risorse e un ambiente sicuro. Sottolinea inoltre la necessità di creare sostegno pubblico e protezione per le vittime della violenza nel loro processo di liberazione e recupero.

14. "La violenza è un privilegio dei ricchi": questo mito implica che la violenza di genere si verifica esclusivamente nelle società povere o sottosviluppate ed è assente o rara nelle popolazioni più ricche. Crede che la violenza sia una conseguenza dello svantaggio sociale o economico.

Spiegazione:

- Prevalenza della violenza: la violenza di genere è comune in tutti i settori della società, indipendentemente dallo status sociale, dal reddito o dall'istruzione. Può colpire chiunque, indipendentemente dalla ricchezza o dallo status sociale.

- Casi nascosti: nei settori benestanti della società, i casi di violenza di genere possono essere nascosti o repressi a causa dello stigma sociale, della paura o della mancanza di consapevolezza. Ciò può far sì che il problema rimanga invisibile o sottostimato.

- Fattori culturali e strutturali: la violenza di genere è causata da fattori culturali, sociali e strutturali presenti nelle diverse società, indipendentemente dal loro livello di sviluppo o benessere.

Questo mito evidenzia l'importanza di comprendere che la violenza di genere non è limitata a determinati gruppi sociali o economici, e la sua prevenzione e controllo devono basarsi sulla comprensione delle sue radici e delle sue cause in diversi contesti culturali e sociali.

15. "Le vittime della violenza di genere provocano sempre lo stupratore": questo mito implica che le vittime della violenza di genere siano sempre responsabili di qualcosa e provochino lo stupratore attraverso il loro comportamento o le loro azioni. Si afferma erroneamente che l'aggressività o la violenza sono una reazione ad alcune azioni o comportamenti della vittima.

Spiegazione:

- Responsabilità per la violenza: nessun comportamento o azione della vittima giustifica la violenza. Chi abusa si assume la piena responsabilità delle proprie azioni e scelte di usare la violenza per controllare o umiliare un'altra persona.

- Manipolazione e controllo: gli autori di abusi possono utilizzare affermazioni come "è colpa sua" per manipolare e controllare la vittima. Ciò serve ad aumentare il loro potere e a giustificare il loro comportamento violento.

- Normalizzazione della violenza: la diffusione di un tale mito può contribuire alla normalizzazione e alla tolleranza della violenza nella società, il che può ostacolare la condanna degli atti violenti e il sostegno alle vittime.

Questo mito sottolinea la necessità di riconoscere che la responsabilità della violenza ricade sempre sull'autore del reato e che nessuna azione o comportamento della vittima giustifica l'uso della violenza. Sottolinea inoltre l'importanza di sfidare la cultura della normalizzazione della violenza e di rafforzare il sostegno alle vittime della violenza di genere.

Questi miti possono distorcere la percezione della violenza di genere e ostacolarne la prevenzione e la risposta. Capire che non sono vere aiuta a comprendere meglio la portata del problema e a fornire sostegno alle vittime.

Comprendere che molte credenze comuni sulla violenza di genere sono dei miti può aiutare le vittime a riconsiderare la propria situazione e a rendersi conto che non sono responsabili di ciò che accade loro. Questo potrebbe essere il primo passo per liberarti dalla violenza e cercare aiuto e sostegno.

❖ · ❖ · ❖ · ❖ · ❖ · ❖ · ❖ · ❖ · ❖ · ❖ · ❖ · ❖ · ❖ · ❖

Capitolo 4.

Primo soccorso per le vittime di violenza di genere. Risorse disponibili per aiutare le vittime della violenza di genere.

Aiutare le vittime della violenza di genere non è solo necessario, ma anche importante nei primi istanti successivi all'incidente. Questo primo passo può fare un'enorme differenza per la vittima, fornendole il sostegno di cui ha bisogno nei momenti di crisi.

Innanzitutto, fornire il primo soccorso può salvare vite umane e prevenire minacce alla salute della vittima. Fornire assistenza medica, sicurezza e protezione è una priorità assoluta per evitare ulteriori lesioni e complicazioni.

Tuttavia, oltre all'assistenza fisica, è importante fornire alla vittima anche sostegno e conforto psicologico. Ciò contribuirà a ridurre lo stress, l'ansia e il disagio e dimostrerà anche che la vittima non è sola nella sua lotta.

L'aiuto nei primi minuti dopo un incidente può anche servire come punto di partenza per l'ulteriore processo di recupero. Il sostegno e la protezione forniti in questo momento critico possono svolgere un ruolo chiave nell'avvio del processo di guarigione e nel ritorno alla vita normale.

È importante capire che fornire il primo soccorso non è solo un intervento fisico, ma anche un atto di sostegno ed empatia. Questo è il momento in cui il sopravvissuto si sente ascoltato, compreso e supportato, il che è un passo importante verso la guarigione e il recupero.

Fornire il primo soccorso alle vittime della violenza di genere è un passo fondamentale per sostenere e proteggere i sopravvissuti. Ecco alcuni aspetti fondamentali del primo soccorso e le risorse disponibili per le vittime:

1. Sicurezza: la prima priorità è garantire la sicurezza della vittima. Se la situazione rappresenta ancora un rischio, è importante agire immediatamente per correggerla. Ciò può includere chiamare la polizia o un'ambulanza per un intervento immediato e garantire la sicurezza della vittima e degli altri, oppure chiamare e chiedere aiuto a organizzazioni sociali speciali che proteggono le vittime della violenza di genere. Quando si valuta la sicurezza, è importante considerare sia gli aspetti fisici che quelli psicologici della situazione, poiché la minaccia può provenire sia dall'esterno che dall'interno della casa o della famiglia. La vittima deve essere allontanata dalla situazione pericolosa e dotata di protezione per prevenire ulteriori lesioni o ripetuti episodi di violenza.

2. Assistenza medica: se la vittima presenta lesioni fisiche o lesioni, l'assistenza medica è la prima priorità. Ciò può includere l'arresto

dell'emorragia e la fornitura di primo soccorso in caso di contusioni, fratture o altre lesioni. La vittima dovrebbe ricevere cure mediche il prima possibile per prevenire il peggioramento della condizione e garantire il miglior recupero possibile. In alcuni casi, può essere necessario il ricovero d'urgenza per trattare lesioni gravi o per valutare potenziali lesioni interne. È importante prestare attenzione a qualsiasi segno di lesione o dolore e rivolgersi immediatamente a un medico per trattarli e trattarli.

3. Supporto psicologico: le vittime di violenza di genere possono sperimentare conseguenze traumatiche sotto forma di stress, ansia, depressione o disturbo da stress post-traumatico (PTSD). Fornire supporto psicologico e consulenza aiuta i sopravvissuti ad affrontare le difficoltà emotive. Il sostegno psicologico può includere consultazioni con uno psicologo o uno psichiatra, sessioni terapeutiche o la partecipazione a programmi di gruppo volti a sostenere le vittime di violenza. È importante che i sopravvissuti si sentano supportati ed emotivamente sicuri in modo che possano esprimere in sicurezza i propri sentimenti e ricevere l'aiuto di cui hanno bisogno per riprendersi dall'esperienza traumatica.

4. Supporto legale: le vittime di violenza di genere devono conoscere i propri diritti e avere accesso all'assistenza legale. Ciò include la consulenza con un avvocato per aiutarli a comprendere i loro diritti e le opzioni previste dalla legge. Un avvocato può fornire alla vittima informazioni sui processi di difesa e protezione in tribunale, inclusa la possibilità di ottenere un ordine restrittivo o un ordine restrittivo. Inoltre, il supporto legale può includere l'assistenza nella preparazione dei documenti, nella presentazione di una denuncia alla polizia o al tribunale e nella rappresentanza della vittima in tribunale. È importante che le vittime della violenza di genere sappiano che hanno diritto a una difesa e a un processo equo in tribunale e che possono ricevere sostegno e assistenza da avvocati esperti.

5. Centri di assistenza alle vittime: esistono organizzazioni specializzate e centri di assistenza che forniscono supporto alle vittime di violenza di genere. Questi centri forniscono una vasta gamma di servizi, tra cui assistenza legale, medica e psicologica.

L'assistenza legale comprende la consultazione con un avvocato, l'assistenza nella preparazione dei documenti, il sostegno alle udienze e la tutela degli interessi della vittima in tribunale.

L'assistenza medica fornisce il primo soccorso per lesioni fisiche, il trattamento delle lesioni e la riabilitazione delle vittime.

Il sostegno psicologico aiuta le vittime ad affrontare le difficoltà emotive quali stress, ansia e depressione causate dalla violenza di genere.

Inoltre, i centri di aiuto possono offrire alloggi temporanei in luoghi sicuri alle vittime che necessitano di rifugio dal loro aggressore.

Queste organizzazioni svolgono un ruolo importante nel fornire sostegno e protezione alle vittime della violenza di genere, aiutandole a riprendersi e ad affrontare situazioni di vita difficili.

6. Linee telefoniche dirette: molti paesi dispongono di linee telefoniche dirette per le vittime di violenza. Queste linee forniscono supporto e consulenza riservati alle vittime, nonché informazioni sulle risorse e sui servizi disponibili.

Chiamando la hotline, le vittime possono ricevere tutta l'assistenza di cui hanno bisogno in caso di crisi, discutere la loro situazione con un professionista e ricevere consigli sui passi successivi.

Le hotline telefoniche funzionano 24 ore su 24 e sono generalmente disponibili gratuitamente. Svolgono un ruolo importante nel fornire sostegno e informazioni alle vittime della violenza di genere, aiutandole a sentirsi meno isolate e più supportate.

In caso di violenza di genere, le vittime dovrebbero chiedere aiuto alle forze dell'ordine, alle istituzioni mediche o alle organizzazioni specializzate nel sostegno alle vittime di violenza più vicine. Possono fornire l'assistenza necessaria e indirizzare la vittima verso ulteriori risorse e servizi per garantire la sua sicurezza e il suo benessere.

7. Risorse online e comunità di supporto: anche le risorse online e le comunità di supporto svolgono un ruolo significativo nell'aiutare le vittime della violenza di genere. Esistono molti siti Web, forum, gruppi di social media e piattaforme online progettati per supportare le vittime di violenza e fornire loro le informazioni e le risorse di cui hanno bisogno.

Attraverso queste risorse, le vittime possono ricevere sostegno confidenziale, scambiare esperienze con altri che affrontano situazioni simili, ottenere consigli da specialisti e prendere parte a discussioni su argomenti relativi ai loro problemi.

Le risorse online offrono in genere un'ampia gamma di informazioni sui diritti delle vittime, sui servizi di supporto e su come accedere all'assistenza medica, psicologica e legale. Inoltre, possono fornire i dettagli di contatto di organizzazioni e centri di assistenza dove le vittime possono ricevere ulteriore supporto offline.

Le comunità di supporto online creano uno spazio sicuro in cui le vittime possono esprimere i propri sentimenti, ricevere sostegno e provare solidarietà con persone che la pensano allo stesso modo. È importante che queste comunità siano moderate da professionisti per garantire la sicurezza e la privacy dei partecipanti.

8. Centri medici e psicologici: i centri medici e psicologici svolgono un ruolo chiave nell'aiutare le vittime della violenza di genere, fornendo

loro cure e sostegno completi per ripristinare la loro salute fisica e psicologica.

I centri sanitari sono specializzati nel fornire assistenza medica alle vittime con lesioni fisiche causate dalla violenza di genere. I medici e il personale sanitario forniscono il primo soccorso quando necessario, curano le lesioni, eseguono interventi chirurgici se necessario e monitorano la salute delle vittime.

I centri psicologici sono specializzati nel fornire supporto psicologico e consulenza alle vittime di violenza di genere. Psicologi e psicoterapeuti aiutano le vittime ad affrontare le difficoltà emotive associate ad esperienze traumatiche, come stress, ansia, depressione, disturbo da stress post-traumatico (PTSD) e altre conseguenze psicologiche della violenza.

I centri medici e psicologici forniscono anche assistenza professionale e sostegno alle vittime nel ripristinare la loro autostima, migliorare la qualità della vita e sviluppare strategie per affrontare le conseguenze della violenza di genere. Lavorano a stretto contatto con altre organizzazioni e centri di aiuto per fornire l'intera gamma di aiuto e sostegno necessari alle vittime.

9. Autoaiuto e autoeducazione: l'autoaiuto e l'autoeducazione svolgono un ruolo importante nell'aiutare le vittime della violenza di genere a comprendere i propri diritti, migliorare la propria autostima e trovare modi per affrontare le difficoltà.

L'auto-aiuto comprende una varietà di strategie e tecniche che le vittime possono utilizzare per mantenere il proprio benessere fisico e psicologico. Ciò può includere esercizi di rilassamento, tecniche di respirazione, meditazione e pratiche yoga per aiutare ad alleviare lo stress e l'ansia. Le vittime possono anche consultare letteratura, risorse online e opuscoli informativi per saperne di più sui loro diritti, sui metodi di autoprotezione e sulle strategie di coping.

L'autoeducazione offre alle vittime l'opportunità di acquisire ulteriori competenze e conoscenze che le aiuteranno ad affrontare le conseguenze della violenza di genere e a tornare alla vita normale. Ciò può includere la partecipazione a corsi di formazione e seminari sull'autodifesa, l'apprendimento di capacità di comunicazione e gestione dei conflitti e la partecipazione a sessioni di supporto di gruppo in cui le vittime possono condividere esperienze e ricevere supporto da altri che hanno vissuto situazioni simili.

L'autoaiuto e l'autoeducazione consentono alle vittime di diventare partecipanti attivi nel processo di recupero e recupero, che promuove la guarigione psicologica, il miglioramento del benessere e l'aumento della fiducia in se stessi.

10. Centri e organizzazioni: in molti paesi esistono anche centri e organizzazioni giovanili che offrono programmi e attività mirati al sostegno e al benessere emotivo di coloro che subiscono violenza di genere.

I centri e le organizzazioni che lavorano con i giovani svolgono un ruolo importante nell'aiutare le vittime della violenza di genere. Offrono una varietà di programmi e attività per sostenere il sostegno e il benessere emotivo dei giovani che soffrono di questo problema.

Questi centri e organizzazioni spesso offrono sessioni di gruppo, workshop e formazione sulla violenza di genere, in cui i giovani possono conoscere i propri diritti, discutere le proprie emozioni ed esperienze e apprendere strategie efficaci per l'autoprotezione e per affrontare situazioni difficili.

Forniscono inoltre consulenza e sostegno in materia di protezione legale, assistenza medica e sostegno psicologico, aiutando i giovani a superare gli effetti traumatici della violenza di genere e a tornare alla vita normale.

Inoltre, questi centri spesso forniscono assistenza nella ricerca di alloggi temporanei, fornendo un ambiente sicuro e di sostegno per le giovani vittime che stanno cercando di lasciare un partner violento o di violenza domestica.

In generale, i centri e le organizzazioni che lavorano con i giovani svolgono un ruolo importante nel fornire sostegno e protezione ai giovani che subiscono violenza di genere e nel promuovere il loro recupero e recupero.

11. Gruppi di sostegno: esistono vari gruppi di sostegno per le vittime di violenza di genere in cui le persone possono condividere le proprie esperienze e ricevere consigli e sostegno emotivo da altri partecipanti.

I gruppi di sostegno per le vittime di violenza di genere sono una risorsa importante per coloro che vivono questo problema. In tali gruppi, le persone possono condividere le proprie storie ed esperienze, ricevere supporto emotivo e consigli da altri membri che hanno attraversato difficoltà simili.

La partecipazione a gruppi di sostegno consente alle sopravvissute alla violenza di genere di sentire che non sono sole nella loro esperienza e che ci sono molte persone pronte a sostenerle e ad ascoltarle. Entrare in contatto con persone che comprendono e condividono i loro sentimenti può aiutarli a sentirsi compresi e accettati.

I gruppi di supporto discutono anche varie strategie di coping, tecniche di autoprotezione e opzioni per ottenere aiuto. Ciò aiuta i partecipanti a sviluppare capacità di risoluzione dei problemi e a trovare percorsi di recupero.

Inoltre, i gruppi di sostegno possono fungere da piattaforma per la discussione pubblica sulla violenza di genere, sensibilizzando la società al problema e promuovendo cambiamenti nella legislazione e nelle politiche per prevenirla e combatterla.

Nel complesso, i gruppi di sostegno per le vittime di violenza di genere sono una risorsa importante che aiuta le persone a trovare comprensione, sostegno e forza mentre affrontano esperienze traumatiche.

12. Psicologi scolastici e assistenti sociali: molti istituti scolastici impiegano psicologi e assistenti sociali che forniscono consulenza e sostegno agli studenti che subiscono violenza di genere.

Gli psicologi scolastici e gli assistenti sociali svolgono un ruolo importante nel fornire supporto e assistenza agli studenti che subiscono violenza di genere. All'interno degli ambienti educativi, forniscono consulenza riservata e supporto emotivo agli studenti e li aiutano a intraprendere le misure necessarie per proteggere la loro sicurezza.

Gli psicologi scolastici e gli assistenti sociali hanno competenze professionali per lavorare con bambini e adolescenti, il che consente loro di contribuire efficacemente a risolvere i problemi associati alla violenza di genere. Sono in grado di fornire supporto emotivo, aiutare gli studenti a comprendere i propri diritti e a trovare soluzioni per superare le difficoltà.

Inoltre, gli psicologi scolastici e gli assistenti sociali possono svolgere un lavoro preventivo per prevenire la violenza di genere nell'ambiente educativo. Possono organizzare eventi educativi, programmi di formazione e gruppi di supporto volti ad aumentare la consapevolezza e sviluppare relazioni sane tra gli studenti.

Pertanto, gli psicologi scolastici e gli assistenti sociali sono attori chiave nella lotta contro la violenza di genere nei contesti educativi. Le loro capacità professionali e il loro supporto aiutano gli studenti a superare le sfide associate a questo problema e a creare un ambiente sicuro e di supporto per tutti coloro che sono coinvolti nel processo educativo.

13. Supporto attraverso i social media e i forum online: il supporto attraverso i social media e i forum online svolge un ruolo significativo nel fornire assistenza e sostegno alle vittime della violenza di genere. Queste risorse forniscono una piattaforma anonima in cui le persone possono condividere le proprie storie, discutere i propri problemi e ricevere supporto da altri membri.

Uno dei principali vantaggi del supporto attraverso i social network e i forum online è la loro accessibilità e comodità. Le vittime di violenza di genere possono ricevere sostegno in qualsiasi momento della giornata e da qualsiasi parte del mondo semplicemente accedendo a Internet. Ciò è particolarmente importante per coloro che potrebbero avere paura o avere difficoltà a ottenere aiuto nel mondo reale.

Inoltre, i social network e i forum online offrono opportunità di comunicazione anonima. Ciò può essere particolarmente importante per coloro che sono riluttanti a condividere le proprie esperienze con persone reali a causa della paura o dello stigma. L'anonimato consente alle vittime di sentirsi più a proprio agio e protette.

Inoltre, sui social network e sui forum online possono essere creati gruppi o comunità specializzati dedicati al tema della violenza di genere. Questi gruppi riuniscono persone con esperienze e interessi simili, fornendo un forum per lo scambio di informazioni, il sostegno e la solidarietà.

Pertanto, il sostegno attraverso i social media e i forum online è una risorsa importante ed efficace per le vittime della violenza di genere, poiché dà loro accesso al sostegno, alle informazioni e alla comunità sempre e ovunque.

Queste risorse possono rappresentare una prima linea di difesa impenetrabile nelle prime fasi della violenza di genere. Forniscono un affidabile "primo soccorso" in grado di fermare la violenza di genere o almeno fornire alla vittima il tempo e il supporto necessari per prepararsi ad ulteriori azioni.

Nelle prime fasi della violenza di genere, queste risorse possono aiutare la vittima a ottenere informazioni, supporto e consigli su come rispondere. Possono anche offrire strategie per contrastare la violenza di genere e aiutare la vittima a rafforzare la propria resilienza.

Inoltre, possono fungere da piattaforma per creare un ambiente favorevole e rafforzare la connessione sociale, che è un fattore importante per affrontare con successo la violenza di genere. In questo modo, queste risorse non solo forniscono assistenza in situazioni di crisi, ma promuovono anche le capacità di autoprotezione e affrontano le conseguenze della violenza di genere nelle prime fasi del suo sviluppo.

Capitolo 5.

Supporto e assistenza iniziali. Il ruolo della famiglia e degli amici nell'affrontare la violenza di genere.

Il sostegno e l'assistenza iniziali da parte di familiari e amici sono fondamentali per affrontare la violenza di genere. Innanzitutto, la famiglia e le persone care forniscono sostegno emotivo e conforto alla vittima, permettendole di sentirsi protetta e amata nei momenti difficili. Ciò crea un supporto psicologico che aiuta ad affrontare le emozioni negative e lo stress causati dalla violenza di genere.

Inoltre, la famiglia e gli amici possono essere coinvolti attivamente nella ricerca di soluzioni al problema. Possono aiutare la vittima a sviluppare strategie per affrontare e rispondere alla violenza di genere, supportandola nell'adottare misure coraggiose ed efficaci per proteggersi. È importante che le persone di sostegno insegnino alla vittima come stabilire dei limiti, sviluppare capacità di comunicazione e di ricerca di aiuto e aiutarla a sviluppare autostima e fiducia.

Anche la famiglia e gli amici svolgono un ruolo chiave nel fornire un ambiente sicuro alla vittima. Possono aiutare a limitare il contatto con il bullo, creare piani di sicurezza e supportare la vittima nella decisione se chiedere aiuto alla scuola o alle forze dell'ordine.

Inoltre, il sostegno della famiglia e degli amici può aiutare la vittima a riprendersi dalle esperienze negative di violenza di genere. Possono fornire lo spazio necessario per esprimere sentimenti ed emozioni, aiutare nel processo di riabilitazione psicologica e trovare modi per ripristinare l'autostima e la fiducia negli altri.

Pertanto, il ruolo della famiglia e degli amici nel fornire sostegno iniziale e assistenza alle vittime della violenza di genere è inestimabile. Svolgono un ruolo chiave nella creazione di un ambiente protettivo, nello sviluppo delle capacità di coping della vittima e nel ripristino del suo benessere psicologico.

Quando una famiglia si trova ad affrontare una situazione di violenza di genere da parte di un bambino, ci sono diversi modi in cui può fornire aiuto e sostegno. Allo stesso tempo, non importa quanti anni abbia il bambino, poiché per i genitori il bambino rimane un bambino a qualsiasi età.

1. Sostegno e ascolto: l'aspetto più importante nell'aiutare una famiglia è fornire alla vittima sostegno e comprensione. Si tratta semplicemente di ascoltare il bambino parlare di ciò che sta accadendo, permettendogli di esprimere i suoi sentimenti e le sue emozioni senza paura di essere giudicato. Il sostegno della famiglia aiuta il bambino a sentire che non è solo nella sua lotta e che ha persone sempre pronte ad aiutarlo.

2. Discutere strategie e soluzioni: la famiglia può aiutare il bambino a sviluppare strategie per affrontare e rispondere alla violenza di genere. Insieme possono discutere quali azioni potrebbero essere più efficaci in una situazione particolare e come il bambino può proteggersi o cercare aiuto da parte di un adulto.

3. Sostegno nella comunicazione con le istituzioni educative se il bambino è minorenne: la famiglia può fungere da difensore del bambino quando comunica con gli insegnanti o l'amministrazione scolastica. Possono fornire ulteriori informazioni sugli episodi di violenza di genere, richiedere azioni per prevenire ulteriori incidenti e garantire la sicurezza del bambino nell'ambiente scolastico.

4. Creare un ambiente domestico sicuro: è importante che l'ambiente domestico sia un rifugio per il bambino dallo stress e dall'ansia causati dalla violenza di genere. I genitori possono creare un'atmosfera di fiducia e sostegno in cui il bambino si sentirà a suo agio e protetto. Ciò include stabilire una comunicazione aperta in cui il bambino possa condividere liberamente i propri problemi e preoccupazioni.

5. Cercare un aiuto professionale quando necessario: se la situazione di violenza di genere diventa troppo grave, la famiglia può cercare un aiuto professionale. Ciò può includere consultazioni con uno psicologo o un terapista per il bambino per aiutarlo ad affrontare lo stress emotivo e il trauma causato dalla violenza di genere.

Oltre ai metodi sopra menzionati, le famiglie possono utilizzare ulteriori approcci per aiutare una vittima di violenza di genere:

6. Attività e hobby: coinvolgere tuo figlio in diversi hobby o attività che gli piacciono può aiutarlo a sviluppare autostima e fiducia. Ciò darà anche al bambino l'opportunità di uscire da situazioni di violenza di genere e di vivere esperienze positive.

7. Insegnare abilità sociali: i genitori possono aiutare i propri figli a sviluppare l'intelligenza emotiva e capacità di comunicazione efficaci. Ciò può includere insegnare a tuo figlio come esprimere le proprie emozioni, stabilire dei limiti e interagire con gli altri in modi che impediscano l'insorgere di conflitti.

8. Sostegno all'autostima: aiutare un bambino a sviluppare autostima e accettazione di sé può svolgere un ruolo importante nella lotta alla violenza di genere. I genitori possono evidenziare i punti di forza e i risultati ottenuti dai propri figli e aiutarli a capire che essere bersaglio della violenza di genere non significa che siano inferiori.

9. Misure preventive: la famiglia può discutere con il minore possibili scenari di violenza di genere e sviluppare un piano d'azione per prevenire incidenti o rispondervi efficacemente. Ciò aiuterà tuo figlio a sentirsi più sicuro e pronto per situazioni diverse.

10. Imparare a risolvere efficacemente i conflitti: imparare a risolvere efficacemente conflitti e problemi può essere fondamentale per ridurre la probabilità di diventare vittima di violenza di genere. La famiglia può aiutare il bambino a sviluppare queste abilità insegnando la risoluzione dei conflitti e le strategie di compromesso.

11. Creare un ambiente domestico favorevole: è importante che l'ambiente domestico sia un luogo in cui il bambino si sente sicuro e supportato. I genitori possono creare un'atmosfera in cui il bambino possa esprimere liberamente i suoi sentimenti e le sue esperienze, sapendo di essere ascoltato e compreso.

12. Incoraggiare una comunicazione aperta: i genitori possono incoraggiare attivamente i propri figli a parlare dei propri problemi e preoccupazioni. Ciò può includere conversazioni regolari sulla sua giornata, discussione degli eventi a scuola e dei problemi che deve affrontare.

attività della vita scolastica, come incontri genitori-insegnanti, eventi e competizioni sportive. Ciò aiuterà tuo figlio a sentirsi supportato e connesso alla comunità scolastica.

I genitori possono aiutare i propri figli a sviluppare fiducia e capacità di autodifesa in modo che possano affrontare in modo più efficace situazioni di violenza di genere. Ciò può includere l'apprendimento di tecniche di autodifesa, esercizi di rafforzamento dell'autostima e la partecipazione a vari corsi di formazione.

Tutte queste opzioni di sostegno aggiuntive aiutano la famiglia a sostenere efficacemente il minore e a garantirne la protezione e il benessere in situazioni di violenza di genere.

In generale, la famiglia svolge un ruolo fondamentale nel sostenere e proteggere le vittime della violenza di genere. Possono fornire il supporto emotivo e pratico necessario per aiutare un bambino ad affrontare gli effetti negativi della violenza di genere e a ritornare a una vita sana e felice.

Gli amici svolgono un ruolo importante nel sostenere una vittima di violenza di genere, poiché possono diventare non solo alleati, ma anche protettori in situazioni difficili. Gli amici possono essere presenza e sostegno per la vittima, offrendo loro comprensione, conforto e solidarietà. Una semplice espressione di simpatia e sostegno può fare molto per alleviare lo stato emotivo della vittima.

Gli amici possono aiutare una vittima di violenza di genere a trovare soluzioni e strategie pratiche per affrontare i propri aggressori. Possono consigliarti su come affrontare le situazioni di conflitto e su come proteggerti al meglio.

Gli amici possono anche agire come difensori delle vittime nei luoghi pubblici o a scuola dove si verifica la violenza di genere. Possono sostenere la vittima se si trova in una situazione difficile e aiutarla a evitare conflitti. Gli amici possono fungere da mediatori nella risoluzione dei conflitti tra la vittima e l'aggressore, aiutandoli a trovare un compromesso e risolvendo la situazione pacificamente.

Gli amici possono aiutare direttamente la vittima a trovare risorse e organizzazioni adeguate che forniscano aiuto e supporto professionale. Se necessario, possono consigliare alla vittima di consultare uno psicologo, un consulente scolastico o altri professionisti.

Nel complesso, il sostegno degli amici è un aspetto importante nell'aiutare le vittime della violenza di genere, poiché possono fornire sostegno e aiutarle ad affrontare le difficoltà causate da questo problema.

Come gli amici possono aiutare una vittima di violenza di genere:

1. Sostegno morale: uno dei modi più importanti per aiutare una vittima di violenza di genere è il sostegno morale da parte degli amici.

Mostrare amicizia, comprensione e compassione può aiutare la vittima a sentirsi meno sola e isolata.

2. Costruire un'alleanza contro la violenza di genere: gli amici possono riunirsi per prendere posizione contro la violenza di genere e sostenere la vittima. Ciò può includere un'azione congiunta, come difendere la vittima a scuola o chiedere aiuto a insegnanti e amministratori.

3. Sostegno nella partecipazione ad attività sociali: gli amici possono invitare la vittima di violenza di genere a partecipare a varie attività sociali, come incontrare amici, uscire o praticare sport. Ciò aiuterà la vittima a sentirsi inclusa e supportata.

4. Aiutare a sviluppare abilità sociali: gli amici possono aiutare una vittima di violenza di genere a sviluppare le abilità sociali necessarie per rafforzare le amicizie e interagire con il mondo che li circonda. Ciò può includere formazione sulla comunicazione, partecipazione a varie attività sociali e attività insieme.

5. Supporto nel trovare aiuto esterno: gli amici possono aiutare una vittima di violenza di genere a trovare aiuto e risorse esterne, come psicologi scolastici, servizi sociali, linee di assistenza o intervento dei genitori. Il sostegno degli amici può aiutare la vittima a superare la paura e l'esitazione a cercare aiuto.

6. Creare un ambiente sicuro: gli amici possono contribuire a creare un ambiente sicuro per le vittime di violenza di genere in cui si sentano protette. Ciò può includere la comunicazione regolare con la vittima, il sostegno dei suoi interessi e la prevenzione di qualsiasi tentativo di ulteriori molestie o attacchi.

7. Offrire aiuto pratico: gli amici possono offrire aiuto pratico, come l'accompagnamento a scuola o a casa, se una vittima di violenza di genere ha paura di andare da sola. Ciò può dare alla vittima una sensazione di sicurezza e sostegno.

8. Insegnare strategie di autodifesa: gli amici possono aiutare una vittima di violenza di genere ad apprendere strategie di autodifesa e di gestione dei conflitti. Ciò può includere l'apprendimento di tecniche di assertività, come stabilire dei limiti e come rispondere in modo appropriato all'aggressività.

9. Fornire attività positive: gli amici possono fornire attività positive e attività per sostenere la vittima di violenza di genere e distrarla dalle esperienze negative. Potrebbe trattarsi di qualcosa come fare sport, hobby, giochi o altre attività insieme che ti danno piacere e gioia.

10. Creare una rete di supporto: gli amici possono aiutare una vittima di violenza di genere a creare una rete di supporto, comprendendo altri amici, familiari, insegnanti e altri adulti che possano offrire supporto e protezione quando necessario.

11. Mostrare empatia e sostegno: è importante che gli amici mostrino empatia e sostegno alla vittima di violenza di genere, ascoltino i suoi sentimenti e le sue emozioni e forniscano comprensione e conforto nei momenti difficili.

12. Intervento attivo: gli amici possono intervenire attivamente se vedono casi di violenza di genere o aggressione contro la vittima. Possono agire come sostenitori e sostenitori e rivolgersi agli insegnanti o ad altri adulti per chiedere aiuto.

13. Formazione sulle capacità di comunicazione e risoluzione dei conflitti: gli amici possono aiutare una vittima di violenza di genere a sviluppare capacità di comunicazione, risoluzione dei conflitti e stabilire relazioni sane con gli altri. Ciò li aiuterà a interagire efficacemente con gli aggressori e a risolvere i conflitti.

14. Fornire informazioni su risorse e supporto: gli amici possono essere informati sulle risorse e sulle organizzazioni che offrono assistenza alle vittime di violenza di genere e condividere queste informazioni con la vittima. Ciò può aiutarli a ricevere ulteriore sostegno e assistenza nell'affrontare la violenza di genere.

L'aiuto della famiglia e degli amici è di grande importanza per le vittime della violenza di genere. In primo luogo, la famiglia e gli amici forniscono supporto emotivo esprimendo la loro simpatia, comprensione e conforto. Questo aiuta la vittima a sentirsi meno sola e isolata nei momenti difficili.

Inoltre, la famiglia e gli amici possono agire come consulenti di fiducia, fornendo consigli e assistenza nella ricerca di soluzioni per affrontare la violenza di genere. Possono aiutare le vittime a sviluppare strategie per contrastare i bulli e rafforzare la loro autostima e fiducia.

Anche familiari e amici possono svolgere il ruolo di mediatori rivolgendosi alla scuola o alle autorità competenti con reclami e richieste di assistenza. La loro partecipazione attiva può contribuire a creare un ambiente sicuro e a fermare i casi di violenza di genere.

Inoltre, la famiglia e gli amici possono aiutare le vittime della violenza di genere a trovare risorse e organizzazioni adeguate che forniscano aiuto e supporto professionale. Il loro sostegno può essere fondamentale per il recupero della vittima dagli effetti negativi della violenza di genere e contribuire al suo benessere psicologico ed emotivo.

Capitolo 6.

Cerco aiuto per la violenza di genere. Passaggi chiave per vittime e testimoni

La violenza di genere è un problema serio che molte persone affrontano nelle diverse fasi della loro vita. Tuttavia, è importante ricordare che esistono molte risorse e organizzazioni disponibili per fornire supporto e assistenza a coloro che lottano con questo problema. Cercare aiuto è il primo e importante passo verso la soluzione di una situazione di violenza di genere. In questo articolo, esaminiamo i passaggi chiave che le vittime e i testimoni di violenza di genere possono intraprendere per cercare aiuto e ottenere il sostegno di cui hanno bisogno.

1. Definire la situazione.

Il primo passo nel cercare aiuto per la violenza di genere è comprendere ed essere consapevoli di ciò che sta accadendo. Le vittime di violenza di genere possono subire varie forme di violenza, inclusa la violenza di genere fisica, verbale, emotiva o informatica. È importante essere chiari su ciò che sta accadendo e comprendere che è inaccettabile e richiede un'azione.

La violenza di genere è una forma di comportamento aggressivo caratterizzata dall'inflizione sistematica e deliberata di danno, umiliazione o sofferenza a un'altra persona. Le vittime di violenza di genere possono subire varie forme di violenza, inclusa la violenza di genere fisica, verbale, emotiva o informatica. La violenza fisica basata sul genere comprende percosse, percosse, spinte e altre forme di violenza fisica diretta. La violenza verbale basata sul genere comprende insulti, minacce, scherno, commenti denigratori e altre forme di violenza verbale. La violenza emotiva basata sul genere mira a minare l'autostima e l'autostima della vittima, compreso l'isolamento, le minacce, il ricatto e persino la manipolazione. La violenza cybergender, una forma moderna di violenza basata sul genere, si verifica online e comprende attacchi, insulti, minacce, diffusione di voci e altre forme di violenza digitale.

Il primo passo nel cercare aiuto per la violenza di genere è la consapevolezza e la comprensione di ciò che sta accadendo. Le vittime di violenza di genere possono spesso provare paura, vergogna, imbarazzo o senso di colpa per la situazione in cui si trovano. Tuttavia, è importante capire che la violenza di genere è inaccettabile e richiede un'azione. Ciò può includere il riconoscimento di ciò che sta accadendo e l'ammissione a te stesso di essere vittima di violenza di genere. La consapevolezza può aiutarti a muovere i primi passi per proteggerti e cercare aiuto.

Una volta compresa la situazione, il passo successivo è agire per proteggersi e ottenere aiuto. Ciò può includere, a seconda dell'età, il contatto con persone di fiducia , servizi sociali, polizia, genitori, insegnanti o un consulente scolastico per supporto e orientamento. Puoi anche rivolgerti agli amici per ricevere supporto e consigli. È importante ricordare che la violenza di genere non è colpa tua e che hai diritto a un ambiente sicuro e solidale.

2. Non tacere.

È molto importante non rimanere in silenzio sui casi di violenza di genere. Vittime e testimoni devono trovare il coraggio di raccontare a qualcuno quello che sta accadendo. Potrebbe essere un genitore, un insegnante, un consulente scolastico, un confidente o un amico. Parlare della situazione aiuterà ad attirare l'attenzione sul problema e ad avviare il processo per ottenere aiuto.

Uno degli aspetti più importanti nella lotta alla violenza di genere è non tacere sui casi di violenza. Le vittime della violenza di genere, così come i testimoni che assistono all'aggressione, devono trovare il coraggio di raccontare a qualcuno cosa sta accadendo. Potrebbe essere un genitore, un insegnante, un consulente scolastico, un confidente o un amico. Parlare della situazione aiuterà ad attirare l'attenzione sul problema e ad avviare il processo per ottenere aiuto.

Scoprire casi di violenza di genere è fondamentale per superare questo problema. Quando una vittima o un testimone condivide la propria esperienza con una figura autoritaria, è utile identificare i casi di abuso e intraprendere le azioni necessarie. La violenza di genere spesso avviene in segreto e molte vittime potrebbero vergognarsi o avere paura di denunciare l'accaduto. Tuttavia, la discussione aperta consente di attirare l'attenzione sul problema e avviare azioni per risolverlo.

La condivisione di episodi di violenza di genere aiuta a fornire sostegno e protezione alla vittima. Quando la vittima esprime le sue preoccupazioni, ciò consente agli altri di comprendere la portata del problema e di agire per proteggere la vittima. Nel caso dei minori, un insegnante, un genitore o un altro adulto può fornire supporto e guida sui passi successivi, come cercare aiuto presso servizi o organizzazioni appropriati.

Identificare i casi di violenza di genere è il primo passo per ottenere aiuto. Una volta scoperti i casi di violenza di genere, inizia il processo per ottenere aiuto e sostegno per la vittima. Ciò può includere consultazioni con psicologi, consigli sulla gestione della situazione, sviluppo di strategie per proteggere e prevenire l'aggressività, nonché insegnare abilità di regolazione emotiva e rafforzare l'autostima.

Una discussione aperta sulla violenza di genere aiuta anche a creare un ambiente sicuro nelle istituzioni educative e nella società in generale. Quando le persone sanno che possono parlare apertamente dei problemi, aiuta a creare fiducia e sostegno. Consente inoltre alle istituzioni e alle organizzazioni di agire per prevenire futuri episodi di violenza di genere e garantire la sicurezza di tutti i soggetti coinvolti.

Più casi di violenza di genere vengono scoperti e discussi, maggiore è l'attenzione rivolta al problema. Ciò potrebbe portare alla creazione di programmi educativi, formazione e attività volte a prevenire la violenza di genere, nonché a cambiamenti nelle politiche e nella legislazione per proteggere le vittime e punire i colpevoli. Inoltre, discutere la questione nella società può aiutare a cambiare la cultura, creando tolleranza zero per la violenza e sostenendo relazioni sane tra le persone.

La divulgazione dei casi di violenza di genere e la successiva discussione aiutano a identificare i fattori che contribuiscono alla violenza e ad agire per prevenirla. Ciò può includere lo sviluppo di programmi di adattamento sociale, l'insegnamento di capacità di empatia e rispetto, la fornitura di interventi di comportamento sociale positivo e la creazione di reti di sostegno e sicurezza per i gruppi vulnerabili.

Cercare aiuto per la violenza di genere è un passo importante per superare la violenza e garantire la sicurezza di tutti nella società. Denunciare casi di violenza di genere, discutere il problema e poi agire aiuta a fornire sostegno alle vittime, prevenire futuri casi di violenza e creare un ambiente sicuro e solidale per tutti.

3. Contatta i tuoi genitori o una persona di fiducia.

Anche i bambini e gli adolescenti possono essere vulnerabili alla violenza di genere ed è importante rivolgersi tempestivamente a un genitore o a un altro adulto di fiducia per ricevere supporto e aiuto. I genitori possono aiutare a chiarire la situazione, discutere i possibili passaggi per risolvere il problema e contattare le risorse e le organizzazioni appropriate per chiedere aiuto.

Contattare un genitore o una persona di fiducia è un primo passo importante per i bambini e gli adolescenti che vivono situazioni di violenza di genere. I genitori hanno autorità e possono fornire ai figli il supporto e la direzione di cui hanno bisogno per risolvere un problema. Un confidente può diventare anche un sostegno per i figli, soprattutto se per qualche motivo non possono rivolgersi ai genitori.

I genitori svolgono un ruolo chiave nell'aiutare i bambini che subiscono violenza di genere. Possono fornire supporto emotivo, aiutare il bambino a comprendere la gravità della situazione e fornire informazioni sulle risorse di aiuto disponibili. I genitori dovrebbero ascoltare il bambino, mostrare comprensione e cura e adottare le misure necessarie per proteggerlo e sostenerlo.

1. Supporto emotivo: i genitori possono fornire supporto emotivo e conforto per aiutare i propri figli ad affrontare i sentimenti di paura, impotenza e ansia causati dalla violenza di genere.

2. Valutare la situazione: i genitori aiuteranno il bambino a valutare la situazione, a comprenderne la gravità e a decidere quale azione intraprendere successivamente.

3. Discutere i possibili passaggi: una discussione congiunta con i genitori aiuta il bambino a determinare i possibili passaggi per risolvere il problema, incluso contattare la scuola, le forze dell'ordine o altre risorse di aiuto.

4. Trovare supporto: i genitori possono aiutare i propri figli a trovare risorse e organizzazioni adeguate specializzate nell'aiutare le vittime della

violenza di genere, come psicologi scolastici, hotline, organizzazioni per i diritti umani e altri.

5. Partecipare alla soluzione: i genitori possono assumere un ruolo attivo nella risoluzione del problema della violenza di genere lavorando con la scuola, le organizzazioni comunitarie e altre parti interessate per garantire la sicurezza e il benessere dei propri figli.

6. Sviluppare abilità di autodifesa: i genitori possono insegnare ai propri figli strategie di autodifesa, tra cui la fiducia in se stessi, la definizione dei confini e una comunicazione efficace, per aiutarli ad affrontare meglio le situazioni di violenza di genere.

7. Sviluppare l'intelligenza emotiva: i genitori possono aiutare i propri figli a sviluppare l'intelligenza emotiva insegnando loro a riconoscere e gestire le proprie emozioni, il che può aiutarli ad affrontare meglio la pressione e lo stress causati dalla violenza di genere.

8. Incoraggiare la comunicazione: i genitori possono incoraggiare i propri figli a parlare dei propri sentimenti ed esperienze di violenza di genere creando un ambiente aperto e solidale in cui il bambino si sente a proprio agio nel condividere le proprie esperienze.

9. Cercare aiuto specializzato: i genitori possono cercare attivamente organizzazioni, programmi e professionisti specializzati che possano fornire supporto e assistenza nell'affrontare la violenza di genere.

10. Creare uno spazio sicuro a casa: i genitori possono creare uno spazio sicuro a casa dove il bambino si sente protetto e sostenuto e possono anche offrirgli l'opportunità di parlare dei problemi e dei pericoli che deve affrontare.

11. Partecipazione attiva all'ambiente educativo: i genitori possono partecipare attivamente all'ambiente educativo dei propri figli interagendo con insegnanti, amministratori scolastici e altri genitori per contribuire a creare un ambiente scolastico sicuro e solidale.

Contattare un genitore o una persona di fiducia è un primo e importante passo per i bambini e gli adolescenti che subiscono violenza di genere. I genitori possono fornire non solo supporto e direzione emotiva, ma anche partecipare attivamente alla soluzione creando un ambiente sicuro e solidale per i loro figli.

Se un bambino soffre di violenza di genere in casa e i genitori non sono una fonte di aiuto affidabile e solidale, ciò può creare una situazione ancora più difficile per il bambino. In questi casi, è importante chiedere aiuto ad altri adulti o organizzazioni che possano fornire il supporto e la protezione necessari. Ecco alcuni passaggi possibili:

1. Contattare altri parenti o tutori: il bambino può provare a contattare altri parenti come nonni, zii se possono fornire rifugio o sostegno sicuro.

2. Chiedere aiuto alla scuola o all'istituzione: il bambino può chiedere aiuto agli insegnanti, a uno psicologo scolastico, a un consulente

scolastico o all'amministrazione scolastica. Possono offrire consigli e indicazioni su come il bambino può affrontare meglio la situazione.

3. Contattare i servizi di protezione dell'infanzia: se i genitori si trovano in una condizione che rappresenta una minaccia per il bambino, possono contattare le organizzazioni di protezione dell'infanzia o i servizi sociali appropriati che possono fornire assistenza e protezione.

4. Consultazione con servizi professionali: il bambino può rivolgersi a psicologi, terapisti o consulenti specializzati nel sostegno di bambini e adolescenti in situazioni familiari difficili.

5. Raggiungere gli adulti fidati della comunità: il bambino può provare a cercare sostegno da altri adulti nella comunità, come leader religiosi, leader di gruppi giovanili o allenatori professionisti.

È importante che il bambino capisca che esistono fonti alternative di aiuto e sostegno, anche se la sua famiglia non rappresenta un ambiente sicuro. Cercando aiuto, un minore può ricevere il sostegno e la protezione necessari per affrontare efficacemente una situazione di violenza di genere.

4. Cerca supporto in un istituto scolastico.

Se i bambini e gli adolescenti sono vittime di violenza di genere, le istituzioni educative spesso dispongono di specialisti che possono aiutare nei casi di violenza di genere. Questi possono essere psicologi scolastici, consulenti, insegnanti o amministratori. Puoi contattarli per ricevere consigli, supporto e aiuto nella risoluzione del problema.

Trovare sostegno in un contesto educativo è un passo importante per le vittime di violenza di genere. Avere specialisti nella scuola, come psicologi scolastici, consulenti, insegnanti o amministratori, può alleviare notevolmente la situazione e fornire l'assistenza necessaria. Diamo uno sguardo più da vicino a questo processo.

1. Psicologi e consulenti scolastici: questi professionisti sono formati ed esperti nel lavoro con gli adolescenti e possono offrire consulenza e supporto riservati. Possono aiutare una vittima di violenza di genere a comprendere e affrontare le conseguenze emotive e a sviluppare strategie per affrontare il problema.

2. Insegnanti: gli insegnanti possono essere il primo punto di contatto per i sopravvissuti o i testimoni di violenza di genere. Possono offrire sostegno, comprendere cosa sta accadendo e agire per fermare la violenza di genere.

3. Amministrazione scolastica: la direzione scolastica ha la responsabilità di fornire un ambiente sicuro per gli studenti. Le vittime di violenza di genere possono rivolgersi all'amministrazione per ottenere assistenza e protezione. Gli amministratori possono indagare su un episodio di violenza di genere e agire per fermare ulteriori episodi.

4. Insegnanti di classe: gli insegnanti di classe possono anche fornire

sostegno alle vittime di violenza di genere fornendo protezione nell'ambiente scolastico e aiutandole a interagire con altri studenti.

5. Programmi per combattere la violenza di genere: alcune scuole introducono programmi speciali per prevenire e combattere la violenza di genere. Le vittime della violenza di genere possono beneficiare delle risorse e delle attività fornite da tali programmi.

Chiedere sostegno a un istituto scolastico è un passo importante per una vittima di violenza di genere. Ciò può aiutare a fermare gli abusi e fornire alla vittima il sostegno e la protezione di cui ha bisogno.

Se la questione della violenza di genere non viene adeguatamente affrontata in un paese o nelle istituzioni educative e la vittima ha paura di chiedere aiuto a causa delle possibili conseguenze negative, esistono modi alternativi per ottenere sostegno e protezione. Ecco alcuni passaggi che puoi eseguire in una situazione del genere:

1. Contattare un genitore o un adulto di fiducia: se una scuola non risponde alla violenza di genere, è importante contattare un genitore o un altro adulto di fiducia per ricevere supporto. Possono aiutare a identificare la situazione e ad adottare le misure necessarie per proteggere la vittima.

2. Trova risorse esterne: prova a trovare organizzazioni o gruppi esterni specializzati nell'aiutare le vittime della violenza di genere. Queste organizzazioni possono fornire consulenza, supporto e assistenza nella risoluzione del problema.

3. Consultazione con un avvocato: in alcuni casi, soprattutto se la violenza di genere provoca danni fisici o psicologici, potrebbe essere necessario l'intervento legale. Gli avvocati possono aiutare a valutare la situazione e offrire consigli sulla tutela dei diritti della vittima.

4. Trova supporto nelle comunità online: esistono risorse e comunità online in cui le sopravvissute alla violenza di genere possono ottenere supporto e consigli da persone che affrontano problemi simili. Questa può essere un'utile fonte di informazioni e supporto emotivo.

5. Meccanismi di protezione della ricerca: acquisisci familiarità con le leggi e le politiche relative alla violenza di genere e ai diritti dei bambini nel tuo paese. Conoscere i tuoi diritti può aiutarti a difenderti e a cercare aiuto in modo più efficace.

È importante ricordare che sono disponibili sostegno e risorse per le vittime della violenza di genere anche nei casi in cui un'istituzione educativa non risponde adeguatamente al problema. È importante non restare soli e chiedere aiuto ad altre fonti per proteggersi e affrontare la violenza di genere.

Di fronte alla violenza di genere, oltre a cercare sostegno da risorse esterne, è anche importante sapersi proteggere. Ecco alcune tecniche di autodifesa che possono aiutare le vittime di violenza di genere:

1. Stabilire i confini: impara a stabilire i limiti ed esprimere chiaramente le tue preferenze e il rifiuto di comportamenti indesiderati. Ad

esempio, se qualcuno ti insulta, digli che è inaccettabile e chiedigli di smettere.

2. Evitare situazioni di conflitto: cerca di evitare il contatto con coloro che mostrano aggressività o violenza. Scegli un'azienda con più attenzione e cerca di trovarti in luoghi sicuri.

3. Usare un comportamento sicuro: cerca di apparire sicuro e calmo, anche se dentro ti senti insicuro. Ciò può aiutare a scoraggiare potenziali aggressori e ridurre la probabilità di un attacco.

4. Rafforzare l'autostima: lavora per rafforzare la tua autostima e la tua autostima. Più apprezzi e rispetti te stesso, meno è probabile che sarai danneggiato dal comportamento negativo degli altri.

5. Trova supporto: trova amici o adulti di cui ti fidi e condividi i tuoi problemi con loro. Avere qualcuno che ti sostiene e sta dalla tua parte può aiutarti a superare le situazioni difficili.

6. Sviluppare abilità comunicative: migliora le tue capacità comunicative per avere più sicurezza e avere più successo nella risoluzione dei conflitti. Ciò include la capacità di esprimere i propri pensieri e sentimenti in modo chiaro e rispettoso.

7. Allenamento di autodifesa fisica: in caso di attacco fisico, può essere utile la conoscenza delle tecniche di base di autodifesa fisica. Tuttavia, è importante ricordare che la violenza fisica è sempre l'ultima risorsa e dovrebbe essere utilizzata solo come ultima risorsa per proteggersi.

La pratica di queste tecniche di autodifesa può aiutare le vittime di violenza di genere a sentirsi più sicure e ridurre la probabilità di ulteriori attacchi. Tuttavia, è importante ricordare che l'autodifesa deve essere adattata alla propria situazione specifica e che vale sempre la pena cercare aiuto e supporto, se possibile.

5. Utilizza le risorse online.

Esistono molte risorse e organizzazioni online che forniscono supporto alle vittime di violenza di genere. Questi possono essere siti web specializzati, forum, chat room o hotline in cui è possibile ottenere consigli e supporto da professionisti e altre persone che affrontano una situazione simile.

L'utilizzo di risorse online per ottenere aiuto contro la violenza di genere può essere un passo importante ed efficace per le vittime. Ecco una panoramica più dettagliata di questo argomento:

- Siti web specializzati: esistono molti siti web dedicati al tema della violenza di genere, che forniscono informazioni, consigli e risorse alle vittime e alle loro famiglie. Su tali siti puoi trovare articoli, video, test e contatti di specialisti pronti ad aiutare.

- Forum e comunità: forum e comunità online offrono l'opportunità alle vittime di violenza di genere di entrare in contatto con altri che hanno vissuto o stanno attraversando situazioni simili. Questo è un posto dove condividere le tue esperienze e ottenere supporto e consigli da persone che comprendono la tua situazione.

- Chat room e hotline: alcune organizzazioni offrono chat room online o hotline dove le vittime di violenza di genere possono chiedere consulenza e supporto in tempo reale. Questo può essere particolarmente utile per chi ha bisogno di aiuto urgente o vuole semplicemente parlare con qualcuno.

- Materiali di auto-aiuto: materiali di auto-aiuto come articoli, libri, tutorial video e podcast audio possono essere trovati su varie risorse online. Queste risorse possono includere suggerimenti per gestire lo stress, sviluppare capacità di coping e migliorare l'autostima.

- Trova aiuto sui social media: puoi anche trovare gruppi e comunità dedicati alla lotta alla violenza di genere sulle piattaforme dei social media. Unirsi a questi gruppi ti consente di ottenere supporto da un'ampia gamma di persone, nonché l'accesso a informazioni e risorse aggiornate.

L'utilizzo di risorse online per aiutare a combattere la violenza di genere può essere un utile complemento ad altre forme di sostegno. È importante però fare attenzione nella scelta delle risorse e verificarne la validità e l'affidabilità per evitare di cadere in consigli dannosi o errati.

6. Cerca assistenza legale.

Nei casi di grave violenza di genere che viola le leggi o porta a reati, è possibile richiedere assistenza legale ad avvocati o organizzazioni specializzate nei diritti dei bambini e nella protezione dalla violenza. Gli avvocati possono aiutare a valutare la situazione e fornire consulenza sui diritti della vittima.

Cercare assistenza legale può essere un passo necessario per le vittime di violenza di genere, soprattutto se la situazione diventa grave e viola le leggi. Ecco una panoramica più dettagliata di questo argomento:

1. Valutare la situazione: gli avvocati specializzati in diritti dei minori e protezione dalla violenza possono condurre una valutazione per comprendere quanto sia serio e complesso il problema della violenza di genere. Esamineranno tutti gli aspetti della situazione, compresi gli abusi di genere fisici, verbali, emotivi o informatici, nonché le possibili violazioni delle leggi.

2. Fornire consulenza sui diritti delle vittime: gli avvocati aiuteranno una vittima di violenza di genere a comprendere i propri diritti e le proprie opzioni. Possono spiegare quali leggi sono state violate, quali diritti ha la vittima e quali misure possono essere adottate per proteggersi.

3. Preparazione dei documenti e supporto nelle procedure legali: gli avvocati assisteranno nella preparazione dei documenti necessari, come verbali di polizia, denunce giudiziarie o richieste di misure di protezione. Possono anche rappresentare la vittima in tribunale o in altri procedimenti

legali.

4. Mediazione e negoziazione: in alcuni casi, gli avvocati possono agire come mediatori tra la vittima e l'aggressore nel tentativo di raggiungere una soluzione pacifica al conflitto. Possono anche negoziare con agenzie o organizzazioni per garantire protezione e sostegno alla vittima.

5. Ottenere un risarcimento: nei casi di danni causati dalla violenza di genere, gli avvocati possono aiutare la vittima a ottenere un risarcimento per lesioni fisiche o psicologiche, spese mediche, danni alla proprietà e altre perdite.

La ricerca di assistenza legale può essere necessaria nei casi in cui altri metodi di supporto e risoluzione dei conflitti sono inefficaci o insufficienti. È importante scegliere avvocati esperti e qualificati specializzati nella protezione dei diritti dei minori e della violenza per garantire il massimo supporto e protezione a una vittima di violenza di genere.

7. Cerca il sostegno degli amici.

Gli amici possono essere un'importante fonte di sostegno per le vittime della violenza di genere. Possono offrire sostegno emotivo, aiutare a risolvere i conflitti, sostegno nelle situazioni sociali e aiutare a trovare la forza per resistere ai bulli.

Cercare il sostegno degli amici può essere un passo importante per le vittime di violenza di genere, poiché gli amici possono offrire sostegno emotivo e aiutare a risolvere i conflitti. Ecco uno sguardo più dettagliato a questo argomento:

1. Supporto emotivo: gli amici possono essere coloro che comprendono e accettano la vittima della violenza di genere, che è la base per il supporto emotivo. Ascoltare semplicemente e fornire supporto nei momenti difficili può fare molto per aiutare la vittima a sentirsi meno sola e isolata.

2. Risoluzione dei conflitti: gli amici possono aiutare a trovare soluzioni per porre fine alla violenza di genere o risolvere i conflitti. Possono offrire consigli, supportarti nel prendere decisioni e persino aiutarti a trovare linee d'azione appropriate.

3. Supporto nelle situazioni sociali: gli amici possono fornire supporto nelle situazioni sociali, come spostarsi a scuola o nelle attività extrascolastiche. Avere amici nelle vicinanze può aiutare la vittima a sentirsi più sicura e fiduciosa.

4. Aiuto nella resistenza ai bulli: gli amici possono aiutare la vittima a trovare la forza per resistere ai bulli. Possono offrire idee o supporto nell'adottare misure per proteggersi, come l'apprendimento di abilità comunicative, assertività o persino autodifesa.

5. Supporto nella ricerca di un aiuto professionale: gli amici possono

anche aiutare la vittima a connettersi con risorse professionali e specialisti se la situazione diventa troppo complessa o richiede un aiuto specializzato.

Connettersi con gli amici può rendere meno spaventoso affrontare la violenza di genere e aiutare le vittime a sentirsi come se non fossero sole nella loro lotta. Tuttavia, è importante che gli amici siano di supporto e non peggiorino la situazione, incoraggiando la vittima di violenza di genere a cercare aiuto, se necessario.

8. Stabilisci limiti e priorità.

Comprendere i propri limiti e le proprie priorità può aiutare una vittima di violenza di genere a proteggere se stessa e i propri interessi. È importante imparare a dire "no" alle situazioni che provocano disagio o diventano fonte di violenza. Ciò può includere stare lontano dai bulli, trovare nuovi amici o apportare cambiamenti allo stile di vita per evitare situazioni di conflitto.

Stabilire limiti e priorità svolge un ruolo importante nel proteggere la vittima della violenza di genere e i suoi interessi. Diamo un'occhiata a questo argomento in modo più dettagliato:

1. Comprendere i propri confini: è importante che una vittima di violenza di genere comprenda e rispetti i propri confini personali. Ciò può includere la consapevolezza che merita rispetto e dignità e che nessuno ha il diritto di violare i suoi confini o causare danni.

2. Dire "no": imparare a dire "no" a situazioni che causano disagio o diventano fonte di violenza è un'abilità fondamentale per proteggersi. Ciò può includere il rifiuto di partecipare a situazioni di conflitto o di comunicare con gli aggressori, nonché il rifiuto di soddisfare richieste o richieste che violano i confini personali.

3. Priorità: è importante che una sopravvissuta alla violenza di genere identifichi e si concentri sulle proprie priorità. Ciò può includere trovare nuovi amici o circoli sociali che la sostengano e la rispettino, nonché cambiare il suo stile di vita per evitare situazioni di conflitto o luoghi in cui si sente insicura.

4. Autodifesa: una vittima di violenza di genere deve essere preparata a difendersi se necessario. Ciò può includere l'apprendimento di abilità di autodifesa o la ricerca di aiuto da parte di adulti o professionisti se una situazione diventa pericolosa o troppo difficile da gestire da solo.

5. Trovare sostegno: infine, una vittima di violenza di genere deve sapere che non è sola nella sua lotta e che esistono molte risorse e organizzazioni che possono aiutarla a ottenere sostegno e protezione. Ciò può includere psicologi scolastici, consulenti, genitori, amici o organizzazioni professionali.

6. Partecipare a gruppi sicuri: le sopravvissute alla violenza di genere possono trovare sostegno e protezione unendosi a gruppi o comunità sicuri e solidali. Potrebbero essere club scolastici, organizzazioni

comunitarie o forum online dove possono discutere i loro problemi e ottenere supporto da persone che li capiscono.

7. Utilizzo delle tecnologie di sicurezza: nel mondo di oggi, la tecnologia può diventare un potente strumento di protezione. Le vittime di violenza di genere possono utilizzare funzionalità di blocco, filtraggio o segnalazione sui social media e sulle app di messaggistica per impedire contatti o contenuti indesiderati.

8. Rispetto di sé e pensiero positivo: è importante che una vittima di violenza di genere mantenga il rispetto di sé e la fiducia in se stessa. Il pensiero positivo e la fiducia in se stessa possono aiutarla a superare gli effetti negativi della violenza di genere e a continuare ad andare avanti.

9. Cercare aiuto da professionisti: se la situazione diventa opprimente o pericolosa, la vittima di violenza di genere dovrebbe cercare aiuto da professionisti. Potrebbero essere psicologi, assistenti sociali, avvocati o altri specialisti che le forniranno il sostegno e l'assistenza necessari.

10. Autoeducazione e sensibilizzazione: una vittima di violenza di genere può rafforzare la propria protezione imparando come prevenire e rispondere alla violenza di genere. Può conoscere i suoi diritti, conoscere le risorse e le organizzazioni esistenti e acquisire conoscenze sulla gestione dello stress e sul supporto emotivo.

Stabilire limiti e priorità aiuterà una vittima di violenza di genere a proteggersi da ulteriore violenza e ad assumere il controllo della propria vita. Questi metodi aiuteranno una vittima di violenza di genere ad acquisire la forza, l'autostima e il sostegno necessari per superare una situazione difficile e andare avanti con la propria vita.

9. Rivolgersi alle organizzazioni professionali.

Esistono varie organizzazioni governative e non governative specializzate nel fornire assistenza e sostegno alle vittime della violenza di genere. Queste organizzazioni possono fornire consulenza, risoluzione dei conflitti, supporto emotivo e aiutare a far fronte agli effetti della violenza di genere.

Le organizzazioni professionali specializzate nella lotta alla violenza di genere svolgono un ruolo chiave nel fornire assistenza e sostegno alle vittime di questo tipo di violenza. Ecco alcuni aspetti da considerare:

1. Diversità delle organizzazioni: esistono molte organizzazioni, sia governative che non governative, che affrontano il problema della violenza di genere. Possono essere nazionali, regionali o locali e fornire una varietà di assistenza, tra cui consulenza, supporto e risorse.

2. Fornire consulenza e assistenza: le organizzazioni professionali di solito dispongono di specialisti per assistere le vittime di violenza di genere. Questi possono essere psicologi, assistenti sociali, avvocati e altri professionisti che hanno esperienza e conoscenza in questo campo.

3. Risoluzione dei conflitti: le organizzazioni possono aiutare a risolvere i conflitti e trovare strategie adeguate per affrontare la violenza di genere. Forniscono consulenza individuale, sessioni di gruppo o formazione mirata allo sviluppo di capacità di auto-difesa e di gestione dei conflitti.

4. Supporto emotivo: uno degli aspetti importanti del lavoro delle organizzazioni professionali è la fornitura di supporto emotivo alle vittime di violenza di genere. Ciò può includere supporto psicologico, aiuto per far fronte all'impatto emotivo della violenza e creazione di uno spazio sicuro per esprimere i propri sentimenti e preoccupazioni.

5. Affrontare le conseguenze: le organizzazioni aiutano le vittime della violenza di genere ad affrontare le conseguenze di questo tipo di violenza. Ciò può includere aiutare a ricostruire l'autostima, superare il disturbo da stress post-traumatico e sviluppare strategie per affrontare le emozioni negative.

6. Educazione pubblica e patrocinio: le organizzazioni professionali svolgono un ruolo importante nell'educare il pubblico sulla questione della violenza di genere, oltre a sostenere l'attuazione di politiche e programmi efficaci per prevenire questo fenomeno. Possono condurre attività di formazione, campagne di sensibilizzazione e partecipare allo sviluppo della legislazione volta a proteggere le vittime della violenza di genere.

In generale, le organizzazioni professionali rappresentano una risorsa importante per le vittime della violenza di genere e per le loro famiglie, fornendo assistenza e sostegno completi in situazioni difficili.

10. Non essere timido nel chiedere aiuto.

È importante ricordare che chiedere aiuto non è un segno di debolezza, ma un segno di preoccupazione per il proprio benessere e la propria sicurezza. Nessuno merita di subire violenza di genere e cercare aiuto è il primo passo per risolvere il problema.

Cercare aiuto per la violenza di genere è un primo passo importante per affrontare il problema. Ecco alcuni aspetti da considerare:

1. L'importanza dell'auto-aiuto: chiedere aiuto per la violenza di genere non è un segno di debolezza, ma, al contrario, dimostra preoccupazione per il proprio benessere e la propria sicurezza. Il rifiuto di aiutare può solo aggravare la situazione e portare a ulteriori conseguenze negative.

2. Rispetto di sé e diritti: nessuno merita di subire violenza di genere. Cercare aiuto è una manifestazione di rispetto di sé e di protezione dei propri diritti a una vita sicura e contenta. Ogni individuo ha diritto al rispetto e alla protezione dalla violenza.

3. Sostegno da parte degli altri: spesso le persone hanno paura di chiedere aiuto per paura di essere giudicate o sottovalutate. Tuttavia, è importante ricordare che la famiglia, gli amici, gli insegnanti e le

organizzazioni professionali sono disponibili per fornire supporto e assistenza nell'affrontare la violenza di genere.

4. Possibili conseguenze del rimanere in silenzio: la mancata ricerca di aiuto può portare a sofferenze a lungo termine dovute alla violenza di genere, al deterioramento del benessere psicologico ed emotivo e al deterioramento delle relazioni con gli altri. Pertanto, è importante non esitare a chiedere aiuto per eventuali segni di abuso.

5. Opzioni di aiuto: ci sono molte risorse e organizzazioni disponibili per aiutare le vittime della violenza di genere. Ciò potrebbe includere psicologi scolastici, assistenti sociali, consulenti professionali, hotline, risorse online e molto altro. Chiedere aiuto apre una serie di opzioni di supporto e consulenza.

Nel complesso, cercare aiuto per la violenza di genere è un passo importante che ti aiuta a proteggere te stesso e i tuoi interessi, nonché ad avviare il processo di risoluzione del problema.

Cercare aiuto per la violenza di genere è un passo importante e necessario per proteggere se stessi o aiutare gli altri. Che tu sia una vittima di violenza di genere o un testimone, ricorda che ci sono molte risorse e organizzazioni disponibili per supportarti e assisterti. Non esitare a chiedere aiuto e ricorda che non sei solo in questa situazione.

La ricerca di aiuto per la violenza di genere svolge un ruolo fondamentale nel garantire la sicurezza e il benessere sia delle vittime che dei testimoni.

Il primo passo nel chiedere aiuto è riconoscere la necessità di supporto. Ciò può essere causato da deterioramento psicologico, paura o disperazione, che possono peggiorare senza intervento. È importante sapere dove cercare aiuto. Le risorse possono includere psicologi scolastici, assistenti sociali, hotline, risorse online, centri medici e psicologici, organizzazioni per i diritti dei bambini e altri.

Spesso le persone possono sentirsi in imbarazzo nel chiedere aiuto per paura di essere giudicate o sottovalutate. È importante ricordare che chiedere aiuto è un passo coraggioso e responsabile che può portare a un miglioramento della situazione.

Ottenere supporto e consigli da professionisti ti aiuta a comprendere meglio la situazione, a sviluppare strategie per risolvere il problema e a imparare come affrontare il disagio emotivo. Cercare aiuto aiuta a proteggere te stesso e gli altri da ulteriori violenze e migliora il tuo benessere generale. Ciò aiuta anche a prevenire possibili conseguenze negative della violenza di genere a lungo termine.

Nel complesso, cercare aiuto per la violenza di genere è un passo importante e necessario che aiuta a garantire la sicurezza, la protezione e il sostegno delle vittime e dei testimoni. Non esitare a chiedere aiuto, ricorda che non sei solo in questa situazione e ci sono molte risorse e persone disposte ad aiutarti.

Capitolo 7.
Di chi è la colpa se sei vittima di violenza di genere?

Qui è necessario decidere subito chi è esattamente soggetto a violenza , e in questa fase ci interessa solo se la persona è sana:

- il corpo umano presenta danni mentali o fisici significativi a un livello tale da non essere in grado di fornire autonomamente una resistenza sufficiente all'aggressore.

- 100% completamente sani, sono rimaste pochissime persone sul pianeta a causa di moltissimi fattori, cioè a noi interessa se il corpo di una persona è abbastanza sano da rientrare nei limiti ragionevoli della propria capacità sufficiente di controllare il proprio corpo e processi mentali.

Nel primo caso, purtroppo, sarà molto più difficile o addirittura impossibile per una persona affrontare in modo indipendente gli aggressori durante la violenza di genere. In questo caso è necessario un aiuto esterno, che potrebbe essere l'aiuto di familiari, parenti, conoscenti o agenti di sicurezza statale dell'individuo, come assistenti sociali o attivisti per i diritti umani e la polizia.

Nel secondo caso, se sei vittima di violenza di genere, la colpa è direttamente tua e dei tuoi genitori. Ora diamo un'occhiata ai motivi che ho citato. Ma prima, facciamo un piccolo passo indietro e consideriamo una domanda importante: chi o cosa è una persona da un punto di vista biologico.

In un concetto diretto, non importa cosa pensi di te stesso e delle altre persone, facciamo tutti parte del sistema biologico di questo pianeta e apparteniamo alle categorie degli animali. Da un punto di vista biologico, l'uomo è un organismo biologico appartenente al regno animale. Gli esseri umani sono una specie di Homo sapiens, che appartiene alla specie dei primati. Pertanto, gli esseri umani fanno parte del sistema biologico del pianeta Terra e condividono antenati comuni con altre specie animali.

Penso che tu abbia già notato che quasi tutte le creature del pianeta hanno la stessa struttura corporea, solo con piccoli cambiamenti. I corpi di quasi tutte le creature del pianeta hanno:

È stato giustamente osservato che molte creature del pianeta hanno una struttura corporea simile con alcune varianti. Questa struttura generale include le seguenti caratteristiche:

- Testa: solitamente ospita organi di senso come gli occhi per la percezione visiva dell'ambiente, le orecchie o altre strutture simili per la percezione uditiva, e un'apertura per mangiare e comunicare con il mondo esterno.

- Colonna vertebrale: è l'asse centrale a cui sono attaccate tutte le parti del corpo, sia esterne che interne. La colonna vertebrale fornisce supporto e protezione al sistema nervoso ed è la base per il movimento e il mantenimento della struttura del corpo.

- Arti vicino alla testa: tipicamente si tratta di mani o altri organi di manipolazione e interazione con l'ambiente.

- Arti all'estremità della colonna vertebrale: tipicamente si tratta di gambe o strutture simili utilizzate per la locomozione e il movimento nell'ambiente.

- Sistema riproduttivo e digestivo: sono importanti sistemi anatomici responsabili della riproduzione e dell'ottenimento di nutrienti dal cibo, nonché della rimozione dei rifiuti.

Queste caratteristiche anatomiche sono elementi chiave per la sopravvivenza e il funzionamento delle creature sul pianeta e sono tipicamente presenti in tutte le specie, sebbene possano variare a seconda dell'ambiente e degli adattamenti evolutivi.

Quindi, abbiamo stabilito che l'uomo è una delle specie animali. Ma è necessario tenere conto del fatto che questa creatura del pianeta è la più pericolosa, intelligente e crudele fino all'insensatezza. Nessun'altra creatura sul pianeta uccide per il proprio piacere, né abusa delle altre creature, e in particolare dei suoi simili, per piacere. E questo è sempre stato così, non importa quanto in profondità si guardi alla storia dell'umanità. E anche secoli dopo, assolutamente nulla è cambiato.

Sì, le comunità hanno creato sistemi giuridici basati sulle caratteristiche territoriali. Ma solo per controllare gli altri come loro e proteggere coloro che governano in questo territorio.

Dove voglio portare questa conversazione? Tutto è molto semplice. Voglio mostrarti che l'uomo è la creatura più crudele e spietata a cui piace uccidere e torturare gli altri. E sì, tu, proprio come tutti gli altri, hai queste caratteristiche. Ma dalla nascita, la maggior parte di noi è stata programmata, beh, diciamo in un altro modo: siamo stati educati a credere che una persona sia una creatura di buon carattere. Ciò è vantaggioso soprattutto per coloro che governano la folla malvagia, di cui hanno cercato di digrignare i denti e gli artigli fin dall'infanzia. In questo modo è più facile controllare la folla e dare loro l'impressione che signifishino qualcosa e decidano, piuttosto che rimanere letteralmente schiavi che dominano gli altri.

Ma non tutti sono d'accordo con questa propaganda generale, e molti non praticano questa pratica in famiglia. Soprattutto nelle famiglie sfavorevoli, dove i bambini crescono senza uno strato culturale così spesso che controlla il subconscio di una persona a livello subconscio. Fondamentalmente diventano aggressori diretti di altre persone. Le persone che provengono da questo ambiente molto spesso diventano anche criminali, in particolare con una propensione verso crimini crudeli e sanguinari.

Ma se una persona è cresciuta vincolata da "regole di comportamento" e "cultura", allora potrebbe non essere preparata per una reazione comportamentale diversa da parte di persone che hanno valori culturali ed educazione diversi.

Ma di chi è la colpa se una persona diventa vittima di violenza di genere:
- i tuoi genitori,
- tu personalmente.

E assolutamente in egual proporzione. Non ci sono altre persone da incolpare per la tua vittimizzazione. Tu personalmente e coloro che ti hanno cresciuto sono responsabili di questo.

E perché? Tutto è molto semplice, gli aggressori, esprimendo la loro vera essenza di esseri umani, fanno esattamente quello che fanno le creature per loro natura. Come ho detto, l'uomo è la creatura più crudele e spietata del pianeta, che prova piacere nell'uccidere i suoi simili, così come nel torturare e deridere i suoi simili. Sì, naturalmente, questa regola si applica ad altre creature, una persona abbraccia felicemente e completamente tutti gli esseri viventi che la circondano, oltre a deridere e torturare crudelmente altre creature. Tuttavia l'uomo persegue la propria specie più di tutte le altre creature.

Molti sono pronti a discutere con me su questo tema. Sono d'accordo. E voglio subito farti una domanda: quanto sei disposto a discutere con me? Prima della battaglia, prima della persecuzione, prima della distruzione di me e della mia teoria? Ma questo non dimostra già la mia teoria? Sfortunatamente, se pensi profondamente, ti guardi intorno, ricordi la storia dell'umanità nei secoli passati, tutti saranno d'accordo con me, perché questo è vero.

Allora perché ho detto che i tuoi studenti o genitori sono responsabili del fatto che sei diventato una vittima? Perché non ti hanno preparato per il mondo reale, non ti hanno cresciuto adeguatamente, non ti hanno dato scelta e ti hanno trasformato in una vittima. Secondo i moderni metodi educativi basati sulla gentilezza e sul rispetto, purtroppo, può essere estremamente pericoloso se una persona cresciuta sulla base di questo metodo finisce in un altro ambiente che non è supportato dagli stessi principi. E se leggi il libro, ecco cosa è successo. I tuoi genitori, senza nemmeno pensarci, ti hanno allevato involontariamente in modo tale che a un certo punto della tua vita sei dovuto diventare una vittima, poiché la vita reale non è una favola sugli unicorni rosa, ma una lotta crudele. Sia a scuola, sia al lavoro, per la crescita professionale.

E perché ho detto che è perché tu stessa sei colpevole di essere vittima di violenza di genere? Anche qui ho una risposta semplice. I tuoi genitori ti hanno cresciuto e ti hanno instillato visioni irrealistiche della vita, è vero, ma già dal primo anno scolastico potevi vedere che era tutta una bugia, e la realtà era molto crudele. E i bambini sono molto crudeli e nel tuo istituto scolastico, anche nei primi anni, potrebbero vedere esempi di violenza di genere nei confronti di altri bambini o anche nei tuoi confronti. E a questo punto avresti dovuto rendertene conto e agire in merito per smettere di essere una vittima o non esserlo mai. È tutta colpa tua, poiché avresti potuto prendere le misure necessarie per evitare di esserne una vittima.

❖·❖·❖·❖·❖·❖·❖·❖·❖·❖·❖·❖·❖·❖·❖

Parte 2.
La violenza di genere è un disastro nel mondo moderno.

Capitolo 8.

L'importanza di discutere della violenza di genere.

La violenza di genere non è solo un problema globale, ma anche una questione che incide sui principi fondamentali di giustizia, uguaglianza e sicurezza nella società moderna. La discussione su questo argomento diventa parte integrante degli sforzi per creare un mondo più giusto e sicuro. In questo capitolo vedremo perché discutere della violenza di genere è così importante per la società moderna.

La violenza di genere è una forma di violazione dei diritti umani basata sulle disuguaglianze sociali e culturali tra i sessi. Può presentarsi in molte forme, compreso l'abuso fisico, emotivo, economico e sessuale. È importante comprendere che la violenza di genere non si limita a determinate categorie di persone o gruppi sociali, è diffusa e può colpire chiunque, indipendentemente dal sesso, dall'età, dalla razza o dallo status sociale.

Discutere la questione della violenza di genere sta diventando una necessità a causa del suo impatto devastante sulla vita di milioni di persone in tutto il mondo. Questo fenomeno crea disuguaglianza, paura e stigma, minando la salute, la sicurezza e il benessere. La lotta alla violenza di genere richiede non solo sforzi individuali, ma anche cambiamenti sociali su larga scala, tra cui il cambiamento degli atteggiamenti culturali, il rafforzamento della legislazione e la creazione di un ambiente favorevole per le vittime.

La violenza di genere ha conseguenze di vasta portata per la società nel suo insieme. Non solo distrugge la vita delle singole vittime, ma mina anche la stabilità sociale, lo sviluppo economico e la solidarietà sociale. Combattere questo problema è essenziale per creare una società equa e giusta in cui tutti abbiano diritto alla sicurezza, al rispetto e alla libertà dalla violenza.

L'importanza di discutere della violenza di genere non può essere sottovalutata. Questa non è solo una questione di giustizia e diritti umani, ma anche una questione di sicurezza e benessere pubblico. Discutere questo problema ne aumenta la consapevolezza, attira l'attenzione sulla necessità di agire e ispira l'azione per superarlo.

La violenza di genere si verifica quando una persona subisce abusi o molestie a causa del suo genere o della sua identità di genere. Ciò può includere diverse forme di aggressione e controllo che causano danni non solo a livello fisico, ma anche emotivo ed economico.

La violenza di genere può presentarsi in diverse forme, come ad esempio:

1. Abuso fisico: si verifica quando una persona viene colpita, picchiata, minacciata o maltrattata con la forza fisica.

2. Abuso emotivo e psicologico: si verifica quando una persona è sottoposta a umiliazioni, minacce, controllo o manipolazione che danneggiano il suo stato emotivo e la sua autostima.

3. Violenza sessuale: si verifica quando una persona è costretta a compiere atti intimi senza il suo consenso o sotto pressione.

4. Violenza economica: si verifica quando una persona è controllata o limitata nell'accesso alle risorse finanziarie o alle opportunità di guadagno.

La violenza di genere può verificarsi in una varietà di situazioni, comprese le relazioni familiari, le relazioni intime, sul lavoro o nei luoghi pubblici. È importante capire che ciò non riguarda solo le donne: anche gli uomini possono diventare vittime della violenza di genere.

La violenza di genere permea vari aspetti della vita delle persone, incidendo negativamente sulla loro salute fisica e mentale, sulle relazioni sociali, sul benessere economico e sulla sicurezza pubblica.

1. Salute fisica: la violenza basata sul genere può provocare lesioni fisiche, tra cui contusioni, fratture, abrasioni e persino la morte. Le vittime spesso sperimentano dolore e sofferenza e possono anche affrontare conseguenze a lungo termine sulla salute come dolore cronico, disturbi del sonno e disturbi psicosomatici.

2. Salute mentale: la violenza di genere può causare gravi conseguenze psicologiche come ansia, depressione, disturbo da stress post-traumatico (PTSD) e ideazione suicidaria. Le vittime possono provare paura, ansia e senso di sicurezza, che influiscono notevolmente sulla loro qualità di vita.

3. Relazioni sociali: la violenza di genere distrugge la fiducia e la stabilità nelle relazioni tra partner, amici e familiari. Le vittime spesso si sentono socialmente isolate e alienate, il che può portare a una perdita di sostegno sociale e a un deterioramento della loro salute mentale.

4. Benessere economico: la violenza di genere può limitare l'accesso delle vittime all'istruzione, all'occupazione e alle risorse finanziarie. Ciò può portare alla dipendenza economica dall'aggressore e rendere difficile

per la vittima abbandonare da sola la situazione pericolosa.

5. Sicurezza pubblica: la violenza di genere rappresenta una minaccia per la sicurezza pubblica poiché contribuisce alla diffusione della violenza e della criminalità nella società. Può anche minare la fiducia nelle forze dell'ordine e nel sistema giudiziario, rendendo difficile per le vittime l'accesso alla giustizia e alla protezione.

6. Bambini e famiglia: la violenza di genere ha un grave impatto sui bambini che vivono in famiglie violente. Possono essere testimoni o essere vittime di violenza, che può portare a traumi infantili, danni alla salute mentale e disabilità dello sviluppo. Inoltre, la violenza di genere spesso causa la rottura dei rapporti familiari e il divorzio, con ripercussioni anche sui bambini e sul loro benessere.

7. Stabilità emotiva: la violenza di genere può influenzare in modo significativo la stabilità emotiva delle vittime, provocando sentimenti di paura, impotenza, senso di colpa e vergogna. Queste emozioni possono impedire una risposta adeguata alla situazione, indebolendo la determinazione della vittima a resistere alla violenza o ad abbandonare un ambiente pericoloso.

8. Accesso alle risorse: la violenza di genere limita l'accesso delle vittime alle risorse e ai servizi necessari per la sopravvivenza e il recupero. Ciò include l'accesso alla protezione legale, alle cure mediche, al sostegno psicologico, all'alloggio, all'occupazione e all'assistenza finanziaria. Un accesso limitato a queste risorse può lasciare la vittima in una posizione vulnerabile e aumentare la sua dipendenza dall'aggressore.

9. Opinione pubblica e cultura: la violenza di genere riflette le norme e i valori della società in materia di genere e potere. Potrebbe essere correlato a stereotipi di genere, credenze culturali e aspettative sociali che condonano o tollerano la violenza contro determinati gruppi di persone. Ciò evidenzia l'importanza di cambiare gli atteggiamenti del pubblico e di creare una cultura del rispetto dei diritti di ogni persona, indipendentemente dal genere.

10. Stabilità economica: la violenza di genere può avere gravi conseguenze economiche per le vittime. La violenza può comportare la perdita del lavoro, la dipendenza finanziaria dall'aggressore, la perdita di proprietà o di opportunità educative. La dipendenza economica della vittima dall'aggressore può essere utilizzata come mezzo di controllo e manipolazione, rendendola più vulnerabile e incapace di liberarsi dall'abuso.

11. Benessere psicologico: la violenza di genere ha effetti a lungo termine sul benessere psicologico delle vittime. Può portare allo sviluppo di disturbo da stress post-traumatico (PTSD), depressione, disturbi d'ansia e compromissione dell'autostima e dell'autostima. Le conseguenze traumatiche della violenza di genere possono avere un impatto sulla qualità della vita della vittima e sulla capacità di funzionare nella società.

12. Dinamiche familiari e sociali: la violenza di genere influisce sulle dinamiche familiari e sociali, creando squilibri di potere e controllo. Ciò può portare a relazioni interrotte, isolamento dal supporto sociale e perdita di legami con amici e familiari. La distruzione del sostegno familiare e sociale lascia la vittima in una posizione più vulnerabile e compromette la sua capacità di far fronte alla situazione violenta.

La violenza di genere permea vari aspetti della vita delle persone, incidendo negativamente sul loro benessere fisico, emotivo, economico e sociale. Ciò richiede non solo l'intervento individuale e il sostegno alle vittime, ma anche la consapevolezza sociale, il cambiamento delle norme culturali e la creazione delle condizioni per prevenire e fermare la violenza.

Discutere della violenza di genere svolge un ruolo chiave nel creare consapevolezza, sensibilizzare l'opinione pubblica e fornire sostegno alle vittime. Ecco alcuni degli aspetti importanti dell'importanza di discutere la violenza di genere:

1. Sensibilizzazione: discutere della violenza di genere aiuta le persone a comprenderne la portata, i tipi e le conseguenze. Ciò contribuisce a sensibilizzare l'opinione pubblica sul problema, il che può portare a un cambiamento nell'atteggiamento nei confronti della violenza e della sua inaccettabilità.

2. Attirare l'attenzione sul problema: discutere della violenza di genere aiuta ad attirare l'attenzione della società, delle agenzie governative, delle organizzazioni internazionali e di altre parti interessate su questo grave problema. Più le persone conoscono la violenza di genere, maggiori sono le opportunità che hanno di agire per prevenirla e combatterla.

3. Sostegno alle vittime: discutere della violenza di genere crea uno spazio in cui le vittime possono raccontare le loro storie, ricevere sostegno e assistenza dalla comunità e trovare risorse per il recupero e la protezione. Sapere che non sono sole e che ci sono persone disposte ad aiutarle può essere molto prezioso per le vittime di violenza.

4. Prevenire la violenza: discutere la violenza di genere aiuta a identificare le cause e i fattori che contribuiscono al suo verificarsi, il che a sua volta può aiutare nello sviluppo e nell'attuazione di programmi efficaci di prevenzione della violenza.

5. Cambiare le norme culturali: discutere della violenza di genere può portare a un cambiamento nelle norme culturali che sostengono o tollerano la violenza. Ciò contribuisce a creare una società in cui la violenza non è tollerata e dove ogni persona rispetta i diritti e la dignità degli altri.

Un'analisi dettagliata delle ragioni per cui la questione della violenza di genere richiede discussione e attenzione include la consapevolezza della sua prevalenza, diversità delle forme e conseguenze per le vittime e la società nel suo insieme. Include anche un'analisi dei fattori che contribuiscono alla violenza, come la disuguaglianza di genere, gli stereotipi culturali, la mancanza di legislazione e risorse insufficienti per sostenere le vittime.

La violenza di genere è un tema attuale e importante per la società moderna per una serie di ragioni:

1. Diffusa: la violenza di genere attraversa tutti i settori della società e può verificarsi in una varietà di contesti, inclusi ambienti familiari, spazi pubblici, ambienti di lavoro e spazi online. Questo fenomeno colpisce milioni di persone in tutto il mondo.

2. Impatto sulla salute e sul benessere: la violenza di genere ha impatti negativi sulla salute fisica e mentale delle vittime. Può portare a traumi, disturbo da stress post-traumatico, depressione, nonché scarsa qualità della vita e isolamento sociale.

3. Violazione dei diritti e della dignità: la violenza basata sul genere è una violazione dei diritti umani fondamentali e dimostra l'inaccettabilità di violare la dignità delle persone a causa del loro sesso o della loro identità di genere.

4. Conseguenze economiche: la violenza di genere può comportare perdite economiche per le vittime, come la perdita del lavoro, il deterioramento della situazione finanziaria e un ridotto accesso alle risorse.

5. Conseguenze sociali: questo fenomeno ha un impatto sulle famiglie, sulle comunità e sulla società nel suo complesso, causando l'interruzione delle relazioni sociali, il deterioramento della sicurezza pubblica e l'aumento dei costi sociali nell'assistenza sanitaria e nel sistema legale.

6. Disuguaglianza di genere e stereotipi: la violenza di genere è il prodotto della disuguaglianza di genere e degli stereotipi culturali sui ruoli degli uomini e delle donne nella società. Discutere questo tema aiuta a cambiare le idee obsolete sul genere e sostiene la creazione di una società più equa e giusta.

Nel complesso, la violenza di genere richiede attenzione e azione da parte della società, delle agenzie governative e delle organizzazioni internazionali per prevenirne il verificarsi, proteggere le vittime e creare un ambiente sicuro e solidale per tutte le persone.

La violenza di genere non è solo un crimine contro un individuo, ma anche un attacco alla società nel suo insieme. Permea vari aspetti della vita delle persone, provocando effetti devastanti sul loro benessere fisico, emotivo e psicologico.

È importante capire che la violenza di genere non si limita agli attacchi fisici. Può presentarsi in molte forme, tra cui abuso emotivo e psicologico, molestie sessuali, oppressione economica e altri tipi di aggressione. Tutte queste forme di violenza hanno una cosa in comune: si basano su una disparità di potere e di controllo tra i sessi.

La violenza di genere non solo lascia nelle vittime cicatrici fisiche ed emotive, ma distrugge anche la loro fiducia negli altri e il loro senso di sicurezza nelle proprie case e comunità. Viola i diritti umani fondamentali alla vita, alla libertà e alla dignità e ha un impatto negativo sulle relazioni e sulle strutture sociali.

Pertanto, discutere il problema della violenza di genere diventa parte integrante della lotta per la giustizia e l'uguaglianza nella società. Aiuta a creare consapevolezza del problema, a identificarne le radici e le cause e a sviluppare misure efficaci per superarlo. Solo attraverso un dialogo aperto e onesto possiamo apportare cambiamenti e creare una società sicura ed equa per tutti i suoi membri.

Discutere la questione della violenza di genere e il suo impatto sulla società è di grande importanza. Aiuta a comprendere la portata del problema e le sue conseguenze per le vittime, le loro famiglie e la società nel suo insieme. Il dibattito contribuisce a creare consapevolezza sull'importanza di contrastare questo fenomeno e trovare soluzioni efficaci. Attraverso il dialogo aperto e lo scambio di opinioni, possiamo creare un ambiente favorevole per le vittime e contribuire a cambiare le norme culturali e sociali che contribuiscono alla violenza di genere. È importante sottolineare che la violenza di genere non è solo un problema personale per gli individui, ma anche un problema sistemico che richiede un'ampia attenzione pubblica e sforzi per superarlo.

❖ · ❖ · ❖ · ❖ · ❖ · ❖ · ❖ · ❖ · ❖ · ❖ · ❖ · ❖ · ❖ · ❖ · ❖

Capitolo 9.
Tipi di violenza di genere

Lo studio dei diversi tipi di violenza di genere svolge un ruolo importante nella lotta per i diritti e la sicurezza di tutte le persone nella società. Ecco perché è così importante:

In primo luogo, comprendere la portata del problema della violenza di genere ci aiuta a comprendere che non si tratta di casi isolati, ma di un serio problema sistemico. Quando osserviamo il quadro completo delle diverse forme di violenza, comprendiamo meglio quanto profondamente incida sulla vita di molte persone.

In secondo luogo, la conoscenza delle diverse tipologie di violenza di genere permette di sviluppare strategie più precise per combatterla. Ogni forma di violenza richiede un approccio e metodi di prevenzione diversi e, quanto più approfondiamo il problema, tanto più efficaci sono le misure che possiamo adottare.

Inoltre, studiare le tipologie di violenza di genere ci aiuta a comprendere meglio i bisogni e le esperienze delle vittime. Ciò contribuisce a fornire loro un aiuto e un sostegno più efficaci, tenendo conto delle loro situazioni e bisogni individuali.

Una maggiore comprensione del problema contribuisce anche ad aumentare la consapevolezza del pubblico. Quando le persone sono consapevoli dei diversi tipi di violenza e delle loro conseguenze, sono più disposte ad agire e a sostenere le vittime. Ciò contribuisce a creare una società in cui la violenza non abbia luogo e in cui tutti possano sentirsi al sicuro.

In definitiva, conoscere i diversi tipi di violenza di genere è fondamentale per creare una società più sicura, più giusta e più equa per tutti i suoi membri.

La violenza fisica di genere è una delle forme di violenza più evidenti e diffuse nelle relazioni di genere. Si manifesta attraverso l'uso della forza fisica o la minaccia del suo utilizzo allo scopo di controllare, umiliare o danneggiare la vittima. È importante capire che la violenza fisica può essere diretta sia agli uomini che alle donne, ma le sue forme e conseguenze possono variare a seconda delle dinamiche di genere e del contesto socioculturale.

Le principali caratteristiche della violenza fisica basata sul genere includono:

1. La violenza fisica può includere colpire, calciare, schiaffeggiare, soffocare, usare armi o altre forme di aggressione fisica.

2. Può verificarsi in contesti sia pubblici che privati, inclusa la violenza domestica, i conflitti familiari, e sul lavoro o in luoghi pubblici.

3. La violenza fisica è spesso accompagnata da minacce, dichiarazioni umilianti o pressioni psicologiche, che ne aumentano l'impatto sulla vittima.

4. Le conseguenze dell'abuso fisico possono essere gravi e includere danni fisici, lesioni, conseguenze psicologiche e, in alcuni casi, la morte.

Comprendere la violenza fisica di genere aiuta a identificare i primi segnali, sostenere le vittime e sviluppare strategie per prevenire e combattere questo tipo di violenza. È anche importante rendersi conto che la violenza fisica non è solo un problema personale per la vittima, ma un problema pubblico che richiede un'attenzione e un'azione diffusa da parte della società e dello Stato.

Diamo un'occhiata ad alcuni esempi di violenza fisica basata sul genere in diversi contesti:

1. Violenza domestica: Liliana convive con un partner spesso ubriaco. Un giorno, quando lei si rifiutò di soddisfare la sua richiesta, lui cominciò a prenderla a pugni, colpendola al viso e al corpo. Liliana ha paura, ma si vergogna e ha paura di chiedere aiuto.

2. Il posto di lavoro: Max lavora in un ufficio dove il suo capo usa spesso minacce fisiche per costringerlo a soddisfare le sue richieste. Un giorno, quando Max si rifiutò di portare a termine un compito, il capo gli afferrò il braccio con tale forza che sul suo braccio apparvero dei lividi. Max si sente impotente e non sa come proteggersi.

3. Ambiente scolastico: Anya è spesso vittima di bullismo da parte dei suoi compagni di classe, che la sfidano a risse e la picchiano usando la forza fisica. Spesso torna a casa con lividi e contusioni, ma non lo dice a nessuno per paura di essere ulteriormente isolata.

4. Spazio pubblico: Mark va al parco ogni sera per rinfrescarsi dopo il lavoro. Un giorno, tornando a casa, entrò in conflitto con uno sconosciuto che iniziò a picchiarlo. Mark si sente vulnerabile e spaventato, non sapendo come proteggersi.

Questi esempi aiutano a comprendere che la violenza fisica può verificarsi in diversi ambiti della vita e non dipende dallo status sociale o dalla professione. È importante riconoscere che ciascuno di questi casi è una forma di violenza di genere e che le vittime devono cercare aiuto e sostegno per spezzare il ciclo della violenza e proteggere i propri diritti e la propria sicurezza.

Questi esempi aiutano a comprendere che molti dei tipi di violenza fisica sopra descritti sono forme di violenza di genere basate sul potere e sul controllo su un'altra persona a causa del suo sesso o della sua identità di genere. È importante che le vittime comprendano che sono vittime di violenza di genere e che hanno diritto alla protezione e al sostegno. Cercando aiuto da professionisti e organizzazioni come istituzioni mediche, organizzazioni per i diritti umani, centri di assistenza alle vittime e linee di assistenza telefonica, le vittime possono ricevere l'aiuto, il sostegno e la protezione di cui hanno bisogno. È importante adottare le misure necessarie per spezzare il ciclo della violenza e avviare il processo di ripristino del benessere fisico ed emotivo.

Le cause della violenza fisica possono essere numerose e complesse e spesso sono correlate. Ecco alcuni dei principali fattori che contribuiscono alla sua insorgenza:

1. Potere e controllo: la violenza fisica è spesso utilizzata come mezzo per stabilire e mantenere il controllo su un'altra persona. L'aggressore cerca di stabilire il suo potere e dominio sulla vittima esprimendo la sua aggressività e minacciando la forza fisica.

2. Stereotipi di genere: nelle società caratterizzate da disuguaglianza di genere, gli stereotipi sulla mascolinità e sulla femminilità possono contribuire alla violenza fisica. Gli uomini possono ritenere di avere il diritto di controllare e punire le donne per non conformarsi alle aspettative del loro ruolo.

3. Fattori sociali ed economici: le disuguaglianze di status sociale ed economico possono anche esacerbare situazioni di violenza fisica. Ad esempio, la dipendenza finanziaria di una vittima da un abusatore può renderle difficile sfuggire all'abuso.

4. Mancanza di educazione e consapevolezza: alcuni casi di abuso fisico possono essere dovuti alla mancanza di educazione e comprensione di cosa sia una relazione sana e quali dovrebbero essere i confini in una

partnership.

5. Fattori psicologici: problemi emotivi o psicologici dell'aggressore, come aggressività, dipendenza da alcol o droghe, stress o bassa autostima, possono anche essere cause di abuso fisico.

6. Fattori culturali e religiosi: alcune credenze culturali e religiose possono giustificare o addirittura incoraggiare la violenza fisica in alcune società.

7. Storia di violenza: l'esperienza personale o una cultura sociale di violenza nella famiglia o nella comunità può essere un fattore che contribuisce al verificarsi di violenza fisica. Una persona può ripetere uno schema visto da bambino o percepire la violenza come normale a causa del proprio ambiente.

8. Mancanza di empatia e rispetto: alcune persone possono diventare fisicamente aggressive a causa della mancanza di empatia e rispetto per gli altri. Non sono consapevoli del danno che causano con le loro azioni e non sono in grado di risolvere adeguatamente i conflitti.

9. Disturbi mentali: ad alcuni autori di abusi possono essere diagnosticati disturbi mentali, come disturbi della personalità o psicopatia, che possono contribuire alla loro tendenza a ricorrere alla violenza fisica.

10. Pressione sociale e conformità: in alcuni casi, le persone possono commettere violenza fisica a causa della pressione sociale o del desiderio di conformarsi a determinati stereotipi o aspettative del proprio gruppo sociale.

Questi fattori interagiscono e possono creare un ambiente in cui la violenza fisica diventa più probabile. Comprendere queste ragioni ci consente di sviluppare programmi completi per prevenire la violenza e fornire sostegno alle vittime. L'analisi di questi fattori permette di comprendere meglio la complessità del problema della violenza fisica e di sviluppare strategie più efficaci per prevenirla e contrastarla.

L'influenza di fattori culturali, sociali e psicologici sul verificarsi della violenza fisica è estremamente importante. È importante capire come questi fattori possono influenzare l'emergere e la diffusione della violenza nella società.

In alcune culture e paesi esistono credenze obsolete secondo cui gli uomini hanno il diritto di controllare e dominare le donne e di usare la violenza come mezzo per risolvere i conflitti. Questi stereotipi possono essere rafforzati e tramandati di generazione in generazione, rendendo la violenza fisica più comune e socialmente accettabile in tali società.

Tuttavia, è importante capire che tali norme e credenze non giustificano la violenza e devono essere affrontate attivamente nella società. L'educazione, la consapevolezza e il sostegno alle vittime sono strumenti chiave per affrontare le cause culturali e sociali della violenza di genere.

Fattori sociali come la disuguaglianza economica, la disoccupazione e l'instabilità abitativa possono creare un ambiente teso in cui la violenza fisica è più probabile. Ad esempio, lo stress causato da difficoltà finanziarie può aumentare la probabilità di conflitti in famiglia e l'uso della violenza come metodo di controllo.

Anche fattori psicologici come la bassa autostima, i problemi di adattamento allo stress e la scarsa regolazione emotiva possono contribuire all'abuso fisico. Ad esempio, una persona che soffre di aggressività o di bassa autostima può usare la violenza come un modo per controllare o affermare il potere in una relazione.

Pertanto, comprendere l'influenza dei fattori culturali, sociali e psicologici ci aiuterà a combattere più efficacemente la violenza fisica e a prevenirne la diffusione nella società.

Gli effetti della violenza fisica sulle vittime possono essere estremamente gravi e avere impatti a lungo termine sia sulla salute fisica che mentale.

Effetti fisici sulle vittime: l'abuso fisico può provocare una serie di lesioni e deturpazioni, tra cui ossa rotte, contusioni, abrasioni, tagli, abrasioni, ustioni, ecc. Alcune lesioni possono essere così gravi da causare disabilità permanenti o temporanee, limitando la vittima dalle normali attività quotidiane.

Effetti psicologici: l'abuso fisico può anche lasciare profonde ferite psicologiche. Le vittime possono sperimentare stress traumatico, che si manifesta come ansia persistente, paura, insonnia e reazioni fisiologiche come aumento della frequenza cardiaca e sudorazione. Alcune vittime possono sviluppare un disturbo da stress post-traumatico (PTSD), che porta a esplosioni di paura, incubi, realizzazione di eventi traumatici, isolamento sociale e altri problemi emotivi a lungo termine.

Comprendere queste conseguenze dell'abuso fisico aiuta le vittime a comprendere la gravità della situazione e ad adottare misure per cercare aiuto e sostegno. Hanno bisogno di sapere che sono a loro disposizione risorse per l'assistenza medica e psicologica, nonché per la tutela legale.

Come già accennato, la lotta contro la violenza fisica richiede un approccio globale e comprende diverse attività chiave:

1. Fornire un rifugio sicuro: è importante fornire alle vittime un luogo sicuro dove possano nascondersi dal loro aggressore. Potrebbe trattarsi di un rifugio in caso di crisi fornito da organizzazioni specializzate nella violenza domestica.

2. Fornire assistenza medica: le vittime di violenza fisica dovrebbero ricevere le cure mediche necessarie per curare lesioni e lesioni. Ciò può includere consultare medici, sottoporsi a esami medici e procedure di riabilitazione.

3. Supporto psicologico e consulenza: le vittime di violenza fisica spesso necessitano di supporto psicologico per far fronte alle conseguenze traumatiche. Psicologi e consulenti possono aiutarli ad affrontare lo stress

emotivo, sviluppare strategie di autoprotezione e ricostruire la fiducia in se stessi.

4. Contattare le forze dell'ordine: le vittime di violenza fisica dovrebbero denunciare l'incidente alla polizia e alle altre forze dell'ordine. Ciò aiuterà ad avviare un'indagine sull'incidente e ad assicurare lo stupratore alla giustizia.

5. Condurre programmi educativi: è importante condurre programmi educativi sulla prevenzione della violenza e sulla protezione dei diritti delle vittime. Ciò può includere istruzioni su come riconoscere i segni di abuso, dove cercare aiuto e quali misure adottare per mantenersi al sicuro.

6. Misure legislative: sono necessarie leggi e politiche che tutelino i diritti delle vittime e puniscano gli stupratori. Ciò potrebbe includere il rafforzamento delle sanzioni per la violenza, il miglioramento dell'accesso alla protezione giudiziaria e l'espansione delle tutele legali per le vittime.

Combattere efficacemente la violenza fisica richiede sforzi congiunti da parte dello Stato, delle organizzazioni pubbliche, delle istituzioni mediche e del pubblico nel suo insieme.

Gli interventi per prevenire la violenza fisica si concentrano sulla promozione della consapevolezza e sull'insegnamento delle competenze di risoluzione dei conflitti. Ecco alcune misure chiave:

1. Educazione alla consapevolezza: dovrebbero essere condotti programmi e campagne educative per aumentare la consapevolezza sui danni e sulle conseguenze della violenza fisica. Ciò include la formazione delle persone a riconoscere i segni della violenza e a comprenderne l'impatto sulle vittime e sulla società nel suo complesso.

2. Formazione sulla risoluzione dei conflitti: le istituzioni educative, le famiglie e le organizzazioni comunitarie dovrebbero concentrarsi sull'insegnamento di competenze costruttive per la risoluzione dei conflitti. Ciò può includere l'insegnamento delle abilità comunicative, la gestione delle emozioni e la comunicazione rispettosa.

3. Affrontare il comportamento violento: programmi per affrontare il comportamento aggressivo dovrebbero essere disponibili per coloro che mostrano segni di violenza. Ciò può includere corsi di gestione della rabbia, consulenza psicologica e sessioni di gruppo per discutere i problemi del bullismo.

4. Sostegno alle vittime e ai testimoni: è importante creare un ambiente sicuro in cui le vittime possano cercare aiuto e i testimoni di violenza possano denunciare gli incidenti. Ciò include la fornitura di servizi di supporto riservati, linee di assistenza anonime e formazione del personale per fornire supporto.

5. Sviluppare modelli di comportamento positivo: i leader pubblici, i media e le celebrità dovrebbero agire come modelli di comportamento positivo, sottolineando l'importanza del rispetto, della tolleranza e della risoluzione non violenta dei conflitti.

Queste misure non solo aiuteranno a prevenire il verificarsi della violenza fisica, ma contribuiranno anche a creare una società più sana e sicura.

Le misure di protezione e le risorse per le vittime di violenza fisica comprendono vari aspetti che aiutano a fornire sicurezza e sostegno alle vittime. Eccone alcuni:

1. Assistenza legale: le vittime di violenza fisica possono chiedere assistenza e protezione legale. Avvocati e procuratori legali forniscono consulenza sui diritti e assistono le vittime nella presentazione di denunce alla polizia o al tribunale.

2. Rifugi per le vittime: esistono centri e rifugi per vittime di violenza che forniscono alloggi temporanei e un ambiente protetto a coloro che si sentono minacciati dal loro aggressore.

3. Supporto psicologico: psicologi e consulenti forniscono supporto emotivo e aiutano le vittime ad affrontare gli effetti del trauma. Possono essere disponibili anche sessioni di gruppo e terapie per le vittime di abusi fisici.

4. Sostegno alla comunità: diverse comunità e organizzazioni di beneficenza forniscono sostegno e assistenza alle vittime di violenza. Ciò può includere l'organizzazione di gruppi di sostegno, la conduzione di campagne di informazione e la formazione del personale che lavora con i sopravvissuti.

5. Assistenza economica: le vittime di abusi fisici possono affrontare difficoltà finanziarie a causa della perdita del lavoro o del trasferimento. I programmi di sostegno economico, come i fondi per l'edilizia temporanea o l'assistenza nella ricerca di lavoro, possono essere un'importante fonte di sostegno.

Ulteriori misure protettive e risorse per le vittime di violenza fisica includono:

6. Hotline telefoniche: esistono hotline telefoniche dedicate dove le vittime possono ricevere supporto riservato, consigli e informazioni sulle risorse disponibili in qualsiasi momento della giornata.

7. Assistenza medica: le strutture mediche e gli ospedali forniscono assistenza alle vittime di violenza fisica, comprese cure mediche per lesioni e riabilitazione dopo la violenza.

8. Programmi educativi: vari programmi e campagne educative mirano a educare il pubblico sul problema della violenza fisica, sulle sue conseguenze e sui metodi di prevenzione. Ciò include lo svolgimento di corsi di formazione, conferenze, webinar e altri eventi.

9. Rete di sostegno sociale: esiste un'ampia rete di organizzazioni professionali e di volontariato che forniscono sostegno sociale e assistenza alle vittime di violenza fisica. Ciò potrebbe avvenire sotto forma di consultazioni individuali, riunioni di gruppo o supporto online.

10. Programmi di protezione regionale: alcune regioni hanno

programmi di protezione per le vittime di violenza fisica che forniscono alloggi protetti, supporto legale e sociale e assistenza per il ritorno alla vita normale.

Queste misure e risorse protettive svolgono un ruolo importante nel fornire sicurezza, supporto e recupero alle vittime di abusi fisici, aiutandole a ricostruire le loro vite e a lasciare relazioni tossiche.

In definitiva, la violenza fisica rappresenta una seria minaccia per la salute e il benessere delle persone, causando danni fisici e psicologici sia nell'immediato che nel lungo termine. Discutere questo tipo di violenza di genere è fondamentale per combatterla e creare un ambiente sicuro per tutti i membri della società. È importante rendersi conto che la violenza fisica non dovrebbe essere tollerata in nessuna situazione e che tutti hanno diritto a una vita sana e sicura. Sono necessari educazione proattiva, sostegno alle vittime, formazione sulla risoluzione dei conflitti e sforzi a livello comunitario per superare questo tipo di violenza e creare un mondo libero dalla paura e dalla violenza per tutti.

Capitolo 10.
Abuso emotivo e psicologico.

L'abuso emotivo e psicologico è una forma di violenza che può lasciare ferite profonde a livello mentale ed emotivo della vittima. A differenza della violenza fisica, può essere meno visibile e più difficile da riconoscere, ma il suo impatto non è meno devastante.

L'importanza di comprendere le manifestazioni e l'impatto dell'abuso emotivo e psicologico sulla vittima:

1. Aiutare le vittime: comprendere l'abuso emotivo e psicologico consente di riconoscere meglio i segnali e fornire alle vittime il supporto e la protezione di cui hanno bisogno.

2. Prevenzione: la conoscenza delle manifestazioni dell'abuso emotivo e psicologico aiuta a prevenirne il verificarsi e a prevenire la violenza nelle fasi iniziali.

3. Coscienza comunitaria: discutere questo argomento contribuisce alla creazione di una società consapevole che non solo condanna la violenza, ma si oppone anche attivamente ad essa, creando un ambiente sicuro e solidale per tutti i suoi membri.

4. Cambiamento culturale: comprendere l'abuso emotivo e psicologico aiuta a cambiare le norme culturali che supportano e condonano la violenza nelle relazioni e promuove modelli di comportamento più sani e rispettosi.

5. Benessere psicologico: affrontare l'abuso emotivo e psicologico consente di prestare maggiore attenzione allo stato psicologico delle

vittime e fornisce loro il supporto e l'assistenza necessari per affrontare il trauma e lo stress.

6. Copertura pubblica: discutere di abusi emotivi e psicologici nei dibattiti pubblici, nei media e in altre piattaforme aiuta ad aumentare la consapevolezza del problema e a mobilitare gli sforzi della comunità per combatterlo.

7. Creare un ambiente sicuro: comprendere le manifestazioni e le conseguenze dell'abuso emotivo e psicologico aiuta a creare un ambiente sicuro per tutti i membri della società, dove tutti possono sentirsi protetti e rispettati.

8. Sviluppo di competenze professionali: lo studio del tema della violenza emotiva e psicologica aiuta a sviluppare le capacità professionali di specialisti nel campo del lavoro sociale, della medicina, del diritto e di altri campi, contribuendo a fornire un'assistenza più efficace alle vittime e alla prevenzione della violenza.

9. Ricerca empirica: la discussione sull'abuso emotivo e psicologico stimola la ricerca volta a comprenderne meglio i meccanismi e l'efficacia dei vari metodi per combatterlo. Ciò contribuisce al progresso delle conoscenze scientifiche e allo sviluppo di strategie più efficaci per prevenire e rispondere alla violenza.

10. Creare un ambiente di sostegno: discutere di abusi emotivi e psicologici aiuta a creare un ambiente di sostegno in cui le vittime possono sentirsi supportate e comprese piuttosto che sole e isolate. Ciò favorisce il loro recupero e il recupero dagli infortuni.

L'abuso emotivo è una forma di violenza di genere caratterizzata dall'uso di tattiche emotive, psicologiche e mentali per controllare, manipolare e umiliare un'altra persona. Spesso non si manifesta in azioni fisiche, ma può avere un effetto profondo e duraturo sullo stato mentale della vittima.

L'abuso emotivo può assumere molte forme, tra cui minacce, insulti, denigrazione, isolamento, commenti dispregiativi, controllo della vittima, senso di colpa, tentativo di controllare il suo comportamento e le sue decisioni e ignorare i suoi bisogni e sentimenti. Queste azioni possono portare a scarsa autostima, ansia, depressione, disturbo da stress post-traumatico e altre gravi conseguenze psicologiche per la vittima.

L'abuso emotivo è spesso nascosto e invisibile agli osservatori esterni, ma può essere estremamente dannoso per la vittima poiché ne attacca l'autostima, la dignità e il benessere psicologico. Comprendere la natura e le caratteristiche dell'abuso emotivo è fondamentale per prevenirlo, individuarlo e fornire sostegno alle vittime.

L'abuso emotivo può manifestarsi attraverso una varietà di metodi e tattiche che l'aggressore utilizza per controllare e manipolare la vittima:

1. Minacce: l'aggressore può minacciare la vittima con violenza fisica, violenza contro i propri cari o addirittura suicidio. Queste minacce

creano un'atmosfera di paura e ansia nella vittima.

2. Insulti e umiliazioni: L'aggressore può costantemente insultare e umiliare la vittima, criticare il suo aspetto, la sua intelligenza, le sue capacità o le sue decisioni. Ciò crea nella vittima un senso di inferiorità e di impotenza.

3. Isolamento: l'aggressore può isolare la vittima dai suoi amici, dalla famiglia e dal sostegno controllando i suoi contatti, limitando i suoi movimenti e proibendole di comunicare con altre persone. Ciò rende la vittima vulnerabile e dipendente dall'aggressore.

4. Controllo e Controllo: L'aggressore cerca di controllare ogni aspetto della vita della vittima, comprese le sue decisioni, azioni, finanze e contatti sociali. Può prendere decisioni per lei, limitare la sua libertà e subordinarla alla sua volontà.

5. Pressione del senso di colpa: l'aggressore può utilizzare manipolazioni e minacce per far sentire la vittima in colpa per ciò che sta accadendo, anche se non è colpa sua. Ciò può portare ad un aumento di ansia, depressione e insicurezza nella vittima.

Esempi di situazioni che possono essere manifestazioni di abuso emotivo:

1. Il partner critica e umilia costantemente l'altro in presenza di altre persone.

2. Il genitore minaccia il bambino che non potrà vedere i suoi amici se non segue le loro istruzioni.

3. Un manager al lavoro insulta e umilia costantemente il suo subordinato davanti ai suoi colleghi.

4. Gli odiatori online scrivono commenti minacciosi e offensivi nei confronti della vittima sui social network.

5. I parenti criticano costantemente la vittima e la paragonano ad altri membri della famiglia, facendola sentire inferiore e colpevole.

Queste situazioni dimostrano diversi aspetti dell'abuso emotivo e le sue varie manifestazioni nella vita di tutti i giorni.

L'abuso emotivo lascia un'impronta profonda sul benessere psicologico ed emotivo della vittima. L'impatto può variare, ma include i seguenti aspetti:

1. Paura e ansia: minacce costanti, umiliazione e pressione sulla vittima creano un sentimento di paura e ansia costanti. La vittima può sentirsi costantemente minacciata e impotente di fronte all'aggressore.

2. Neurosi e disturbi d'ansia: l'abuso emotivo può causare varie reazioni nevrotiche come attacchi di panico, ossessioni e compulsioni e altri disturbi d'ansia.

3. Perdita di autostima e depressione: insulti, umiliazioni e critiche costanti possono portare alla perdita di autostima e fiducia nella vittima. Ciò può causare depressione, sentimenti di impotenza e disperazione.

4. Perdita di identità e comprensione di sé: l'abuso emotivo può

distruggere l'identità della vittima causando dubbi su se stessa, sui propri valori e convinzioni. La vittima può perdere la propria identità e il senso di sé.

5. Isolamento e solitudine: l'aggressore cerca di isolare la vittima dal sostegno e dal contatto con altre persone, il che può portare a sentimenti di solitudine e isolamento.

6. Stress traumatico e disturbo da stress post-traumatico (PTSD): l'abuso emotivo persistente può portare allo sviluppo di stress traumatico e disturbo da stress post-traumatico nella vittima, che si manifesta con flashback, incubi, ansia e disorientamento emotivo.

Situazioni di esempio:

1. Una donna che è costantemente sottoposta a minacce e insulti da parte del suo partner inizia a sperimentare attacchi di panico e disturbi d'ansia.

2. Un adolescente che viene regolarmente criticato e umiliato dai suoi coetanei a scuola inizia a sentirsi impotente e isolato dagli altri.

3. Un uomo costantemente minacciato e umiliato da sua madre inizia a sentirsi impotente e depresso.

4. Una vittima di violenza domestica sperimenta costantemente flashback e incubi su incidenti passati, che le impediscono di funzionare normalmente nella vita di tutti i giorni.

Questi esempi illustrano le varie conseguenze psicologiche ed emotive dell'abuso emotivo e il suo impatto sulla vittima.

L'abuso psicologico è una forma di violenza basata sull'uso della pressione emotiva e psicologica per controllare, manipolare e sottomettere la vittima. Può manifestarsi in una varietà di forme, tra cui minacce, umiliazione, isolamento, dominio, manipolazione e controllo sul comportamento e sui pensieri della vittima.

Le caratteristiche dell'abuso psicologico includono:

1. Invisibilità: l'abuso psicologico spesso avviene al di fuori degli occhi del pubblico e può essere invisibile agli altri. Ciò rende più difficile identificarlo e fermarlo.

2. Graduale: l'abuso psicologico spesso si sviluppa gradualmente, iniziando con sottili segni di controllo e manipolazione e aumentando gradualmente nel tempo.

3. Soppressione della personalità: lo scopo dell'abuso psicologico è quello di sopprimere la personalità e l'autostima della vittima, rendendola più vulnerabile e suscettibile al controllo e alla manipolazione.

4. Effetti a lungo termine: l'abuso psicologico può lasciare effetti psicologici ed emotivi a lungo termine sulla vittima, tra cui bassa autostima, depressione, disturbi d'ansia e disturbo da stress post-traumatico.

5. Uso di minacce e ricatti: un abusatore può utilizzare minacce, ricatti e controllo di risorse e relazioni per stabilire e mantenere il controllo

sulla vittima.

6. Manipolazione: l'abuso psicologico spesso implica manipolazione e terrore psicologico per creare sentimenti di colpa, paura e impotenza nella vittima.

Uno degli aspetti chiave dell'abuso psicologico è che è subdolo e difficile da riconoscere, il che lo rende particolarmente dannoso per la vittima.

Manipolazione, minaccia e umiliazione sono le principali forme di violenza psicologica utilizzate dallo stupratore per stabilire il controllo sulla vittima.

1. Manipolazione: un abusatore può utilizzare una varietà di tattiche di manipolazione per controllare il comportamento, i pensieri e le emozioni della vittima. Ciò può includere mentire, fare promesse, manipolare informazioni e distorcere i fatti per raggiungere i propri obiettivi.

2. Minacce: le minacce sono uno strumento di violenza psicologica frequentemente utilizzato. L'aggressore può minacciare la vittima di danni fisici, licenziamento, distruzione di relazioni o altre conseguenze negative al fine di ottenere la sua obbedienza.

3. Umiliazione: l'umiliazione è una forma di violenza psicologica volta a distruggere l'autostima e la dignità della vittima. Ciò può includere insulti, negligenza, critiche costanti e commenti dispregiativi che lasciano la vittima vulnerabile e indifesa.

Altre forme di abuso psicologico includono l'isolamento, il controllo e il dominio sulla vittima.

1. Isolamento: l'aggressore può aumentare il controllo sulla vittima isolandola dagli amici, dalla famiglia e dal mondo esterno. Ciò rende la vittima più dipendente dall'aggressore e crea barriere per ottenere aiuto e sostegno.

2. Controllo: l'aggressore cerca di controllare ogni aspetto della vita della vittima, compreso il suo comportamento, le sue finanze, le sue comunicazioni e le sue decisioni. Ciò crea un'atmosfera di costante paura e impotenza nella vittima.

3. Dominanza: l'abuso psicologico spesso comporta il dominio sulla vittima, la definizione delle proprie regole e aspettative e l'assoggettamento della vittima alla volontà dell'aggressore. Ciò si traduce in una perdita di autonomia e autodeterminazione per la vittima, nonché in sentimenti di impotenza e alienazione.

Continuando il discorso sulle forme di violenza psicologica:

L'isolamento è un modo efficace per l'aggressore di controllare la vittima limitando i suoi contatti con il mondo esterno. Ciò può includere non comunicare con familiari e amici, limitare l'accesso alle informazioni o ai social media e non partecipare ad eventi o attività sociali fuori casa. L'isolamento rende la vittima vulnerabile, privandola di sostegno e protezione, il che la rende più dipendente dall'aggressore.

Il controllo è un elemento chiave dell'abuso psicologico, in cui l'aggressore cerca di controllare tutti gli aspetti della vita della vittima. Ciò può includere il controllo sulle sue finanze, tempo, movimenti, comunicazioni e processo decisionale. Il controllo crea un sentimento di impotenza e dipendenza nella vittima, privandola della libertà e dell'autonomia.

La dominanza è il desiderio dello stupratore di dominare la vittima, stabilendo il suo potere e la sua autorità. Ciò può avvenire sotto forma di minacce, coercizione, ridicolo, umiliazione e altre forme di dominio mentale ed emotivo. Il dominio umilia la vittima, mina la sua autostima e la fiducia, rendendola più suscettibile all'influenza dello stupratore.

Comprendere queste forme di abuso psicologico consente alle vittime di riconoscerne i segnali, che è il primo passo per liberarsi dal controllo e dall'abuso, e consente inoltre ad altri di fornire supporto e assistenza alle vittime.

L'abuso psicologico può portare a vari disturbi mentali come depressione, disturbi d'ansia, disturbo da stress post-traumatico (PTSD), nonché altri problemi di salute mentale. Questi disturbi possono avere un grave impatto sulla vittima e renderle difficile la vita e il funzionamento quotidiano.

La violenza psicologica può far sentire la vittima alienata da se stessa e dalla sua identità. Potrebbe perdere il senso di autostima, diventare insicura di se stessa e delle sue capacità e perdere il suo io interiore. Ciò può portare alla spersonalizzazione e alla depersonalizzazione, in cui la vittima si sente disconnessa dai propri pensieri, emozioni e dal proprio corpo.

Le vittime di abusi psicologici spesso sperimentano depressione e ansia. Possono sperimentare stress e ansia costanti e l'incapacità di godere e provare soddisfazione nella vita. Ciò può portare a una ridotta qualità della vita, all'isolamento sociale e persino a pensieri suicidi.

Comprendere queste conseguenze è importante per fornire supporto e assistenza alle vittime di abusi psicologici. Ciò aiuta a riconoscere la gravità del problema e la necessità di fornire supporto emotivo e psicologico a coloro che subiscono questo tipo di violenza.

Un'analisi comparativa della violenza emotiva e psicologica ci consente di comprenderne meglio le caratteristiche, l'impatto e le conseguenze per le vittime e la società nel suo insieme.

1. Definizione e caratteristiche:

- Abuso emotivo: implica l'uso di parole, comportamenti e altri mezzi per controllare, manipolare e umiliare la vittima. Ha lo scopo di creare paura, vulnerabilità e dipendenza.

- Abuso psicologico: copre una vasta gamma di comportamenti e azioni volti a controllare, manipolare e reprimere la vittima. Ciò può includere minacce, isolamento, umiliazione e altre forme di pressione psicologica.

2. Manifestazioni:

- Abuso emotivo: comprende critiche, minacce, umiliazioni, controllo sulla vittima, isolamento dalle connessioni sociali e danni all'autostima.

- Violenza psicologica: può manifestarsi attraverso la manipolazione, le minacce, i giochi psicologici, l'umiliazione, l'isolamento e il controllo sulla vittima.

3. Relazione e intersezione:

- L'abuso emotivo e psicologico spesso si sovrappongono e possono completarsi a vicenda. Ad esempio, le minacce e le manipolazioni possono essere accompagnate da umiliazioni e critiche, il che aumenta l'impatto sulla vittima.

4. Impatto sulla vittima e sulla società:

- Entrambi i tipi di violenza hanno un profondo impatto sulla vittima, portando a disagio psicologico, perdita di autostima, isolamento sociale e altre conseguenze negative.

- Per la società, ciò può portare al deterioramento della salute pubblica, all'aumento dei livelli di violenza e alla disintegrazione delle reti sociali.

Pertanto, comprendere le somiglianze e le differenze tra l'abuso emotivo e psicologico aiuta a sviluppare strategie efficaci per prevenire e combattere questi tipi di abuso, oltre a fornire il supporto e l'assistenza necessari alle vittime.

Dovrebbe essere sottolineata l'importanza di affrontare l'abuso emotivo e psicologico per creare un ambiente sicuro e di sostegno per tutti i membri della società. Sebbene questi tipi di violenza non sempre lascino segni fisici, il loro impatto sulla vittima può essere devastante.

Dall'analisi è emerso che l'abuso emotivo e psicologico può avere gravi conseguenze per la salute mentale della vittima, tra cui stress, depressione, disturbi d'ansia e perdita di autostima. Possono anche portare all'isolamento sociale e all'interruzione delle relazioni interpersonali.

Combattere questi tipi di violenza richiede un approccio globale che includa educazione, sensibilizzazione, risorse accessibili e sostegno alle vittime. È importante creare un ambiente sicuro in cui le vittime possano ottenere aiuto e sostegno e gli autori degli abusi siano ritenuti responsabili delle loro azioni.

Il sostegno comunitario, l'assistenza legale, la riabilitazione psicologica e i programmi educativi sulla prevenzione della violenza svolgono un ruolo importante in questo processo. Solo attraverso gli sforzi congiunti della società possiamo creare un mondo in cui ogni persona si senta protetta e rispettata e dove la violenza di qualsiasi tipo non sia tollerata.

❖ · ❖ · ❖ · ❖ · ❖ · ❖ · ❖ · ❖ · ❖ · ❖ · ❖ · ❖ · ❖ · ❖ · ❖

Capitolo 11.
Violenza sessuale.

La violenza sessuale è una forma di violazione dei diritti e dell'intimità basata sull'uso di comportamenti o azioni sessuali senza il consenso di un'altra persona. Può manifestarsi in varie forme, tra cui la coercizione fisica, le minacce, la pressione psicologica, la violenza sessuale e altre. L'elemento principale della violenza sessuale è la mancanza di consenso volontario di una delle parti all'attività sessuale o l'interferenza nella loro vita intima.

Lo studio della violenza sessuale è estremamente importante nella società moderna. Ciò consente di riconoscerne le manifestazioni, prevenire i casi di violenza e fornire assistenza alle vittime. Comprendere la portata del problema aiuta a definire misure di prevenzione e risposta e aiuta a creare un ambiente favorevole per tutti, indipendentemente dal sesso, dall'età o dallo status sociale. Comprendere la violenza sessuale consente alla società nel suo complesso di diventare più consapevole, empatica e disposta a fornire assistenza alle vittime di violenza.

La violenza sessuale è spesso guidata da **fattori socioculturali radicati e immorali** che modellano le norme e le aspettative della società. Alcuni di essi includono:

- Impatto degli stereotipi di genere: i ruoli e gli stereotipi di genere possono aiutare a normalizzare la violenza sessuale. Ad esempio, l'idea della dominanza maschile e della sottomissione femminile può far sì che la violenza sessuale venga percepita come un comportamento accettabile o addirittura giustificabile.

- Norme e valori culturali: alcune norme culturali possono contribuire alla segretezza e alla normalizzazione della violenza sessuale. Ad esempio, una cultura del silenzio su questioni intime o della vergogna associata alla discussione di questioni sessuali può impedire alle vittime di rivelarle e di ottenere aiuto.

La consapevolezza di questi fattori socioculturali aiuta a comprendere meglio le radici della violenza sessuale e a sviluppare misure per prevenirla, compresi programmi educativi volti a cambiare gli stereotipi di genere e i valori culturali, nonché a creare un ambiente sicuro e di sostegno per tutti i gruppi della popolazione.

le caratteristiche individuali possono svolgere un ruolo nell'aumentare il rischio di diventare vittima di violenza sessuale. Alcuni di essi includono:

- Caratteristiche psicologiche: tratti della personalità come la bassa autostima, l'ansia o la depressione possono rendere alcune persone più vulnerabili alla violenza sessuale. Comprende anche disturbi psicologici che possono rendere più difficile stabilire dei limiti e proteggersi dalla violenza.

- Storia di violenza o trauma: le persone che hanno già subito violenza o eventi traumatici hanno maggiori probabilità di subire nuovamente violenza sessuale. Ciò può essere dovuto a una maggiore vulnerabilità, paura o difficoltà a stabilire confini sani nelle relazioni.

Comprendere i fattori di rischio individuali è importante per fornire supporto e assistenza a coloro che sono a rischio di violenza sessuale. I programmi educativi e il sostegno psicologico possono essere strumenti efficaci per prevenire la violenza sessuale e aiutare le vittime ad affrontare le sue conseguenze.

i fattori sistemici svolgono un ruolo significativo nella creazione di un ambiente favorevole alla violenza sessuale. Alcuni di essi includono:

- Debolezze nella legislazione e nell'applicazione della legge: una protezione inadeguata o un'errata applicazione della legislazione possono creare lacune nel sistema, consentendo agli stupratori di sfuggire alla punizione o di ottenere l'immunità. Ciò potrebbe portare all'impunità e incoraggiare ulteriori violenze.

- Mancanza di consapevolezza pubblica e di accesso alle risorse: anche l'accesso limitato alle informazioni sulla violenza sessuale e alle risorse per prevenirla e sostenere le vittime può contribuire ad aumentare il rischio. Gli ostacoli all'ottenimento di aiuto e supporto possono mantenere una vittima in silenzio riguardo alle proprie esperienze o ostacolare la sua capacità di cercare aiuto.

Affrontare questi fattori sistemici richiede non solo gli sforzi dei legislatori e delle forze dell'ordine, ma anche la partecipazione attiva della società alla consapevolezza e al superamento degli stereotipi e dei pregiudizi associati alla violenza sessuale.

La violenza sessuale può avere **una varietà di effetti fisici sulle vittime** , che possono essere sia immediati che a lungo termine. Alcuni di essi includono:

- Lesioni e deturpazioni: la violenza fisica è spesso accompagnata da lesioni fisiche come abrasioni, contusioni, ossa rotte, contusioni e tessuti danneggiati. Queste lesioni possono essere visibili o nascoste, ma possono causare dolore, sofferenza e limitazioni nella vita quotidiana della vittima.

- Infezioni sessualmente trasmissibili e gravidanza: la violenza sessuale può portare alla trasmissione di infezioni sessualmente trasmissibili (IST) e del virus dell'immunodeficienza umana (HIV). Inoltre, nei casi di violenza sessuale, può verificarsi una gravidanza, che rappresenta una difficile sfida fisica ed emotiva per la vittima, soprattutto se non desiderata.

Queste conseguenze fisiche possono portare a gravi problemi di salute e richiedere l'intervento medico e il sostegno per il recupero e il trattamento.

La violenza sessuale lascia un **segno psicologico profondo** nelle vittime, portando spesso a gravi disagi psicologici. Alcuni degli effetti psicologici includono:

- Stress traumatico e disturbo da stress post-traumatico: molte vittime di violenza sessuale sperimentano stress traumatico, che può manifestarsi sotto forma di incubi, ripetuti flashback di ricordi dolorosi e ansia eccessiva. In alcuni casi, ciò può portare allo sviluppo del disturbo da stress post-traumatico (PTSD), che è associato a un grave deterioramento del benessere psicologico.

- Depressione e disturbi d'ansia: la violenza sessuale può causare grave depressione e disturbi d'ansia nelle vittime. Possono provare sentimenti di alienazione, impotenza e vergogna, che possono portare all'isolamento sociale e alla perdita di interesse per la vita.

Queste conseguenze psicologiche possono avere un grave impatto sulla qualità della vita della vittima e richiedono un supporto psicologico e una terapia professionali per farvi fronte.

La violenza sessuale ha un **impatto sociale significativo sulla vittima** , influenzando le sue relazioni sociali e le interazioni con la società. Alcune conseguenze sociali includono:

- Isolamento e alienazione dalla società: le vittime di violenza sessuale possono sentirsi isolate e alienate dagli altri. Possono provare paura o vergogna ed evitare di interagire con gli altri per paura di essere giudicati o fraintesi.

- Perdita di fiducia e problemi relazionali: la violenza sessuale può portare alla perdita di fiducia negli altri e creare problemi nelle relazioni interpersonali. Le vittime possono avere difficoltà a stabilire e mantenere relazioni strette a causa delle esperienze traumatiche che hanno sopportato.

Queste conseguenze sociali possono creare ulteriori difficoltà per la vittima nel processo di recupero e richiedono comprensione e sostegno da parte della società e di altri.

Il supporto medico svolge un ruolo chiave nell'aiutare le vittime di violenza sessuale, fornendo non solo il recupero fisico, ma anche la stabilizzazione psicologica. Include:

- Fornire assistenza medica e protezione: dopo episodi di violenza sessuale, la vittima necessita di assistenza medica per valutare e trattare possibili lesioni e conseguenze, come danni fisici, infezioni o gravidanza. Ciò include anche la raccolta di prove e cartelle cliniche per scopi legali.

- Riabilitazione psicologica e consulenza: le vittime di violenza sessuale possono aver bisogno di supporto psicologico per superare l'esperienza traumatica. La consulenza e la terapia psicologica aiutano le vittime ad affrontare le conseguenze emotive e psicologiche come ansia, depressione, disturbo da stress post-traumatico (PTSD) e perdita di autostima.

Il supporto medico fornisce alle vittime le risorse e i servizi di cui hanno bisogno per iniziare il processo di recupero e aiutarle a tornare a una vita sana e prospera.

Il supporto legale svolge un ruolo chiave nel garantire giustizia alle vittime di violenza sessuale, nonché nel prevenire il ripetersi della violenza. Include:
- Accesso all'assistenza e alla protezione legale: le vittime di violenza sessuale hanno accesso all'assistenza e alla consulenza legale, dove possono ottenere informazioni sui loro diritti, sui procedimenti legali e sulle possibili conseguenze legali.
- Assistenza legale e guida legale: esperti legali e avvocati forniscono assistenza legale alle vittime di violenza sessuale, compresa la preparazione per le comparizioni in tribunale, la rappresentanza in tribunale e la difesa dei diritti delle vittime nel sistema giudiziario.

Il sostegno legale aiuta le vittime di violenza sessuale ad acquisire un senso di giustizia, protezione e sostegno e offre l'opportunità di prevenire ulteriori violenze e punire i perpetratori.

Il sostegno sociale è parte integrante del processo di recupero e riabilitazione delle vittime di violenza sessuale. Include:
- Sostegno comunitario e assistenza psicosociale: assistenti sociali, psicologi e volontari forniscono alle vittime di violenza sessuale sostegno emotivo, consulenza e assistenza psicologica, aiutandole ad affrontare le conseguenze traumatiche della violenza e ad adattarsi alla vita normale.
- Rifugi e risorse di sicurezza: alle vittime di violenza sessuale vengono forniti rifugi temporanei, spazi sicuri e altre risorse per garantire la loro sicurezza e protezione dalla potenziale minaccia dell'aggressore. Ciò consente alle vittime di trovare rifugio e protezione temporanei mentre sono vulnerabili dopo la violenza sessuale.

Il sostegno sociale svolge un ruolo importante nel processo di recupero e riabilitazione delle vittime di violenza sessuale, fornendo loro sostegno, sicurezza e l'opportunità di ricostruire la propria vita dopo il trauma.

L'educazione e la consapevolezza svolgono un ruolo chiave nella prevenzione della violenza sessuale. Include:
- Educazione alla violenza sessuale e alle sue conseguenze: un vasto

pubblico, a cominciare dai giovani nelle scuole e nelle università, dovrebbe essere educato sulla natura e sulle conseguenze della violenza sessuale. Ciò consente alle persone di riconoscere i segni della violenza, comprenderne gli effetti dannosi e sapere come rispondere se la incontrano.

- Promozione di relazioni e consenso sani: promuovere e sostenere relazioni e consenso sani e rispettosi aiuta a creare un ambiente in cui la violenza sessuale è meno accettabile e meno comune. Ciò può includere campagne antiviolenza, attività educative e misure per promuovere il consenso e l'accordo reciproco nelle relazioni.

L'educazione e la consapevolezza sulla violenza sessuale svolgono un ruolo fondamentale nel promuovere relazioni sane e nel creare una cultura in cui la violenza non trova posto. L'educazione precoce e la consapevolezza contribuiscono a creare una società in cui ogni persona si sente protetta e rispettata.

Il rafforzamento delle leggi e dei regolamenti svolge un ruolo importante nella prevenzione della violenza sessuale. Include:
- Proteggere i diritti delle vittime e punire gli stupratori: la legislazione deve essere rafforzata per garantire che i diritti delle vittime di violenza sessuale siano tutelati e che gli stupratori siano equamente puniti. Ciò include leggi forti sulla violenza, tutele e sostegno rafforzati per le vittime e meccanismi giudiziari efficaci per ritenere responsabili gli autori di abusi.
- Creare un ambiente sicuro e risorse per chiedere aiuto: è necessario creare ambienti sicuri in cui le vittime possano cercare aiuto e sostegno senza paura o discriminazione. Ciò include l'implementazione di centri di crisi, hotline, servizi legali e medici e altre risorse per aiutare le vittime di violenza sessuale.

Il rafforzamento della legislazione e la creazione di un ambiente favorevole per le vittime di violenza sessuale sono passi importanti nella lotta contro questo tipo di violenza e nel garantire la sicurezza di tutti i membri della società.

La violenza sessuale rimane una delle sfide più gravi per la nostra società, con conseguenze disastrose per le vittime e per la società nel suo insieme. Questo documento ha esaminato vari aspetti della violenza sessuale, comprese le sue cause, le conseguenze e le modalità di sostegno alle vittime.

Dopo aver esaminato i fattori di rischio, le conseguenze e i supporti, abbiamo concluso che gli sforzi per prevenire e combattere la violenza sessuale devono essere rafforzati. È importante concentrarsi sull'educazione e sulla consapevolezza pubblica, rafforzando la legislazione e creando ambienti sicuri per aiutare le vittime.

La lotta alla violenza sessuale non solo aiuta a proteggere i diritti e la sicurezza di tutti i membri della società, ma crea anche un ambiente favorevole in cui le vittime possono cercare aiuto, analizzare la situazione e trovare percorsi di recupero e riabilitazione psicologica. È importante continuare a lavorare in questa direzione e adoperarsi per garantire a tutti un ambiente sicuro e rispettoso.

❖·❖·❖·❖·❖·❖·❖·❖·❖·❖·❖·❖·❖·❖·❖

Capitolo 12.
Violenza economica.

Nel mondo moderno, il problema della violenza contro le donne sta diventando sempre più acuto e ampiamente discusso. Tuttavia, oltre alle forme di violenza fisica e psicologica, esiste un'altra forma, meno evidente, ma non per questo meno distruttiva: la violenza economica. Questa forma di abuso è caratterizzata dal controllo delle finanze e delle risorse della vittima, dalla creazione di dipendenza e dalla limitazione della sua libertà finanziaria.

La violenza economica è una forma di violenza che si esprime nello stabilire il controllo sulle risorse finanziarie e sui mezzi della vittima al fine di controllare il suo comportamento, limitare la sua indipendenza e creare dipendenza dall'aggressore. Ciò può includere il divieto di lavoro o istruzione, il controllo del bilancio familiare, il rifiuto di accesso a finanziamenti e risorse e altri metodi volti alla repressione economica della vittima.

Lo studio della violenza economica è fondamentale per comprenderne gli effetti devastanti e sviluppare misure efficaci per prevenirla e combatterla. Questa forma di violenza è la base per stabilire il controllo sulla vittima e sopprimere la sua autonomia. Senza un'adeguata attenzione a questo problema, le vittime rimangono in una posizione vulnerabile, private dell'opportunità di liberarsi dall'aggressore e riconquistare la propria indipendenza finanziaria. Pertanto, è necessario studiare e contrastare attivamente la violenza economica per creare un ambiente sicuro e solidale per tutti i suoi membri.

Segni e manifestazioni di violenza economica:
1. Limitazione dell'accesso alle risorse finanziarie:
- Ciò include il controllo dei conti bancari, delle carte di credito, dei contanti e di altre attività finanziarie della vittima.
- L'aggressore può limitare o bloccare l'accesso della vittima ai fondi presenti nel suo conto bancario, revocare le carte di credito o limitare il suo accesso ai contanti.
2. Gestire il budget e le finanze della vittima:
- L'aggressore controlla o gestisce tutte le decisioni finanziarie e le

spese della famiglia, senza lasciare alcuna possibilità alla vittima di prendere decisioni di spesa indipendenti.

- La vittima è privata del diritto di partecipare alla pianificazione del bilancio familiare, di investire fondi o di gestire le finanze familiari.

3. Dipendenza e controllo finanziario:

- Ciò si manifesta nel fatto che la vittima diventa completamente dipendente finanziariamente dallo stupratore. Perde l'indipendenza finanziaria e il controllo sulle proprie finanze.

- L'aggressore può utilizzare mezzi finanziari come mezzo di minaccia e controllo per mantenere la vittima nella relazione e piegarla alla sua volontà.

4. Privazione di opportunità di lavoro o di istruzione:

- L'aggressore può impedire alla vittima di ricevere un'istruzione o di trovare un lavoro, il che la rende finanziariamente dipendente da lui.

- Ciò può manifestarsi nel divieto di lavoro, nella minaccia di licenziamento o nel ridicolo se la vittima lotta per l'indipendenza finanziaria.

Definizione di dipendenza e controllo finanziario:

La dipendenza e il controllo finanziario sono una condizione in cui la vittima diventa completamente dipendente finanziariamente dall'aggressore. L'aggressore stabilisce il controllo completo sulle risorse e sui mezzi finanziari della vittima, privandola della capacità di gestire autonomamente il proprio denaro e di prendere decisioni finanziarie. Ciò crea disuguaglianza nella relazione e rende la vittima vulnerabile e dipendente dall'aggressore.

Impatto della violenza economica sulla vittima :

1. Instabilità finanziaria:

- La vittima si trova ad affrontare l'incertezza e l'instabilità delle proprie risorse finanziarie a causa del controllo e della manipolazione dell'aggressore.

- Potrebbe avere difficoltà a pagare le bollette e a provvedere ai bisogni primari di sé e della sua famiglia a causa dell'accesso limitato alle risorse finanziarie.

2. Limitazione delle opportunità di autorealizzazione e indipendenza:

- La vittima è privata dell'opportunità di svilupparsi professionalmente e personalmente a causa delle restrizioni nell'ottenere un'istruzione o nel trovare un lavoro.

- Non è in grado di prendere decisioni finanziarie e gestire le proprie finanze, il che limita la sua indipendenza e autodeterminazione.

3. Conseguenze emotive e psicologiche:

- La vittima sperimenta stress, ansia e preoccupazione a causa dell'incertezza sul proprio futuro finanziario.

- Potrebbe sentirsi impotente, umiliata e dipendente dall'aggressore, il che porta alla perdita di autostima e al deterioramento del benessere psicologico.

4. Isolamento sociale e dipendenza:

- La vittima si sente isolata e alienata dalla società a causa della sua dipendenza finanziaria dallo stupratore.

- Potrebbe vergognarsi e avere paura di cercare aiuto o sostegno per paura di perdere il sostegno finanziario.

L'instabilità finanziaria e la dipendenza sono una condizione in cui la vittima diventa finanziariamente vulnerabile e dipendente dall'aggressore. Ciò include impatti negativi sul benessere finanziario, limitazioni all'autorealizzazione e all'indipendenza e conseguenze emotive e psicologiche. La vittima perde il controllo sulle proprie finanze e diventa dipendente dall'aggressore, il che la rende vulnerabile e a disagio nelle relazioni sociali.

Gli effetti psicologici ed emotivi dell'abuso economico sulla vittima possono essere vari e includere quanto segue:

1. Stress e ansia dovuti all'instabilità finanziaria:

- La vittima sperimenta spesso stress e ansia costanti a causa dell'incertezza del proprio futuro finanziario.

- L'incertezza sulla capacità di provvedere ai bisogni primari per sé e per la sua famiglia può causare ansia e panico.

2. Perdita di autostima e fiducia in se stessi:

- L'accesso limitato alle risorse finanziarie e la dipendenza dall'aggressore possono portare ad una perdita di autostima e fiducia in se stesse nella vittima.

- Potrebbe iniziare a dubitare delle sue capacità e del suo valore come persona a causa di sentimenti di impotenza e di controllo sulla sua vita.

3. Autoisolamento e diminuzione dell'attività sociale:

- La vittima, sentendosi dipendente e vulnerabile, può evitare il contatto con altre persone e situazioni sociali.

- Ciò può portare all'autoisolamento e alla ridotta partecipazione alla vita sociale a causa della paura di essere giudicati o umiliati.

4. Depressione e disturbi d'ansia:

- Le emozioni negative e lo stress costante causati dalla violenza economica possono innescare lo sviluppo di disturbi depressivi e d'ansia nella vittima.

- Potrebbe provare sentimenti di alienazione e disperazione, che portano ad un deterioramento del suo stato psicologico.

5. Manifestazioni fisiche dello stress:

- Lo stress e l'ansia a lungo termine possono mettere a dura prova la salute fisica della vittima, manifestandosi con mal di testa, mal di stomaco, disturbi del sonno e altri sintomi fisici.

- Queste manifestazioni fisiche sono il risultato di un'esposizione prolungata allo stress e richiedono l'attenzione dei professionisti medici.

Le misure di protezione e sostegno per le vittime di violenza economica comprendono diversi aspetti, tra cui la tutela legale. Descriveremo in dettaglio cos'è la protezione legale e come funziona, e considereremo anche la legislazione sulla protezione delle vittime di violenza economica e le possibilità di assistenza legale e tutela dei diritti.

1. Tutela giuridica:

- La protezione legale comprende la fornitura di assistenza legale e sostegno alle vittime di violenza economica.

- Ciò può includere consulenza legale, rappresentanza in tribunale, presentazione di denunce e dichiarazioni, nonché tutela dei diritti della vittima nel quadro della legislazione vigente.

2. Legislazione a tutela delle vittime di violenza economica:

- Molti paesi hanno leggi e regolamenti volti a proteggere le vittime della violenza economica e a frenare questo tipo di abuso.

- La legislazione può includere una definizione di violenza economica, sanzioni per i trasgressori, meccanismi attraverso i quali le vittime possono ricevere assistenza e altre disposizioni volte a proteggere i diritti e gli interessi delle vittime.

3. Opportunità di assistenza legale e tutela dei diritti:

- Le vittime di violenza economica possono chiedere aiuto ad avvocati, consulenti legali o organizzazioni specializzate in diritti umani.

- Possono ricevere consulenza sulla tutela dei diritti, assistenza nella preparazione e presentazione di istanze e reclami, nonché rappresentanza dei loro interessi in tribunale.

- Alcune organizzazioni forniscono assistenza legale gratuita o collaborano con avvocati disposti ad assistere gratuitamente le vittime.

La protezione legale è uno strumento importante per combattere la violenza economica e garantire la tutela dei diritti e degli interessi delle vittime. Permette alle vittime di ricevere aiuto e sostegno nel rispettare e proteggere i propri diritti, nonché nel cercare giustizia nel quadro della legge.

Il sostegno finanziario per le vittime di violenza di genere comprende una varietà di programmi e interventi progettati per fornire alle sopravvissute l'accesso a risorse e servizi finanziari e per aiutarle a raggiungere l'indipendenza finanziaria e il recupero.

1. Assistenza finanziaria e programmi di sostegno per le vittime:

- Questi programmi possono includere un risarcimento finanziario per danni quali perdita di guadagno o di proprietà, spese mediche, riabilitazione psicologica e altri costi associati alle conseguenze della violenza.

- Alcuni programmi forniscono assistenza finanziaria diretta per coprire le spese correnti per alloggio, cibo, vestiario e altri bisogni primari.

2. Garantire l'accesso alle risorse finanziarie e ai servizi:

- Ciò include fornire informazioni sulle risorse finanziarie disponibili e sui programmi di supporto come sovvenzioni, borse di studio, benefici sociali e altre forme di assistenza.

- Le consultazioni con professionisti e consulenti finanziari aiutano le vittime a sviluppare piani finanziari, budget e strategie per ripristinare la stabilità finanziaria.

3. Assistenza per ottenere benefici legali e sociali:

- Ciò include l'assistenza per ottenere protezione legale, come ottenere un risarcimento dei danni, ottenere restrizioni temporanee o permanenti ai contatti con l'autore dell'abuso o cambiare il proprio nome o luogo di residenza per motivi di sicurezza.

- Le vittime possono anche ricevere benefici sociali come l'accesso ai servizi per l'impiego, alla formazione, ai servizi medici e psicologici e ai programmi di assistenza alle vittime.

4. Supporto psicologico ed emotivo:

- Il sostegno finanziario può includere anche l'accesso al sostegno per la salute mentale e alla consulenza per aiutare a far fronte agli effetti traumatici della violenza e ripristinare il benessere emotivo.

Il sostegno finanziario alle vittime di violenza di genere svolge un ruolo importante nel garantire la sicurezza e il recupero dei sopravvissuti, consentendo loro di riconquistare la stabilità finanziaria e l'indipendenza dopo situazioni traumatiche.

Il sostegno psicologico alle vittime di violenza di genere è un'ampia gamma di servizi e attività volti ad aiutare le vittime a superare le conseguenze emotive e psicologiche della violenza. Ecco alcuni degli aspetti del supporto psicologico:

1. Consulenza e assistenza psicologica:

- Fornire consulenza da parte di psicologi e specialisti in eventi traumatici aiuta le vittime a esprimere le proprie emozioni, comprendere e superare le esperienze traumatiche e sviluppare strategie di coping.

- L'assistenza psicologica può includere sessioni terapeutiche, sessioni di gruppo, arteterapia e altri metodi di lavoro con il trauma.

2. Sviluppo dell'autostima e capacità di gestione finanziaria:

- I sopravvissuti possono sottoporsi a programmi di autostima e abilità di fiducia per aiutarli a ritrovare la fiducia in se stessi e le proprie capacità.

- Viene inoltre fornita formazione sulla gestione finanziaria per consentire alle vittime di imparare come gestire in modo efficace i propri budget, pianificare le spese e prendere decisioni finanziarie.

3. Supporto durante il processo di recupero:

- Il supporto psicologico ha lo scopo di aiutare le vittime a riprendersi da eventi traumatici. Ciò può includere l'aiuto nel superare paure, disturbi d'ansia, depressione e altri problemi psicologici.

- Gli psicologi possono anche aiutare le vittime a ripristinare le loro relazioni con gli altri, a sviluppare strategie di coping e ad adattarsi alle nuove condizioni di vita.

4. Sostegno psicosociale in situazioni di crisi:

- Una parte importante del sostegno psicologico consiste nel fornire alle vittime un sostegno psicosociale 24 ore su 24 in caso di situazioni di crisi o di esacerbazione dei sintomi del trauma.

- Gli specialisti telefonicamente o online forniscono consulenza e supporto in caso di situazioni stressanti o di necessità di aiuto immediato.

La prevenzione e la prevenzione della violenza di genere svolgono un ruolo importante nella creazione di un ambiente sicuro e solidale per tutti i membri della società. Ecco alcune misure e azioni volte a prevenire e prevenire la violenza di genere:

1. Educazione e informazione:

- L'educazione sui segnali e sulle conseguenze della violenza economica è un aspetto chiave della prevenzione. Le persone devono essere consapevoli delle varie forme di violenza, inclusa la violenza economica, per riconoscerla e prevenirla.

- È anche importante diffondere la voce sulle risorse disponibili e sugli aiuti. Le persone hanno bisogno di sapere dove cercare aiuto se subiscono violenza e quali opzioni di supporto e protezione sono disponibili.

2. Insegnare il consenso e relazioni sane:

- Promuovere relazioni sane e armonia aiuta a creare una cultura di rispetto e comprensione nelle relazioni. Le persone devono sapere che la violenza di qualsiasi forma è inaccettabile e che il consenso dovrebbe essere la base di qualsiasi relazione.

3. Sostegno alle vittime:

- È importante fornire sostegno alle vittime e aiutarle a riprendersi dalla violenza. Ciò può includere l'accesso all'assistenza medica, psicologica e legale, nonché la fornitura di alloggi e protezione temporanei.

4. Rafforzare la legislazione:

- È necessario rafforzare la legislazione che tuteli i diritti delle vittime e punisca gli stupratori. Una tutela giuridica efficace svolge un ruolo importante nel prevenire la violenza e nel garantire giustizia alle vittime.

5. Iniziative sociali e culturali:

- I programmi sociali e culturali possono aiutare a cambiare l'atteggiamento nei confronti degli stereotipi di genere e della violenza. I progetti volti a sensibilizzare e includere la comunità nella lotta alla violenza possono avere un impatto significativo.

6. Sostegno e coinvolgimento del pubblico:

- È importante creare comunità che sostengano attivamente le vittime della violenza e ne chiedano la fine. Ciò può includere l'organizzazione di eventi, campagne di sensibilizzazione e il coinvolgimento del pubblico nel dialogo sulla violenza di genere.

7. Partenariato e cooperazione:

- Vari settori della società, compresi il governo, le organizzazioni non governative, le imprese e le istituzioni accademiche, devono lavorare insieme per combattere efficacemente la violenza di genere. Le partnership e le collaborazioni aiutano a mettere in comune risorse e competenze per rispondere in modo più efficace a un problema.

8. Sensibilizzazione e partecipazione dei giovani:

- I giovani svolgono un ruolo importante nella lotta contro la violenza di genere, quindi è importante includerli nei programmi educativi e nelle campagne di prevenzione. Insegnare ai giovani abilità relazionali sane e consenso può aiutare a creare una cultura di sicurezza e rispetto.

9. Ricerca e monitoraggio continui:

- La continua ricerca e monitoraggio della violenza di genere ci consente di valutare l'efficacia delle misure adottate e identificare nuove tendenze e sfide. Ciò aiuta ad adattare le strategie antiviolenza per soddisfare le mutevoli condizioni e bisogni.

10. Affrontare le cause profonde:

- È inoltre necessario affrontare le cause profonde della violenza di genere, come la disuguaglianza di genere, le disuguaglianze sociali ed economiche, gli stereotipi e le norme culturali, per creare una società più giusta e sicura per tutti.

11. Cooperazione internazionale:

- La violenza di genere è un problema globale e la sua soluzione richiede sforzi congiunti a livello internazionale. I paesi devono cooperare, condividere esperienze e migliori pratiche per combattere più efficacemente questo fenomeno.

La violenza di genere rimane uno dei problemi più gravi e diffusi in tutto il mondo, con un impatto devastante sulla vita di milioni di persone. Viola i diritti umani e le libertà fondamentali e distrugge famiglie, società ed economie. Nonostante gli sforzi significativi da parte di molti paesi e organizzazioni, la violenza di genere continua a rappresentare una sfida per la comunità globale.

La lotta alla violenza di genere richiede una strategia sistemica e globale che includa la prevenzione, la protezione delle vittime, il rafforzamento della legislazione e la creazione di un pubblico forte e informato. È importante riconoscere che ognuno di noi ha una responsabilità in questa lotta e solo lavorando insieme possiamo raggiungere i nostri obiettivi.

Ricorda che ogni persona ha il diritto di vivere senza paura e violenza, ed è nostro compito creare un mondo in cui ogni persona possa vivere in sicurezza, libertà e dignità.

La sensibilizzazione dell'opinione pubblica sulla violenza di genere, compresa la violenza economica, svolge un ruolo chiave nel prevenirla e combatterla. Ecco alcuni metodi e iniziative che possono essere inclusi nella sensibilizzazione sulla violenza economica:

1. Promuovere relazioni finanziarie sane e indipendenza:

- Campagne formative ed eventi volti a diffondere la conoscenza sulla pianificazione finanziaria, sul budget e sulla gestione finanziaria.

- Conduzione di seminari e workshop per varie età e gruppi sociali per insegnare competenze di gestione finanziaria.

- Creazione di risorse online che includano informazioni sull'alfabetizzazione finanziaria, il cui accesso possa essere gratuito e ampiamente disponibile.

2. Sostenere programmi e iniziative per combattere la violenza economica:

- Finanziamento e organizzazione di programmi di sostegno per le vittime della violenza economica, fornendo consulenze, assistenza legale e sostegno finanziario.

- Sviluppo e attuazione di programmi educativi nelle scuole, università e organizzazioni pubbliche sulla natura e le conseguenze della violenza economica.

- Partenariato con organizzazioni governative e non governative per condurre campagne contro la violenza economica e sensibilizzare l'opinione pubblica al riguardo.

3. Sviluppo di risorse informative:

- Creazione di opuscoli informativi, poster e materiali online contenenti informazioni sui segnali, le conseguenze e le modalità per combattere la violenza economica.

- Diffusione delle risorse informative attraverso social network, siti web, centri comunitari e altri canali di comunicazione in modo che siano disponibili a tutti.

Sensibilizzare l'opinione pubblica sul problema della violenza economica svolge un ruolo importante per superarlo e creare un ambiente sicuro per tutti. Gli sforzi di educazione, sensibilizzazione e sostegno aiutano non solo le vittime della violenza, ma anche la società in generale a comprendere e superare questo tipo di violazione dei diritti umani.

La violenza economica è una grave forma di violazione dei diritti umani che ha un impatto devastante sulla vittima e sulla società nel suo complesso. Si manifesta attraverso il controllo sulle finanze e l'accesso limitato alle risorse, che possono portare a dipendenza e instabilità finanziaria a lungo termine.

Riassumiamo le principali conclusioni:

- La violenza economica si manifesta in molte forme, tra cui la limitazione dell'accesso alle risorse finanziarie, la gestione del budget della vittima e la dipendenza finanziaria.

- Ha un impatto significativo sulla vittima attraverso conseguenze psicologiche, emotive e sociali come stress, ansia, perdita di autostima e isolamento.

- L'importanza di combattere la violenza economica è preziosa per garantire l'indipendenza finanziaria e il benessere di tutti i membri della società. Ciò richiede non solo il sostegno alle vittime, ma anche l'educazione e l'informazione della società sulla natura e le conseguenze di questo tipo di violenza.

L'importanza di combattere la violenza economica è creare un ambiente giusto ed equo in cui ogni persona abbia il diritto all'indipendenza finanziaria e l'opportunità di realizzare il proprio potenziale senza la minaccia della soppressione e del controllo economico. Il sostegno alle vittime, la sensibilizzazione del pubblico e misure di protezione efficaci sono fondamentali per raggiungere questo obiettivo.

La lotta contro la violenza economica richiede gli sforzi congiunti dello Stato, delle organizzazioni pubbliche, delle organizzazioni per i diritti umani e di ogni persona che lotta per creare una società giusta e sicura per tutti.

❖ · ❖ · ❖ · ❖ · ❖ · ❖ · ❖ · ❖ · ❖ · ❖ · ❖ · ❖ · ❖ · ❖ · ❖

Parte 3:
Fattori e cause della violenza di genere

Capitolo 13.
Fattori socioculturali.

La violenza di genere è, nella sua essenza, una delle tipologie di violazione dei diritti umani più devastanti e diffuse al mondo. L'influenza di questo fenomeno si estende a vari ambiti della vita, lasciando dietro di sé destini distrutti, coscienze traumatizzate e rapporti sociali interrotti. Nonostante decenni di lotta per l'uguaglianza di genere e il progresso nei diritti umani, la violenza di genere continua a essere un problema serio che richiede la nostra attenzione e la nostra azione.

Lo scopo di questo capitolo è esaminare i fattori socioculturali alla base della violenza di genere. Approfondiremo il mondo degli stereotipi, delle norme culturali e delle aspettative sociali per capire come questi fattori modellano e mantengono modelli di violenza contro i diversi generi.

Comprendere questo argomento ci consentirà di comprendere meglio le radici del problema e proporre strategie efficaci per prevenire e combattere la violenza di genere.

La nostra sfida è capire come gli aspetti socioculturali influenzano la percezione e l'interpretazione della violenza di genere e come questi fattori possano essere utilizzati per combattere più efficacemente questo fenomeno negativo. Camminiamo insieme su un percorso che ci porterà a una maggiore comprensione e forse a cambiare le strutture che sono alla base della violenza di genere.

Lo studio dei fattori socioculturali nel contesto della violenza di genere è essenziale per comprendere appieno le radici di questo fenomeno e sviluppare strategie efficaci per superarlo. L'importanza dello studio di questi fattori è dovuta a diversi aspetti chiave:

1. Formazione di norme e stereotipi: le norme socioculturali e gli stereotipi associati ai ruoli di genere svolgono un ruolo decisivo nel modellare le relazioni tra uomini e donne nella società. Lo studio di queste norme e stereotipi ci permette di comprendere quali aspettative e convinzioni influenzano il comportamento delle persone e come queste possono contribuire allo sviluppo della violenza di genere.

Le norme socioculturali e gli stereotipi associati ai ruoli di genere hanno un enorme impatto sulla formazione delle relazioni tra uomini e donne nella società. Queste norme definiscono le aspettative che la società ripone nei confronti di ciascun genere e modellano le aspettative su come dovrebbero essere gli uomini e le donne. Tuttavia, è importante capire che queste aspettative e stereotipi possono essere errati e ingiusti e dovrebbero essere analizzati e valutati criticamente.

Nel contesto della violenza di genere, le norme socioculturali e gli stereotipi possono diventare la base per la formazione di modelli comportamentali e atteggiamenti negativi. Ad esempio, lo stereotipo della "mascolinità", che suggerisce forza, aggressività e dominio negli uomini, può portare alcuni uomini a giustificare la propria violenza come espressione di "virilità". D'altra parte, lo stereotipo della "femminilità", che è associato alla subordinazione, alla debolezza e alla conformità nelle donne, può portare alla loro vulnerabilità alla violenza e alla difficoltà nell'esprimere i propri bisogni e confini.

Le vittime di violenza di genere, soprattutto quelle altamente sensibili e insicure, possono essere influenzate da questi stereotipi e norme, rendendole più vulnerabili all'aggressore. Tuttavia, è importante rendersi conto che questi stereotipi non sono leggi della natura, ma solo una costruzione della società che può e deve essere cambiata.

Per combattere l'influenza delle norme e degli stereotipi socioculturali, è necessario condurre campagne educative volte a cambiare le idee sui ruoli di genere e a sostenere l'uguaglianza tra uomini e donne. È anche importante creare spazi e comunità sicuri in cui le vittime della violenza di genere possano cercare sostegno e conoscere i propri diritti. Anche il sostegno e la comprensione degli altri svolgono un ruolo importante nel rafforzare l'autostima e la fiducia in se stesse delle vittime, aiutandole ad affrontare le conseguenze della violenza e a uscire da questa situazione.

2. Distribuzione del potere e delle risorse: i fattori socio-culturali determinano le strutture sociali e la distribuzione del potere e delle risorse in una società. Le disuguaglianze nella sfera sociale ed economica spesso diventano la base della violenza di genere, quando un gruppo di persone usa il proprio potere e privilegio per opprimerne un altro.

La distribuzione del potere e delle risorse nella società è un fattore chiave che modella le dinamiche delle relazioni tra diversi gruppi di persone. Le norme e gli stereotipi socioculturali possono contribuire alla creazione di disuguaglianze nella sfera sociale ed economica, che, a loro volta, possono diventare la base della violenza di genere.

La disuguaglianza spesso fa sì che un gruppo abbia potere e risorse significativi mentre un altro gruppo si trova in una posizione più vulnerabile. Nell'ambito della violenza di genere, ciò si verifica, ad esempio, in situazioni in cui gli uomini usano il loro potere sociale ed economico per controllare le donne. Ciò può esprimersi nella violenza finanziaria, quando un uomo controlla le risorse finanziarie della famiglia, privando la donna dell'indipendenza finanziaria, o nella violenza sociale, quando un uomo usa la sua posizione sociale per stabilire e mantenere il controllo sulla sua compagna.

Le vittime della violenza di genere, soprattutto quelle altamente sensibili e insicure, possono sentirsi impotenti e dipendenti dai loro aggressori a causa della distribuzione ineguale di potere e risorse. Potrebbero avere paura di opporsi al bullo a causa delle potenziali conseguenze per la loro stabilità finanziaria o sociale.

Tuttavia, è importante riconoscere che la disuguaglianza e la disparità non dovrebbero essere viste come problemi inevitabili o insormontabili. Cambiare la struttura della società e ridurre le disuguaglianze nella distribuzione del potere e delle risorse sono passi fondamentali per prevenire la violenza di genere. Ciò può essere raggiunto creando leggi e politiche per proteggere i diritti delle donne e garantire l'uguaglianza di genere in tutte le sfere della vita. Inoltre, i programmi educativi e le campagne di sensibilizzazione possono svolgere un ruolo importante nel cambiare le norme e gli stereotipi socioculturali che mantengono la disuguaglianza e contribuiscono alla violenza di genere.

3. Normalizzazione della violenza: in alcune culture, la violenza può essere normalizzata o addirittura giustificata sulla base di determinati ruoli e atteggiamenti di genere. Lo studio dei fattori socioculturali aiuta a identificare quali pratiche e atteggiamenti culturali contribuiscono a creare un ambiente in cui la violenza di genere è percepita come un luogo

comune.

La normalizzazione della violenza nella società, soprattutto basata sui ruoli e sugli atteggiamenti di genere, è un problema serio che perpetua e intensifica la violenza di genere. In alcune culture, la violenza può essere vista come un modo accettabile o addirittura necessario per risolvere i conflitti, soprattutto nei rapporti tra uomini e donne. Lo studio dei fattori socioculturali permette di comprendere esattamente quali pratiche e atteggiamenti culturali contribuiscono alla normalizzazione della violenza e quali meccanismi supportano tale comportamento.

I ruoli di genere e gli stereotipi incorporati nelle norme culturali possono far sì che la violenza relazionale diventi parte della vita quotidiana. Ad esempio, uno stereotipo di mascolinità che associa la mascolinità alla forza, all'aggressività e al controllo può portare gli uomini a percepire la violenza come un modo per affermare il proprio status e autorità nella famiglia o nella società. D'altro canto, lo stereotipo della femminilità associato alla passività, alla debolezza e alla sottomissione può portare le donne ad accettare la violenza come una parte inevitabile della loro vita.

Inoltre, la normalizzazione della violenza può essere supportata anche da norme e tradizioni culturali che legittimano la violenza domestica o la discriminazione contro determinati gruppi in base al genere. Ad esempio, alcune società hanno leggi o consuetudini che giustificano la violenza domestica come mezzo per "educare" o "correggere" mogli e figli.

Per le vittime di violenza di genere, soprattutto per quelle altamente sensibili e insicure, la normalizzazione della violenza può creare ulteriori ostacoli alla ricezione di aiuto e sostegno. Potrebbero sentirsi in colpa o vergognarsi della loro situazione a causa di norme culturali e stereotipi che condonano o minimizzano la violenza di genere. È quindi importante lavorare per cambiare queste norme e atteggiamenti attraverso l'educazione, le campagne pubbliche e la legislazione, in modo che la violenza di genere non sia più percepita come normale, ma qualcosa che deve essere prevenuta e affrontata.

4. Interventi preventivi efficaci: lo studio dei fattori socioculturali aiuta a determinare le strategie e i programmi di intervento preventivo più appropriati. Conoscere quali atteggiamenti e norme supportano la violenza di genere ci consente di sviluppare interventi volti a cambiare questi atteggiamenti e a creare un ambiente più sicuro e più equo per tutti i sessi.

Interventi preventivi efficaci svolgono un ruolo importante nella lotta alla violenza di genere. Lo studio dei fattori socioculturali aiuta a determinare le strategie e i programmi più appropriati per prevenire la violenza e creare un ambiente sicuro per tutti i sessi.

Una strategia chiave è cambiare gli atteggiamenti e le norme che sostengono la violenza di genere. Ciò può includere programmi educativi volti a sfidare gli stereotipi sui ruoli di genere, nonché la consapevolezza e la condanna della violenza in tutte le forme. Anche condurre campagne ed eventi pubblici per promuovere l'uguaglianza di genere e il rispetto dei diritti di tutti è un metodo efficace per cambiare gli atteggiamenti culturali.

Un altro aspetto importante è garantire l'accesso a programmi di supporto e formazione di qualità per la prevenzione della violenza. Questi programmi possono includere formazione sul comportamento assertivo, sviluppo di capacità di regolazione emotiva e formazione sulla risoluzione dei conflitti. È importante anche fornire informazioni sui diritti umani e l'accesso ai servizi di sostegno per le vittime della violenza di genere.

Tuttavia, è importante ricordare che un intervento preventivo efficace richiede un approccio integrato e la cooperazione di vari settori della società, comprese le organizzazioni governative, le organizzazioni non governative, le istituzioni educative, le istituzioni sanitarie e le comunità. Solo gli sforzi congiunti di tutte le parti interessate possono portare alla creazione di misure efficaci per prevenire la violenza di genere e proteggere i diritti di ogni persona a una vita sicura e uguale.

Pertanto, lo studio dei fattori socioculturali della violenza di genere è parte integrante di un'ampia gamma di sforzi per combattere questo fenomeno. Comprendere questi fattori aiuta non solo a identificare le radici del problema, ma anche a sviluppare strategie per risolverlo a livello sociale e culturale.

Gli stereotipi di genere sono idee semplificate e spesso distorte su come dovrebbero essere uomini e donne in base al loro genere. Si formano nella società e spesso penetrano in varie sfere della vita, tra cui cultura, istruzione, famiglia, lavoro, ecc. Gli stereotipi di genere creano modelli di comportamento, ruoli attesi e qualità associati a determinati generi. Ad esempio, uno stereotipo potrebbe essere l'idea che gli uomini dovrebbero essere forti, ambiziosi e dominanti, e le donne dovrebbero essere gentili, premurose e passive.

L'influenza degli stereotipi sulla percezione della violenza di genere è molto significativa. In primo luogo, gli stereotipi possono plasmare l'idea che la violenza di genere sia normale o addirittura giustificabile in determinate situazioni. Ad esempio, lo stereotipo secondo cui "un vero uomo dovrebbe controllare sua moglie" può portare a considerare la violenza in una relazione come un mezzo accettabile per controllare un partner.

In secondo luogo, gli stereotipi di genere possono influenzare il modo in cui le vittime e i testimoni della violenza di genere percepiscono e interpretano ciò che accade. Ad esempio, lo stereotipo secondo cui "i veri uomini non piangono" può far sentire in imbarazzo gli uomini vittime di violenza nel cercare aiuto o addirittura ammettere di aver subito abusi. Gli stereotipi possono anche portare a sottovalutare o a ignorare la violenza contro gli uomini perché non corrispondono alla percezione comune delle vittime.

Pertanto, gli stereotipi di genere possono creare un terreno fertile per la violenza di genere, oltre a influenzare il modo in cui questa violenza viene percepita e discussa nella società. Il cambiamento di questi stereotipi e la sensibilizzazione su di essi svolgono un ruolo importante nella prevenzione e nella lotta alla violenza di genere.

Per comprendere meglio l'argomento, considera diversi esempi di stereotipi di genere immorali provenienti da diverse culture:

1. Il ruolo di un uomo come principale capofamiglia: in alcune culture, si ritiene che un uomo debba provvedere finanziariamente alla propria famiglia, oltre ad essere il principale fornitore di risorse materiali. Questo stereotipo può portare a pressioni su un uomo e ad un senso di fallimento se non è in grado di provvedere alla sua famiglia.

2. Ruolo delle donne come casalinga e madre: in molte culture, alle donne viene assegnato il ruolo di casalinga e madre, responsabile della cura della casa e dei figli. Questo stereotipo può portare a restrizioni nella carriera e nelle scelte educative, nonché a sottovalutare le donne in altre occupazioni.

3. Femminilità forzata: in alcune culture, ci si aspetta che le donne soddisfino determinati standard di femminilità, che possono includere un alto livello di cura della persona, l'uso di determinati vestiti o comportamenti. Questo stereotipo può limitare la libertà di espressione e creare pressione sulle donne che non soddisfano questi standard.

4. Il ruolo di un uomo dominante e aggressivo: in alcune culture, agli uomini viene assegnato il ruolo di leader dominante e aggressivo che deve controllare la sua famiglia e l'ambiente. Questo stereotipo può portare alla violenza nelle relazioni e alla repressione delle donne.

5. L'ideale di una donna "debole": in alcune culture, ci si aspetta che le donne siano più deboli e più dipendenti dagli uomini. Questo stereotipo può portare a situazioni in cui una donna non si sente in grado di difendersi o di chiedere aiuto in caso di violenza.

6. Mascolinità forzata: alcune culture si aspettano che gli uomini mostrino mascolinità in tutti gli ambiti della vita, comprese le manifestazioni di forza, indipendenza e invulnerabilità. Questo stereotipo può portare gli uomini a reprimere le proprie emozioni e a limitare la capacità di esprimere la propria vulnerabilità.

7. Ruoli di genere rigorosi nella sfera professionale: molte culture hanno stereotipi di genere rigorosi per quanto riguarda la scelta delle professioni. Ad esempio, alcune professioni sono considerate "femminili" o "maschili" e la deviazione da ciò può essere accolta con stigma sociale.

8. Eterosessualità forzata: in molte culture, l'eterosessualità è considerata la norma e le deviazioni da questa sono considerate inaccettabili o addirittura immorali. Questo stereotipo può portare le persone LGBT+ a subire discriminazioni e violenze.

Ciascuno di questi stereotipi di genere può rafforzare la disuguaglianza, creare pressione sugli individui e contribuire alla violenza di genere. È importante riconoscere che gli stereotipi possono essere profondamente radicati nella cultura e nella società e talvolta possono essere subdoli o addirittura accettati senza domande.

Questi stereotipi possono portare le vittime di violenza di genere a tacere sulle proprie esperienze per paura di essere giudicate o sottovalutate. Potrebbero sentirsi in colpa per non essere all'altezza degli standard imposti dalla società, o avere paura di spargere la voce sulla loro situazione per paura di essere rifiutati o di causare ulteriori danni alla loro reputazione.

Comprendere ed essere consapevoli di questi stereotipi di genere è il primo passo per combattere la violenza di genere. Vittime e testimoni possono iniziare a superare questi stereotipi cercando il sostegno di una comunità dove saranno compresi e sostenuti. Inoltre, educare ed educare le comunità sui danni e sulle ingiustizie degli stereotipi di genere può portare a cambiamenti nell'atteggiamento nei confronti dei ruoli e dei comportamenti di genere, che in definitiva possono ridurre l'incidenza della violenza di genere.

Le norme culturali e le aspettative sociali svolgono un ruolo importante nel plasmare la percezione della violenza di genere e la sua accettabilità nella società. Queste norme definiscono quali tipi di comportamento sono considerati accettabili o inaccettabili tra i sessi e costituiscono la base per il modo in cui le persone interagiscono tra loro.

1. Ruoli di genere tradizionali: molte culture hanno ruoli di genere rigorosamente definiti, in cui ci si aspetta che uomini e donne svolgano determinate funzioni e abbiano determinate caratteristiche. Ad esempio, agli uomini viene spesso assegnato il ruolo di protettore e principale capofamiglia nella famiglia, mentre alle donne è più spesso associato il compito di prendersi cura delle faccende domestiche e della famiglia. Questi ruoli tradizionali possono contribuire a far sì che alcune forme di violenza di genere siano viste come normali o addirittura giustificabili all'interno di queste aspettative culturali.

2. Immagini prevalenti di mascolinità e femminilità: molte società hanno ideali di mascolinità e femminilità che spesso influenzano i modi in cui vengono esercitati la forza, il potere e il controllo. Ad esempio, in alcune culture, gli uomini che mostrano vulnerabilità emotiva o forza di debolezza possono essere giudicati o addirittura abusati da altri uomini. Ciò crea un clima in cui alcune forme di violenza di genere possono essere viste come un modo per affermare la mascolinità o il controllo.

3. Pratiche e costumi abituali: alcune società hanno pratiche e costumi normalizzati che contribuiscono alla violenza di genere. Ad esempio, esercitare pressioni su ragazze e donne affinché sposino il loro stupratore può essere una pratica comune in alcune culture, riflettendo

aspettative culturali e norme sul ruolo delle donne nella famiglia e nella società.

4. Credenze religiose e tradizionali: l'influenza delle credenze religiose e tradizionali può anche svolgere un ruolo nel plasmare norme culturali che influenzano la percezione della violenza di genere. Alcune convinzioni religiose e culturali possono condonare o addirittura incoraggiare alcune forme di violenza di genere, il che può aumentarne l'accettabilità sociale.

Tutti questi fattori possono avere un impatto significativo sul modo in cui la violenza di genere viene percepita e valorizzata nella società. Comprendere queste norme culturali e aspettative sociali è un passo importante verso la lotta alla violenza di genere e la creazione di un ambiente più equo e sicuro per tutti.

La relazione tra aspettative sociali e vittimizzazione della violenza di genere può variare a seconda dei contesti culturali e sociali, ma esistono diversi principi generali che aiutano a comprendere questa relazione.

Nelle società in cui esistono disuguaglianze nella distribuzione del potere e delle risorse, le vittime della violenza di genere possono trovarsi in situazioni vulnerabili a causa del loro status o posizione nella società. Le aspettative sociali possono dare forma all'idea che le vittime debbano sottomettersi agli aggressori o rimanere in silenzio di fronte alla violenza per mantenere l'armonia sociale o evitare ulteriori danni.

Le aspettative sociali su come uomini e donne dovrebbero comportarsi nella società possono creare disuguaglianze e giustificare la violenza contro le vittime. Ad esempio, gli stereotipi sul controllo "maschile" e sulla subordinazione "femminile" possono contribuire alla violenza contro le donne, soprattutto se non si conformano ai ruoli attesi.

Alcune norme e pratiche culturali possono sostenere la violenza di genere o creare un ambiente in cui viene accettata come normale. Ad esempio, in alcune società, il matrimonio combinato o forzato può essere comune, indebolendo la protezione delle vittime e sostenendo la legittimazione culturale della violenza.

Le aspettative sociali sulle relazioni familiari e comunitarie possono influenzare il modo in cui le vittime di violenza di genere percepiscono la loro situazione. Ad esempio, se una vittima è cresciuta in un ambiente in cui la violenza era comune o normalizzata, potrebbe non essere consapevole del suo status di vittima o potrebbe non vedere modi alternativi di risposta.

Nel complesso, le aspettative sociali modellano il contesto in cui si verifica la violenza di genere e possono avere un impatto significativo sulla percezione della propria situazione da parte delle vittime. Comprendere questa connessione aiuta a identificare e superare le cause della violenza di genere e a creare una società in cui tutti i suoi membri possano sentirsi sicuri e protetti.

Naturalmente, ecco alcuni esempi di norme culturali che possono supportare la violenza di genere:

1. Potere patriarcale: le norme culturali che affermano la superiorità degli uomini sulle donne nella famiglia e nella società possono incoraggiare gli uomini a usare la violenza contro le donne. Ciò può essere espresso sotto forma di controllo sulle decisioni, sulle risorse finanziarie e sulla famiglia.

2. Ruoli di genere rigorosi: le aspettative culturali su come dovrebbero essere uomini e donne possono giustificare la violenza contro coloro che non rientrano in tali ruoli. Ad esempio, si ritiene che gli uomini dovrebbero essere forti e dominanti e le donne dovrebbero essere obbedienti e dipendenti.

3. Matrimonio forzato: nelle società in cui sono comuni pratiche di matrimonio combinato o forzato, le donne possono diventare vittime di violenza da parte dei loro partner a causa della natura involontaria della relazione.

4. Tradizione culturale del tabù: in alcune culture, parlare di violenza domestica o di ingerenza nelle questioni familiari è considerato tabù, il che crea barriere affinché le vittime ricevano aiuto e protezione.

5. Status delle donne nella società: nelle società in cui le donne hanno uno status basso e opportunità limitate, la violenza contro di loro può essere giustificata come un modo per mantenere la loro posizione subordinata.

6. Credenze e tabù sessuali: le credenze culturali sul sesso e sulla sessualità possono giustificare la violenza contro le donne, soprattutto se avviene nel contesto di una minaccia alla moralità sessuale o alla reputazione.

7. Accettare la violenza come normale: nelle società in cui la violenza è vista come una parte normale delle relazioni familiari o come un modo per risolvere i conflitti, le vittime possono incontrare ostacoli al sostegno e alla protezione.

8. Normalizzazione di una cultura dell'umiliazione: alcune culture possono abbracciare una cultura dell'umiliazione, in cui gli insulti e l'umiliazione sono accettati come parte normale delle relazioni interpersonali, che possono degenerare in abusi fisici o emotivi.

9. Atteggiamenti nei confronti della violenza domestica: nelle società in cui la violenza domestica non è considerata un crimine o non riceve adeguata attenzione legale, le vittime possono avere paura di intraprendere un'azione legale contro l'aggressore.

10. Normalizzazione della genitorialità forzata: in alcune culture, la punizione fisica dei figli o dei partner è vista come una pratica comune, che può portare a un aumento dell'incidenza della violenza nelle famiglie e nelle relazioni.

11. Credenze e tradizioni religiose: le dottrine o le tradizioni

religiose possono contenere elementi che giustificano il dominio e il controllo maschile sulle donne, il che può contribuire alla prevalenza della violenza di genere.

12. Promozione degli stereotipi di genere nei media: le immagini dei media e la pubblicità spesso rafforzano gli stereotipi di genere dipingendo gli uomini come dominanti e le donne come dipendenti o sessualizzate, il che può promuovere atteggiamenti negativi verso determinati generi e promuovere la violenza.

13. Politiche e legislazione: in alcuni paesi, le leggi e le politiche potrebbero non proteggere le vittime della violenza di genere o addirittura giustificare la violenza nell'ambito dei valori tradizionali o delle pratiche culturali.

14. Atteggiamenti nei confronti dell'orientamento sessuale e dell'identità di genere: l'omofobia e la transfobia possono essere integrate nelle norme culturali, il che può portare alla violenza contro i gruppi LGBTQ+ come modo per mantenere l'eteronormatività e i tradizionali ruoli di genere.

15. Cultura della superiorità maschile: in alcune società esiste un'attribuzione culturale di superiorità agli uomini rispetto alle donne, che può giustificare la violenza contro le donne come un modo per mantenere questa gerarchia.

16. Tradizioni patriarcali nel matrimonio e nella famiglia: le norme che presuppongono la subordinazione delle donne nella famiglia e nel matrimonio possono contribuire alla violenza degli uomini contro i loro partner.

17. Pratiche culturali di sottomissione e obbedienza: in alcune culture, ci si aspetta che le donne siano obbedienti e sottomesse agli uomini, il che può portarle a non lottare contro la violenza a causa della paura o della pressione sociale.

18. Glorificazione del comportamento maschile aggressivo: nelle società in cui l'aggressività e il dominio sono considerati segni di mascolinità, gli uomini possono giustificare la violenza come un modo per affermare il proprio status.

Questi esempi dimostrano come le norme e le aspettative culturali possano incoraggiare o giustificare la violenza di genere, evidenziando la necessità di cambiare questi atteggiamenti per prevenire la violenza e creare ambienti più sicuri per tutti. Queste norme e aspettative culturali possono creare un terreno fertile per la violenza di genere e renderla una parte normale della vita sociale. L'esistenza di tali stereotipi e norme evidenzia la necessità di combatterli e creare una cultura di rispetto e uguaglianza.

In questa discussione, abbiamo esaminato vari aspetti della violenza di genere, dalla sua definizione e l'importanza di studiare i fattori socioculturali, per finire con esempi di norme culturali che supportano la violenza. È importante riconoscere che la violenza di genere non è determinata solo da caratteristiche individuali, ma anche da fattori culturali e sociali.

Gli stereotipi sui ruoli di genere, le norme relative al potere e alle risorse, gli atteggiamenti religiosi, le immagini dei media e altri aspetti della cultura possono avere un impatto significativo sulla diffusione e sul mantenimento della violenza di genere. Comprendere questi fattori è essenziale per sviluppare strategie efficaci per combattere la violenza e creare ambienti pubblici più sicuri ed equi.

Affrontare la violenza di genere richiede un approccio globale che comprenda l'educazione, la sensibilizzazione, il cambiamento delle norme culturali, il sostegno alle vittime e l'intervento proattivo quando si verifica la violenza. Il lavoro nel campo della prevenzione e del superamento della violenza di genere dovrebbe essere una priorità sia a livello di politica governativa che a livello di coscienza pubblica.

Diamo un'occhiata ad alcuni esempi di violenza di genere per comprendere meglio come i fattori socioculturali influenzano questo tipo di violenza in diversi ambienti culturali. Diamo un'occhiata ad alcuni scenari che ci aiuteranno ad analizzare i diversi aspetti della violenza di genere e le sue manifestazioni nelle diverse società.

1. In alcune società conservatrici, la maternità è considerata la priorità principale per le donne, e i loro diritti a prendere decisioni indipendenti sulla nascita e sull'educazione dei figli sono limitati. In un tale ambiente culturale, la violenza di genere può manifestarsi sotto forma di controllo sui diritti riproduttivi delle donne, di coercizione alla maternità e di disprezzo per le loro scelte in materia.

2. In un ambiente culturale patriarcale, una forte dominanza maschile può portare alla violenza domestica contro donne e bambini. Gli uomini in una famiglia di questo tipo sono percepiti come le figure principali e detengono un potere assoluto, il che può portare alla violenza fisica, emotiva e psicologica contro gli altri membri della famiglia.

3. Nelle società con ruoli di genere rigidi e atteggiamenti negativi nei confronti della comunità LGBT, la violenza di genere può essere diretta contro le persone gay, bisessuali e transgender. Ciò può includere aggressioni fisiche, discriminazioni sul posto di lavoro o a scuola e altre forme di violenza e abuso.

4. In alcune culture, il matrimonio forzato e i rituali matrimoniali sono pratiche comuni. Ragazze e giovani donne possono essere costrette a sposarsi contro la loro volontà o sottoposte ad altre forme di violenza per conformarsi alle aspettative e alle norme sociali.

5. In ambienti con forti stereotipi di genere, le donne possono subire violenze nel mondo del lavoro, come molestie sessuali, discriminazioni o limitate opportunità di avanzamento professionale.

6. Con lo sviluppo dei social media, la violenza di genere assume

nuove forme, come il cyberbullismo, le molestie online e la diffusione di stereotipi negativi sul genere. Ciò può avere un grave impatto sulle vittime, portando a problemi psicologici e depressione.

7. In alcune comunità religiose, la violenza di genere può essere giustificata sulla base delle tradizioni religiose e delle credenze sui ruoli degli uomini e delle donne. Ciò può portare a matrimoni forzati, circoncisione, violenza domestica e altre forme di violenza.

8. In alcune società in cui vige la legge islamica, i diritti delle donne possono essere seriamente limitati. Ciò può includere divieti di istruzione, restrizioni alla circolazione e al lavoro e altre forme di discriminazione e violenza.

9. Anche nelle società progressiste, le vittime della violenza di genere possono affrontare la sfida della paura del giudizio e della percezione errata. Potrebbero avere difficoltà a fare coming out e chiedere aiuto per paura di essere fraintesi o lasciati senza sostegno.

Considerare questi diversi esempi ci consente di comprendere meglio la diversità delle forme e delle manifestazioni della violenza di genere nei diversi ambienti culturali, nonché di identificare tendenze e fattori comuni alla base di essa.

Valutare l'influenza dei fattori socioculturali sulla formazione di atteggiamenti nei confronti della violenza di genere è un aspetto chiave nello studio di questo problema. I fattori socioculturali svolgono un ruolo fondamentale nel modo in cui le società percepiscono, tollerano o combattono la violenza di genere. Ecco alcuni punti chiave per valutare questo impatto:

1. I fattori socioculturali determinano le norme e i valori su cui si fonda l'opinione pubblica riguardo alla violenza di genere. Se una società ha una cultura di machismo e dominio maschile, la violenza di genere può essere percepita come un comportamento accettabile o addirittura desiderabile. Al contrario, nelle società che promuovono l'uguaglianza di genere e il rispetto dei diritti individuali, la violenza di genere è condannata e repressa.

2. I fattori socioculturali determinano anche i ruoli sociali e lo status degli uomini e delle donne nella società. Se le donne vengono viste come membri meno preziosi o meno importanti della società, i loro diritti e la loro sicurezza potrebbero essere compromessi, contribuendo alla diffusione della violenza di genere.

3. I costumi tradizionali e gli atteggiamenti religiosi possono avere un'influenza significativa sugli atteggiamenti nei confronti della violenza di genere. In alcune culture, tradizioni e costumi possono giustificare o addirittura incoraggiare la violenza di genere, creando una base normativa per la sua continuazione.

4. L'istruzione svolge un ruolo importante nella creazione di una società consapevole e tollerante. Nelle società con alti livelli di istruzione e

consapevolezza delle questioni di genere, la tendenza a impegnarsi nella violenza di genere può essere significativamente inferiore poiché le persone sono consapevoli delle sue conseguenze negative e assumono un ruolo attivo nel combatterla.

5. Anche il contesto politico e giuridico di un paese influenza la percezione e la risposta alla violenza di genere. La legislazione per proteggere i diritti delle donne e fermare la violenza può svolgere un ruolo importante nel ridurne la prevalenza e nel promuovere la giustizia.

In generale, i fattori socioculturali sono di grande importanza nel modellare gli atteggiamenti nei confronti della violenza di genere nella società. Comprendere questi fattori ci consente di sviluppare strategie efficaci per prevenire e combattere questo fenomeno, nonché di creare le condizioni per costruire una società più giusta e sicura per tutti i suoi membri.

Lo studio dei fattori socioculturali che influenzano la violenza di genere porta a diverse importanti conclusioni e raccomandazioni:

Conclusioni:

1. Complessità del problema: la violenza di genere è un fenomeno complesso e multidimensionale, determinato non solo dalle caratteristiche individuali degli aggressori e delle vittime, ma anche da un'ampia gamma di fattori socioculturali.

2. L'importanza delle norme e degli stereotipi culturali: le norme e gli stereotipi culturali svolgono un ruolo significativo nel modellare gli atteggiamenti nei confronti della violenza di genere, determinandone l'accettabilità e l'accettabilità nella società.

3. Disuguaglianza e discriminazione: le disuguaglianze nella distribuzione del potere e delle risorse, così come le visioni stereotipate dei ruoli di uomini e donne, possono contribuire a creare un ambiente in cui la violenza di genere diventa più diffusa.

4. Normalizzazione della violenza: in alcune culture, la violenza può essere normalizzata o giustificata sulla base di determinati atteggiamenti di genere, rendendola difficile da combattere.

Raccomandazioni:

1. Programmi educativi proattivi: sviluppo di programmi educativi volti a combattere gli stereotipi di genere e a diffondere informazioni sulle conseguenze negative della violenza di genere.

2. Sostenere le iniziative comunitarie: sostenere le iniziative comunitarie e le organizzazioni che lavorano per cambiare le norme culturali e creare un ambiente sicuro per tutti i sessi.

3. Rafforzare la legislazione: introdurre e rafforzare la legislazione per proteggere i diritti delle donne e prevenire la violenza di genere, tenendo conto della sensibilità culturale e del contesto.

4. Condurre ricerche: condurre ulteriori ricerche per comprendere meglio i fattori socioculturali che influenzano la violenza di genere e

sviluppare strategie efficaci per prevenire questo fenomeno.

5. Coinvolgimento pubblico: coinvolgere il pubblico nel dialogo sulla violenza di genere per creare un ampio sostegno al cambiamento degli atteggiamenti socio-culturali e al raggiungimento dell'uguaglianza di genere.

Queste raccomandazioni devono basarsi sulla comprensione e sul contesto locale per essere il più efficaci possibile nella lotta alla violenza di genere e nella creazione di società più giuste e sicure per tutti.

La sintesi descrive molto bene i punti chiave dell'influenza dei fattori socioculturali sulla violenza di genere. Ecco un riepilogo più dettagliato di ciascuno di questi punti:

1. Le norme e gli stereotipi culturali svolgono un ruolo fondamentale nel plasmare le idee sui ruoli e sui comportamenti di genere. Quando alcuni ruoli di donne e uomini vengono accettati come naturali e normali, ciò può contribuire all'emergere e al mantenimento della violenza di genere.

2. Le disuguaglianze nell'accesso alle risorse, alle opportunità e al potere, così come la discriminazione basata sul genere, creano vulnerabilità alla violenza di genere. Ciò può includere abusi economici, esclusione sociale e altre forme di abuso dei diritti.

3. In alcune culture, la violenza di genere può essere normalizzata o addirittura giustificata sulla base di idee sulla subordinazione femminile, sulla dominanza maschile e sui ruoli tradizionali. Ciò crea barriere alla sua prevenzione e punizione.

4. Stereotipi e norme influenzano il modo in cui la società percepisce e risponde alla violenza di genere. Gli atteggiamenti culturali possono stigmatizzare le vittime, condonare la violenza o impedire che venga individuata e fermata.

5. Comprendere il ruolo dei fattori socioculturali evidenzia la necessità di cambiamenti nella cultura, nell'istruzione e nella legislazione per superare la violenza di genere. Ciò include il cambiamento di stereotipi obsoleti, la garanzia di pari diritti e opportunità per tutti i sessi e la creazione di un ambiente favorevole per esprimere la propria individualità e sicurezza.

Nel complesso, comprendere il ruolo dei fattori socioculturali nella violenza di genere aiuta a definire un approccio globale per affrontarla, compresi l'istruzione, l'attivismo e i cambiamenti delle politiche pubbliche.

La comprensione degli aspetti socioculturali gioca un ruolo chiave nella lotta alla violenza di genere, poiché consente di identificare le radici del problema e sviluppare strategie efficaci di intervento preventivo e di sostegno alle vittime. Ecco alcuni aspetti significativi:

1. Comprendere gli aspetti socioculturali ci consente di identificare i fattori che contribuiscono all'emergere e al mantenimento della violenza di genere. Ciò può includere norme sociali, stereotipi sui ruoli di genere,

disuguaglianze nell'accesso alle risorse e al potere e pratiche culturali che condonano o normalizzano la violenza.

2. La conoscenza delle caratteristiche socioculturali dei vari gruppi e comunità consente la creazione di programmi e interventi adattati ai bisogni e alle realtà specifiche della cultura. Ciò può includere campagne educative, formazione di operatori comunitari e avvocati, iniziative per cambiare norme e stereotipi e lo sviluppo di meccanismi di sostegno alle vittime.

3. Comprendere gli aspetti socioculturali aiuta a evitare conflitti etici e incomprensioni quando si fornisce assistenza alle vittime di violenza di genere. Un approccio culturalmente sensibile tiene conto della cultura e delle tradizioni di una comunità, fornendo servizi di sostegno e di advocacy coerenti con i suoi valori e le sue norme.

4. La conoscenza degli aspetti socioculturali aiuta a costruire efficacemente campagne per cambiare l'opinione pubblica e generare volontà politica per apportare modifiche alla legislazione e alle politiche volte a prevenire e punire la violenza di genere.

5. Comprendere gli aspetti socioculturali aiuta anche a mobilitare l'intervento pubblico e il sostegno per combattere la violenza di genere. Ciò può includere la costruzione di reti di sostegno comunitario, l'organizzazione di proteste e azioni e la discussione pubblica sulla questione per attirare l'attenzione su di essa e generare condanna collettiva.

Nel complesso, la comprensione degli aspetti socioculturali svolge un ruolo fondamentale nella progettazione e attuazione di misure per prevenire e combattere la violenza di genere, nonché nella creazione di un ambiente di sostegno per le vittime e nello sviluppo di percorsi per la loro protezione e recupero.

❖ · ❖ · ❖ · ❖ · ❖ · ❖ · ❖ · ❖ · ❖ · ❖ · ❖ · ❖ · ❖ · ❖ · ❖

Capitolo 14.
Potenza e controllo.

Gli autori di abusi cercano di controllare le loro vittime per una serie di ragioni, che possono essere correlate sia alle loro caratteristiche personali che all'influenza di fattori socioculturali. Ecco alcuni dei motivi principali per cui gli stupratori cercano di controllare le loro vittime:

1. Potere e dominio: per alcuni autori di abusi, controllare gli altri è un modo per stabilire il proprio potere e dominio. Cercano di manipolare il comportamento e le decisioni delle loro vittime per rafforzare il loro senso di superiorità e controllo.

2. Elusione della responsabilità: controllare la vittima può aiutare l'aggressore a evitare di assumersi la responsabilità delle sue azioni.

Possono usare manipolazioni e minacce per costringere la vittima a rimanere in silenzio su quanto accaduto o addirittura convincerla che lui stesso è responsabile di quanto accaduto.

3. Mantenere la vittima vicina: alcuni autori di abusi cercano di controllare le loro vittime per tenerle vicine e impedire loro di tentare di scappare o cercare aiuto. Ciò può creare le condizioni per ulteriori violenze e manipolazioni.

4. Alterazione della mente: controllare una vittima può anche servire come mezzo per alterare la sua mente e manipolare i suoi pensieri e sentimenti. Gli autori di abusi possono utilizzare metodi psicologici per ottenere condiscendenza e dipendenza da parte della vittima.

5. Autoaffermazione: per alcuni autori di abusi, controllare la vittima diventa un modo per affermarsi e rafforzare la propria autostima. Potrebbero vedere il controllo come un modo per dimostrare la loro forza e capacità di controllare coloro che li circondano.

Questi e altri fattori possono influenzare congiuntamente il comportamento degli autori di abusi e il loro desiderio di controllare le vittime. Comprendere queste motivazioni gioca un ruolo importante nello sviluppo di strategie efficaci per prevenire e combattere la violenza di genere, nonché nel fornire sostegno alle vittime.

La violenza di genere rimane uno dei problemi sociali più gravi e diffusi nel mondo moderno. Colpisce persone di ogni età, sesso e classe sociale, lasciando conseguenze irreparabili per le vittime e il loro ambiente. La violenza di genere copre un'ampia gamma di forme, tra cui la violenza fisica, emotiva, psicologica ed economica, nonché il controllo e il dominio nelle relazioni.

Nonostante gli sforzi di molte organizzazioni per i diritti umani e istituzioni governative per combattere questo problema, la violenza di genere rimane diffusa. È importante comprendere che la violenza di genere è determinata non solo dagli atti criminali dei singoli individui, ma anche da complessi fattori socioculturali, comprese le motivazioni degli autori e il loro desiderio di controllo.

Comprendere le motivazioni degli autori e il concetto di potere è fondamentale per sviluppare strategie efficaci per prevenire e combattere la violenza di genere. Senza un'analisi e una comprensione approfondite dei fattori che motivano gli individui a commettere violenza, è difficile sviluppare misure efficaci di protezione e sostegno per le vittime. L'analisi delle motivazioni degli stupratori ci consente di identificare i loro modelli comportamentali, i metodi di manipolazione e le strategie di controllo, che a loro volta aiutano a sviluppare contromisure e rimedi adeguati.

Inoltre, comprendere i concetti di potere e controllo ci consente di scoprire i meccanismi che sono alla base della violenza di genere. Ciò consente non solo di identificare le radici del problema, ma anche di sviluppare strategie e programmi mirati volti a cambiare le norme e gli atteggiamenti socioculturali che contribuiscono all'emergere e al mantenimento della violenza di genere.

Pertanto, introdurre il tema della violenza di genere e l'importanza di comprendere le motivazioni degli autori e il concetto di potere è un passo necessario nello sviluppo di strategie globali ed efficaci per combattere questo problema e garantire la protezione dei diritti e la sicurezza delle vittime.

La psicologia della violenza esamina vari aspetti del comportamento degli stupratori e il loro impatto sulle vittime. Compresi sia i motivi interni che i processi psicologici, nonché i fattori esterni che influenzano lo sviluppo del comportamento violento. Ecco alcuni aspetti chiave della psicologia della violenza:

1. Motivazione dell'aggressore: le motivazioni psicologiche dell'aggressore possono essere varie, incluso il desiderio di potere e controllo, il desiderio di eliminare le proprie inibizioni, il bisogno di dominare e umiliare gli altri e l'incapacità di empatizzare e comprendere i sentimenti di chi abusa. la vittima.

2. Meccanismi psicologici: gli autori di abusi spesso utilizzano meccanismi psicologici come la proiezione, la negazione, la razionalizzazione e la manipolazione per giustificare le proprie azioni e scaricare la colpa sugli altri. Possono anche usare tattiche di manipolazione e gaslighting per soggiogare le loro vittime.

3. Ciclo di violenza: molti casi di violenza di genere sono caratterizzati da uno schema ciclico, in cui l'autore del reato si comporta periodicamente in modo aggressivo e poi seguito da un periodo di "riparazione" o di scuse. Questo ciclo può mantenere la vittima in una relazione violenta e creare dipendenza psicologica.

4. Stress post-traumatico: le vittime di violenza di genere spesso sviluppano la sindrome da stress post-traumatico (PTSS), che comprende sintomi di ansia, depressione, insonnia, ricordi traumatici ripetuti e bassa autostima.

Il concetto di potere e controllo gioca un ruolo chiave nella comprensione della violenza di genere e delle motivazioni degli autori. Ecco alcuni aspetti di questo concetto:

- Il potere come mezzo di dominio: per alcuni autori di abusi, il controllo e il potere sugli altri è un modo per dominare e stabilire la propria superiorità. Usano la violenza e le minacce per costringere le loro vittime a obbedire e a fare la loro volontà.

- Controllo come mezzo per eliminare la resistenza: gli autori di abusi cercano di controllare le loro vittime per eliminare la possibilità di resistenza e garantire il loro dominio. Ciò può includere restrizioni alla libertà di movimento, isolamento dal sostegno degli altri e manipolazione della mente della vittima.

- Perdita di controllo come catalizzatore della violenza: alcuni casi di violenza di genere si verificano a causa della perdita di controllo della situazione da parte dell'autore del reato. In questi casi, la violenza può essere una risposta a un sentimento di perdita di potere e controllo sulla vittima o sulla situazione.

Comprendere la psicologia della violenza e i concetti di potere e controllo aiuta a identificare le motivazioni degli autori, a prevenire la violenza e a fornire un sostegno efficace alle vittime della violenza di genere.

Gli aspetti psicologici della violenza di genere coprono un'ampia gamma di fattori, tra cui la motivazione dell'autore del reato, le conseguenze psicologiche per la vittima e l'impatto sulla psiche degli altri. Ecco alcuni aspetti chiave:

1. Motivazione dello stupratore: le motivazioni psicologiche degli stupratori possono essere varie. Alcuni di loro sentono il bisogno di controllare e dominare gli altri, usando la violenza come un modo per affermare il proprio potere. Altri possono sperimentare complessi di inferiorità o insicurezze, che compensano dominando e umiliando la vittima.

2. Conseguenze psicologiche per la vittima: le vittime di violenza di genere spesso affrontano gravi conseguenze psicologiche, come la sindrome da stress post-traumatico (PTSS), disturbi d'ansia e depressivi, bassa autostima e compromissione del funzionamento psicosociale. Gli effetti psicologici negativi possono influenzare la qualità della vita della vittima e la capacità di adattarsi alla vita quotidiana.

3. Impatto sugli altri: la violenza di genere ha un grave impatto non solo sulla vittima stessa, ma anche sui suoi cari, nonché sulla società nel suo insieme. I parenti possono provare un sentimento di impotenza e preoccupazione per la vittima e loro stessi possono diventare vittime della violenza psicologica da parte dell'autore del reato. Nella società, la violenza di genere crea un clima di paura e incertezza, mina la fiducia nelle istituzioni e stabilisce norme sociali negative.

4. Ciclicità della violenza: molti casi di violenza di genere sono caratterizzati da uno schema ciclico, con l'autore del reato che mostra periodicamente aggressività, seguita da un periodo di "riconciliazione" o di scuse. Questo ciclo crea dipendenza psicologica della vittima dall'aggressore e rende difficile porre fine all'abuso.

Comprendere questi aspetti psicologici della violenza di genere ci consente di sviluppare strategie efficaci per sostenere le vittime, prevenire la violenza e riabilitare sia le vittime che gli autori. Ciò è importante per garantire la sicurezza e il benessere di tutti i membri della società.

Le motivazioni degli stupratori possono essere varie e includere fattori sia personali che situazionali. Ecco alcuni dei motivi più comuni degli stupratori:

1. Desiderio di controllare e dominare: molti autori di abusi hanno

un forte desiderio di controllare e dominare le altre persone. Usano la violenza di genere come un modo per affermare il proprio potere e controllare il comportamento e le decisioni delle loro vittime.

2. Eliminare i sentimenti di inferiorità: alcuni autori di abusi possono sperimentare complessi di inferiorità o mancanza di fiducia in se stessi. Usano la violenza come un modo per compensare le loro paure e debolezze interiori, dimostrando la loro forza e potere attraverso la soppressione degli altri.

3. Soddisfazione dei bisogni sessuali: in alcuni casi, la violenza di genere è di natura sessuale e gli autori degli abusi possono usare la violenza per soddisfare i propri bisogni sessuali senza il consenso della vittima.

4. Dimostrare aggressività e controllo: per alcuni autori di abusi, l'aggressività e il controllo diventano un modo per esprimere le proprie emozioni e stabilire il proprio potere sugli altri. Possono usare la violenza come un modo per acquisire fiducia in se stessi e affermare la propria "virilità".

5. Disturbi mentali: ad alcuni autori di abusi possono essere diagnosticati disturbi mentali, come psicopatia o disturbi della personalità, che possono portare a comportamenti violenti.

6. Adattamento sociale imperfetto: alcuni autori di abusi possono avere difficoltà ad adattarsi alle norme e ai valori sociali, il che può portare all'uso della violenza come modo per risolvere i conflitti e stabilire il proprio status.

Comprendere le motivazioni degli autori del reato ci consente di sviluppare strategie efficaci per prevenire e combattere la violenza di genere, nonché fornire sostegno alle vittime. Ciò aiuta a costruire una società sana e sicura in cui tutti possano sentirsi protetti e rispettati.

Le dinamiche di potere nelle relazioni di genere riflettono i modi in cui il potere viene distribuito ed esercitato tra i partner in base alla loro identità di genere. Queste dinamiche sono spesso determinate da norme culturali e sociali, nonché da convinzioni ed esperienze individuali.

Il ruolo del potere nelle relazioni di genere può manifestarsi in vari aspetti della vita: nella sfera economica, nelle relazioni familiari, nel processo decisionale e nella sfera sessuale. Negli stereotipi di genere tradizionali, un uomo è spesso percepito come dotato di potere e autorità, mentre alla donna viene assegnato un ruolo subordinato e dipendente. Ciò crea un equilibrio di potere ineguale che può contribuire all'emergere e al mantenimento della violenza di genere.

Nelle relazioni di genere, il potere può essere espresso sia fisicamente che emotivamente. Il potere fisico può essere espresso attraverso minacce, violenza o controllo su risorse fisiche come denaro o alloggio. Il potere emotivo implica manipolazione, minaccia, dominio e controllo sui sentimenti del partner.

Comprendere il ruolo del potere nelle relazioni di genere è importante per identificare le dinamiche della violenza e sviluppare efficaci strategie di prevenzione e sostegno per le vittime. L'uguaglianza di potere e il rispetto per l'autonomia individuale di ciascun partner sono il fondamento di sane relazioni di genere.

Nelle relazioni di genere, le forme di controllo possono essere varie e possono comportare modi sia palesi che nascosti di manipolare e dominare una parte sull'altra. Ecco alcune delle principali forme di controllo nelle relazioni:

1. Controllo fisico: include minacce, violenza e limitazione della libertà di movimento e di azione del partner. Il controllo fisico può essere palese o nascosto, come minacce o uso della violenza quando non sono presenti osservatori.

2. Controllo emotivo: questa è una forma di controllo in cui un partner esercita un'influenza sullo stato emotivo dell'altro, usando minacce, manipolazione, dominio o ignorando. Il controllo emotivo può manifestarsi attraverso umiliazioni, minacce di suicidio, isolamento dalle reti sociali o manipolazione dei sentimenti.

3. Controllo economico: questa è una forma di controllo in cui un partner controlla le finanze o l'accesso alle risorse dell'altro. Il controllo economico può includere la limitazione dell'accesso al proprio denaro, la costrizione di un partner a rimanere disoccupato o il controllo delle decisioni finanziarie.

4. Controllo sociale: questa è una forma di controllo in cui un partner cerca di controllare i legami sociali e i contatti dell'altro. Ciò potrebbe includere isolarti da amici e familiari, non comunicare con determinate persone o torturarti con chiamate e messaggi.

5. Controllo sessuale: questa è una forma di controllo in cui un partner usa minacce sessuali, coercizione o dominio per controllare il comportamento dell'altro. Ciò può includere violenza, minacce sessuali, mancato rispetto del consenso o richieste sessuali.

Queste forme di controllo possono sovrapporsi e verificarsi simultaneamente nelle relazioni. Possono creare squilibri di potere e minacciare la sicurezza e il benessere della vittima. Comprendere queste forme di controllo aiuta a identificare i segnali di relazioni potenzialmente pericolose e a fornire supporto e protezione alle vittime di violenza di genere.

I meccanismi di controllo psicologico utilizzati dagli autori di abusi contro le vittime possono essere vari e sono spesso utilizzati per stabilire e mantenere il potere su un partner. Ecco qui alcuni di loro:

1. Manipolazione: gli autori degli abusi possono ricorrere alla manipolazione per convincere la vittima a fare ciò che vuole. Ciò può includere promesse, minacce, ricatti, inganni o uso manipolativo delle emozioni della vittima.

2. Isolamento: gli autori di abusi possono cercare di isolare la vittima dalla sua famiglia, dai suoi amici e dal suo sostegno per renderla più vulnerabile e dipendente da loro. Ciò può avvenire limitando i contatti, non comunicando con gli altri o addirittura spostandosi in luoghi remoti dove la vittima perde il supporto dell'ambiente.

3. Minacce e paura costanti: gli aggressori possono mantenere il controllo creando paura costante nella vittima. Ciò può includere minacce di violenza fisica, minacce di suicidio, minacce di distruzione della famiglia o di altre relazioni importanti.

4. Uso della sessualità: gli autori di abusi possono usare la sessualità per ottenere il controllo sulla vittima. Ciò può includere violenza o minacce sessuali, mancato consenso o forzatura del sesso in cambio di qualcosa.

5. Abbassare l'autostima: gli autori di abusi possono distruggere intenzionalmente l'autostima e la fiducia in se stesse della vittima per renderla più flessibile e dipendente. Ciò può essere ottenuto attraverso critiche, umiliazioni, insulti o persino affermando direttamente che la vittima non vale nulla.

Questi meccanismi di controllo psicologico vengono spesso utilizzati in combinazione dagli autori di abusi per stabilire e mantenere il proprio potere sulla vittima. Creano un clima di paura, dipendenza e vulnerabilità che rende difficile per la vittima liberarsi e resistere alla violenza.

Le strategie di controllo manipolativo sono uno strumento comune utilizzato dagli autori di abusi per stabilire potere sulla vittima. Sono utilizzati per manipolare le emozioni e il comportamento della vittima al fine di controllarne le azioni e le decisioni. Ecco alcune delle tipiche strategie manipolative:

1. Promesse e minacce: gli autori degli abusi possono utilizzare promesse e minacce per manipolare la vittima. Potrebbe trattarsi di una promessa di "migliorare" il comportamento o di una minaccia di danno se la vittima non segue i suoi desideri.

2. Gaslighting: questa è una forma di abuso psicologico in cui l'aggressore convince la vittima che la sua percezione della realtà è errata o distorta. Ciò rende la vittima più vulnerabile e meno capace di resistere da sola.

3. Comportamento variabile: gli autori di abusi possono mostrare un comportamento imprevedibile, passando dalla gradevolezza all'aggressività. Ciò crea nella vittima un sentimento di instabilità e dipendenza dall'aggressore.

L'abuso emotivo e psicologico viene utilizzato dagli autori degli abusi per controllare e umiliare la vittima. Ciò può includere critiche costanti, umiliazioni, minacce e persino ignorare la vittima. L'abuso psicologico mina l'autostima e l'autostima della vittima, rendendola più vulnerabile e suscettibile al controllo.

La violenza fisica è la forma più ovvia di controllo utilizzata dagli autori di abusi. Ciò include causare contusioni, fratture, colpi e altre lesioni alla vittima. La violenza fisica può essere utilizzata per minacciare e punire, nonché per dimostrare potere e controllo sulla vittima.

Questi modelli comportamentali degli autori di abusi possono essere utilizzati in combinazione o individualmente per raggiungere l'obiettivo di controllare la vittima. Creano un'atmosfera di paura, oppressione e dipendenza, rendendo difficile per la vittima liberarsi dall'influenza dell'aggressore.

Gli stereotipi culturali svolgono un ruolo significativo nel plasmare la percezione del potere e del controllo nella società. Determinano il modo in cui il potere e il controllo vengono interpretati e valutati nelle diverse culture. Alcuni stereotipi culturali possono glorificare la forza, il dominio e il controllo come qualità desiderabili, soprattutto negli uomini, mentre altre norme culturali possono porre maggiore enfasi sulla cooperazione, sulla comprensione reciproca e sull'uguaglianza. Questi stereotipi modellano le aspettative comportamentali e i ruoli sociali nella società, che influenzano il modo in cui vengono percepiti il potere e il controllo nelle relazioni.

La società ha determinate norme e aspettative riguardo alla distribuzione del potere e del controllo tra le persone. La normalizzazione del potere e del controllo può far sì che alcune forme di dominio e manipolazione siano percepite come comuni e persino giustificate. Quando le norme culturali e le istituzioni sociali sostengono e condonano la disuguaglianza e il comportamento abusivo, ciò può rafforzare il ciclo della violenza di genere e peggiorarne l'impatto sulle vittime. È importante riconoscere come gli stereotipi e le norme culturali influenzano le convinzioni sul potere e sul controllo al fine di affrontare le pratiche negative e promuovere il cambiamento culturale verso relazioni più sane e più eque.

Le vittime del controllo affrontano gravi conseguenze psicologiche a causa della repressione prolungata e della limitazione della loro autonomia. Possono provare sentimenti di impotenza, preoccupazione e ansia perché il comportamento di controllo dell'aggressore li fa sentire come se stessero perdendo il controllo della propria vita. Ciò può portare allo sviluppo di depressione, disturbi d'ansia e disturbo da stress post-traumatico (PTSD). Le vittime possono anche provare sentimenti di colpa, vergogna e isolamento, che sono esacerbati dallo stigma sociale e dall'incomprensione da parte degli altri.

I traumi emotivi e psicologici sono conseguenze comuni della violenza e del controllo basati sul genere. Le vittime possono provare stress costante, ansia, panico e irrequietezza. Possono anche sviluppare sintomi di depressione, pensieri e tentativi di suicidio e problemi di sonno e appetito. Il trauma psicologico può portare a conseguenze a lungo termine sulla salute della vittima e può richiedere supporto e trattamento psicologico professionale.

Le conseguenze fisiche della violenza e del controllo basati sul genere possono essere gravi e includere lesioni, contusioni, fratture e altri tipi di danni. Le vittime possono avvertire dolore cronico, disturbi del sonno e dell'alimentazione e problemi sessuali e riproduttivi. Le lesioni fisiche possono richiedere cure mediche e riabilitazione e possono anche lasciare effetti duraturi sul benessere psicologico ed emotivo della vittima.

Riconoscere i segni di controllo e abuso è un passo fondamentale per le vittime che cercano di liberarsi da una relazione tossica. È importante riconoscere che il controllo e la violenza possono presentarsi in molte forme ed essere subdoli e nascosti.

1. Isolamento: gli autori di abusi spesso cercano di isolare le loro vittime dalle loro reti strette e di supporto. Ciò può avvenire controllando l'accesso ai contatti sociali, limitando le opportunità di uscire di casa o partecipare ad eventi sociali. Le vittime possono sentirsi tagliate fuori dal mondo esterno e dipendenti dall'aggressore.

2. Controllo finanziario: gli autori di abusi possono controllare le risorse finanziarie della vittima limitando l'accesso al denaro o imponendo le proprie decisioni finanziarie. Ciò rende la vittima dipendente dall'aggressore e le rende difficile diventare finanziariamente indipendente.

3. Abuso emotivo: può presentarsi sotto forma di minacce, umiliazioni, insulti e manipolazione psicologica. Gli aggressori possono utilizzare l'abuso emotivo per controllare lo stato emotivo della vittima, rendendola più flessibile e dipendente da loro.

4. Violenza fisica: questa è la forma di controllo più ovvia e comprende l'uso della forza fisica, minacce, aggressioni e violenza. Può presentarsi sotto forma di percosse, percosse, molestie e aggressioni sessuali.

Riconoscere questi segnali aiuta le vittime a capire che sono soggette a comportamenti dannosi e inaccettabili da parte del loro aggressore. Ciò consente loro di decidere di cercare sostegno e protezione e di iniziare il processo di liberazione dal controllo e dalla violenza.

Le strategie di rilascio e i percorsi per sfuggire alla violenza di genere dipendono dalla situazione specifica e dalle risorse a disposizione della vittima. Ecco alcune strategie chiave che possono aiutare le vittime a liberarsi:

1. Cercare supporto e informazioni: le vittime possono iniziare il processo di rilascio chiedendo aiuto a persone fidate come amici intimi, familiari, personale medico, servizi di supporto alle vittime, avvocati o organizzazioni per i diritti umani. Rimanere informati sulle risorse, sulle leggi e sulle procedure disponibili è importante anche per prendere decisioni informate.

2. Sviluppare un piano di sicurezza: ciò include l'identificazione di

luoghi e persone sicuri a cui rivolgersi in caso di emergenza, la conservazione di documenti e informazioni di contatto in un luogo sicuro e lo sviluppo di una strategia per uscire da una situazione pericolosa.

3. Contattare le forze dell'ordine: le vittime possono contattare la polizia o altre forze dell'ordine per chiedere protezione, presentare una denuncia di reato e avviare il procedimento giudiziario contro l'autore del reato.

4. Ottenere assistenza legale: avvocati e difensori professionisti possono assistere nella tutela dei diritti della vittima, aiutare a ottenere ordini di protezione temporanea, limitazione dei contatti con l'aggressore o protezione.

5. Supporto psicologico e terapia: psicologi e consulenti professionisti possono aiutare le vittime ad affrontare le conseguenze emotive dell'abuso, sviluppare strategie di autoprotezione e trovare percorsi di recupero psicologico ed emotivo.

6. Sostegno economico: è importante che le vittime che hanno perso l'indipendenza finanziaria a causa della violenza abbiano accesso all'assistenza finanziaria, al sostegno all'occupazione e ad altri programmi sociali che possano fornire loro stabilità finanziaria e indipendenza.

7. Networking e sostegno: partecipare a gruppi di sostegno per vittime di violenza, condividere esperienze con altre vittime e parlare con persone che hanno vissuto situazioni simili può essere una preziosa fonte di sostegno e ispirazione.

È importante ricordare che ogni situazione è unica e non esiste una soluzione valida per tutti. Uscire da una situazione di violenza di genere può essere difficile e richiede tempo, sostegno e determinazione da parte della vittima.

Il sostegno psicologico gioca un ruolo fondamentale nel processo di liberazione dalla violenza di genere. Ecco alcuni aspetti di questo supporto:

1. Consulenza psicologica: psicologi e terapisti professionisti offrono alle vittime di violenza di genere l'opportunità di discutere le loro esperienze emotive, preoccupazioni e paure in un ambiente sicuro e fiducioso. Questo li aiuta a riconoscere ed elaborare le loro emozioni, il che promuove la guarigione psicologica.

2. Terapia del trauma: le vittime di violenza di genere possono sperimentare effetti traumatici come il disturbo da stress post-traumatico (PTSS) o la depressione. La terapia del trauma, che comprende tecniche per lavorare con il trauma e i suoi effetti, aiuta le vittime ad affrontare queste condizioni e ad iniziare il processo di guarigione.

3. Autoaiuto e autostima: il supporto psicologico include lo sviluppo delle capacità di autoaiuto e autostima. Alle vittime vengono forniti strumenti per rafforzare la loro resilienza, fiducia in se stesse e capacità di stabilire dei limiti nelle relazioni.

Il supporto legale garantisce che le vittime della violenza di genere siano protette e che i loro diritti siano tutelati. Ecco alcune misure che possono essere incluse in questo sostegno:

1. Consultazione con avvocati e difensori: gli avvocati e gli avvocati professionisti forniscono alle vittime consulenza legale e assistenza nei procedimenti dinanzi alle forze dell'ordine e ai tribunali. Aiutano le vittime a comprendere i loro diritti e le loro opzioni e forniscono protezione ai loro interessi nel sistema legale.

2. Rappresentanza in tribunale: l'assistenza legale comprende la rappresentanza degli interessi della vittima in tribunale in caso di perseguimento penale dello stupratore. Ciò include la preparazione delle dichiarazioni, la discussione durante il processo e la garanzia di un processo equo.

3. Ordini protettivi e garanzie: gli avvocati aiutano le vittime a ottenere ordinanze del tribunale per protezione temporanea, contatti limitati con l'aggressore e altre misure protettive per garantire la loro sicurezza fisica e psicologica.

4. Informazioni su leggi e procedure: il supporto legale include la fornitura di informazioni su leggi e procedure relative alla violenza di genere, nonché assistenza nell'affrontare questioni legali complesse e nel prendere decisioni informate.

I programmi di prevenzione mirano a prevenire la violenza di genere attraverso l'istruzione e la formazione. Loro includono:

1. Attività educative: i programmi scolastici e universitari, compresa l'educazione sulla violenza sessuale e le relazioni coscienziose, aiutano i giovani a sviluppare relazioni sane e rispettose con i coetanei.

2. Educazione pubblica: i programmi educativi e le campagne di sensibilizzazione sulla violenza di genere aumentano la consapevolezza pubblica del problema, sviluppano l'empatia e promuovono il cambiamento culturale.

3. Formazione sulla risoluzione dei conflitti: la formazione sulla risoluzione costruttiva dei conflitti e sulle abilità comunicative aiuta a prevenire la violenza nelle relazioni insegnando alle persone a riconoscere e rispondere ai segnali di pericolo.

L'educazione alla psicologia del potere e del controllo aiuta le persone a comprendere la natura della violenza di genere e a prevenirla. Include:

1. Corsi di formazione e conferenze: I programmi di formazione sulla psicologia del potere e del controllo comprendono corsi di formazione e conferenze in istituzioni educative, nonché attraverso eventi educativi per il pubblico.

2. Scambio di esperienze e pratiche: seminari e corsi di formazione sullo scambio di esperienze e migliori pratiche nel campo della prevenzione della violenza di genere consentono a professionisti e attivisti di scambiare conoscenze e competenze.

3. Educazione ai media: l'educazione all'alfabetizzazione mediatica e al pensiero critico aiuta le persone ad analizzare e criticare i messaggi dei media, compresi quelli che potrebbero normalizzare o giustificare la violenza di genere.

Sviluppare il pensiero critico e l'autoconsapevolezza aiuta a prevenire la violenza di genere diventando consapevoli degli atteggiamenti personali e dei modelli comportamentali. Include:

1. Formazione all'autoconsapevolezza: i programmi di auto-aiuto e di formazione aiutano i partecipanti a sviluppare l'autoconsapevolezza, a riconoscere le proprie emozioni e bisogni e a stabilire confini sani nelle relazioni.

2. Campagna sociale: le campagne per aumentare la consapevolezza e la partecipazione attiva della società nella lotta contro la violenza di genere promuovono una cultura del rispetto e dell'uguaglianza.

3. Sensibilizzazione dei giovani e della comunità: i programmi di sensibilizzazione dei giovani e della comunità si concentrano sullo sviluppo del pensiero critico e della consapevolezza relazionale, inclusa la formazione sulla consapevolezza e sul rispetto reciproco.

L'analisi ci permette di trarre le seguenti conclusioni:

1. La violenza di genere è un fenomeno multistrato e sfaccettato, determinato non solo da fattori individuali, ma anche da un'ampia gamma di aspetti socioculturali, psicologici e strutturali.

La violenza di genere è certamente un fenomeno che va oltre i meri impatti fisici o psicologici. È profondamente intrecciato con gli aspetti socioculturali, psicologici e strutturali della nostra società. Per comprendere l'intera portata del problema della violenza di genere, è necessario comprendere questi molteplici fattori.

Gli aspetti socioculturali comprendono un'ampia gamma di norme, stereotipi, tradizioni e aspettative che sono formate e sostenute dalla società nel suo complesso. Ad esempio, gli stereotipi di genere, le aspettative nei confronti di uomini e donne e le norme familiari e comunitarie influenzano il modo in cui la violenza di genere viene percepita e tollerata. Le vittime di violenza di genere possono provare paura o vergogna a causa della pressione sociale e dello stigma che spesso accompagnano tali situazioni.

Anche gli aspetti psicologici della violenza di genere svolgono un ruolo significativo. Ad esempio, gli autori di abusi possono utilizzare tattiche di pressione psicologica, minacce e manipolazione per controllare la vittima. L'impatto emotivo sulle vittime può variare dall'ansia e dalla depressione al disturbo da stress post-traumatico (PTSD). È importante capire che queste reazioni emotive sono del tutto normali e non sono un segno di debolezza.

A livello strutturale, la violenza di genere è associata a una distribuzione ineguale del potere e delle risorse nella società. Ad esempio, gli autori degli abusi possono sfruttare la propria posizione economica o sociale per stabilire e mantenere il controllo sulla vittima. Ciò crea barriere per le vittime, rendendo loro difficile liberarsi dalla violenza.

Per aiutare le vittime della violenza di genere è necessario tenere conto di tutti questi aspetti. Il processo di uscita da una relazione violenta richiede non solo sicurezza fisica, ma anche sostegno psicologico, nonché cambiamenti a livello sociale e legislativo. È importante ricordare che le vittime non sono sole e che ci sono molte risorse e organizzazioni disponibili per aiutarle e sostenerle nella loro lotta per la libertà e la ripresa.

2. Comprendere le motivazioni degli autori di abusi e la psicologia del potere e del controllo svolge un ruolo importante nella prevenzione e nella lotta alla violenza di genere, poiché consente di identificare i fattori che contribuiscono all'emergere e al mantenimento di relazioni violente.

Comprendere le motivazioni degli autori e la psicologia del potere e del controllo è fondamentale per combattere la violenza di genere, poiché aiuta a identificare e comprendere le radici del problema, il che a sua volta aiuta a prevenirne e ridurne la diffusione. È importante capire che gli autori di abusi spesso cercano di controllare le loro vittime non solo fisicamente, ma anche emotivamente e psicologicamente.

L'esame delle motivazioni degli stupratori spesso rivela le profonde radici psicologiche del loro comportamento. Alcuni autori di abusi possono provare sentimenti di inferiorità o impotenza e usare il controllo su altre persone per compensare i propri difetti. Altri possono essere bugiardi manipolatori o patologici, alla ricerca di potere e controllo sugli altri. Comprendere queste motivazioni ci consente di prevedere e comprendere meglio il comportamento degli autori di abusi e di sviluppare strategie di intervento preventivo più efficaci.

Uno degli aspetti chiave della psicologia del potere e del controllo è il desiderio degli autori di abusi di stabilire un dominio sugli altri. Ciò può manifestarsi sia nelle partnership che in altri ambiti della vita. Gli autori di abusi spesso utilizzano tattiche di pressione psicologica, minacce, manipolazione e isolamento per sottomettere e mantenere il controllo sulle loro vittime. Comprendere queste dinamiche di potere e controllo aiuta a identificare e prevenire questi comportamenti.

Per le vittime di violenza di genere, soprattutto per quelle sensibili e insicure, comprendere le motivazioni di chi abusa di loro può essere liberatorio e aiutarle a capire che la violenza non è il risultato delle loro azioni o delle loro mancanze. Dà loro anche motivi per cercare aiuto e sostegno. Inoltre, la conoscenza della psicologia del potere e del controllo può aiutare le vittime a vedere le tattiche dei loro aggressori e a sviluppare strategie per difendersi e uscire da situazioni pericolose.

3. Il potere e il controllo, soprattutto nel contesto delle relazioni di genere, sono fattori chiave che determinano la dinamica della violenza e le

sue conseguenze per le vittime.

Il potere e il controllo nelle relazioni di genere sono aspetti complessi e spesso nascosti che costituiscono la base di molte forme di violenza di genere. Determinano le dinamiche delle relazioni tra i partner e possono manifestarsi sia nello stabilire e mantenere il dominio di una parte sull'altra, sia nel controllo delle risorse, nel processo decisionale e nella limitazione della libertà della vittima.

Nel contesto della violenza di genere, il potere e il controllo possono manifestarsi in una varietà di forme, tra cui violenza fisica, violenza emotiva e psicologica, oppressione economica ed esclusione sociale. Gli autori di abusi utilizzano queste tattiche per affermare il proprio potere sulle vittime e sopprimerne la volontà e l'autodeterminazione. Possono minacciare, far sentire la vittima impaurita e impotente, controllare le sue finanze e l'accesso alle risorse e isolarla dal sostegno e dall'aiuto degli altri.

Per le vittime di violenza di genere, in particolare per coloro che dipendono o temono il proprio perpetratore, la consapevolezza del ruolo del potere e del controllo può essere liberante. Ciò permette loro di comprendere che la violenza non è il risultato delle proprie azioni o caratteristiche, ma uno strumento di controllo da parte di chi abusa. Questa consapevolezza può essere il primo passo verso la liberazione e la ricerca di sostegno e aiuto.

Uno degli aspetti chiave del potere e del controllo nelle relazioni di genere è la loro normalizzazione nella società e nella cultura. Spesso il potere e il controllo nelle famiglie o nelle coppie sono visti come "normali" o addirittura "auspicabili", soprattutto nel caso dei ruoli di genere tradizionali. Ciò crea ostacoli all'identificazione e alla lotta alla violenza di genere, poiché le vittime potrebbero avere paura di chiedere aiuto o percepire la propria situazione come insignificante o ingiustificata.

Nel complesso, la consapevolezza del potere e del controllo nelle relazioni di genere consente alle vittime di violenza di genere di comprendere che ciò che sta accadendo non è colpa loro e di cercare aiuto e sostegno. Aiuta inoltre il pubblico e i professionisti antiviolenza a sviluppare strategie di prevenzione e sostegno alle vittime più efficaci.

Sulla base dell'analisi, vengono offerte le seguenti raccomandazioni:

1. Sviluppo e attuazione di programmi di prevenzione completi che includano componenti educative e psicologiche volte a cambiare atteggiamenti e norme culturali, sostenere le vittime e prevenire la violenza.

Sviluppare e attuare programmi di prevenzione completi è importante per prevenire la violenza di genere e creare un ambiente più sicuro per tutti. Questi programmi di solito includono varie componenti come attività educative, supporto psicologico, iniziative legislative e sociali volte a cambiare gli atteggiamenti e le norme culturali che sostengono la violenza di genere.

Uno degli aspetti chiave di tali programmi è la componente educativa. L'istruzione svolge un ruolo importante nel cambiare la mentalità e nella creazione di nuovi valori nella società. Nell'ambito dei programmi di prevenzione, vengono condotti corsi di formazione, seminari, conferenze e campagne per aumentare la consapevolezza sulla violenza di genere, sulle sue conseguenze e sui metodi di prevenzione. Lo scopo di questi eventi non è solo quello di educare, ma anche di creare nelle persone la comprensione dell'importanza dell'uguaglianza, del rispetto e della sicurezza nelle relazioni.

Anche il supporto psicologico svolge un ruolo significativo nei programmi di prevenzione. Molte vittime di violenza di genere subiscono conseguenze traumatiche a seguito delle loro esperienze. Fornire loro assistenza sanitaria mentale di qualità può aiutarli ad affrontare il trauma, ad aumentare l'autostima e la fiducia e ad imparare come esprimere le proprie emozioni e stabilire dei limiti nelle relazioni.

Per rassicurare le vittime del bullismo, soprattutto quelle che sono molto sensibili e hanno paura di chiedere aiuto, è importante dimostrare sostegno e comprensione incondizionata. I programmi di prevenzione dovrebbero essere adattati alle loro esigenze e mirati a creare un'atmosfera di fiducia e di sostegno. È importante attrarre consulenti e psicologi professionisti che possano fornire l'aiuto e il supporto necessari in formato individuale.

Inoltre, affinché i programmi siano efficaci, è necessario tenere conto delle caratteristiche culturali e sociali di ciascuna comunità. L'adattamento degli approcci alle condizioni e ai valori locali ne aumenta l'efficacia e l'accettazione sociale. È inoltre importante monitorare e valutare sistematicamente i risultati dei programmi per adeguare gli approcci e ottenere il massimo impatto.

Pertanto, lo sviluppo e l'attuazione di programmi preventivi globali rappresentano un passo importante nella lotta contro la violenza di genere. Non solo aiutano a cambiare atteggiamenti e norme culturali, ma forniscono anche alle vittime il sostegno e l'assistenza di cui hanno bisogno per liberarsi dalla violenza e ripristinare la propria autostima e il proprio benessere.

2. Sensibilizzare e formare i professionisti che lavorano con le vittime della violenza di genere nella psicologia del potere e del controllo per garantire una fornitura più efficace di aiuto e supporto.

Aumentare la consapevolezza e la formazione dei professionisti che lavorano con le vittime della violenza di genere sulla psicologia del potere e del controllo è un aspetto chiave per fornire assistenza e supporto in modo efficace. Questi professionisti, siano essi psicologi, assistenti sociali, avvocati o medici, svolgono un ruolo fondamentale nell'aiutare le vittime di violenza. Comprendere le motivazioni degli autori di abusi e la psicologia del potere e del controllo li aiuta a interagire in modo più efficace con le vittime e a fornire loro il supporto di cui hanno bisogno.

La formazione dei professionisti in psicologia del potere e del controllo consente loro di comprendere meglio le dinamiche dell'influenza dell'aggressore sulla vittima, nonché i metodi di manipolazione e controllo che possono essere utilizzati nelle relazioni. Ciò consente ai professionisti di riconoscere in modo più efficace i segni di abuso e controllo, anche se non sono evidenti o fisici, e di fornire alle vittime un supporto adeguato.

La sensibilizzazione svolge anche un ruolo importante nell'educare i professionisti sulle norme e sugli stereotipi di genere che possono influenzare le interazioni con le vittime. Imparano a riconoscere i segni della violenza di genere e a rispondere in modo appropriato, creando un ambiente sicuro e solidale per le vittime.

È importante che le vittime di bullismo, soprattutto quelle che sono molto sensibili e prive di fiducia in se stesse, comprendano che i professionisti con cui interagiscono sono stati istruiti e formati per aiutarle. Questi professionisti non solo hanno le conoscenze e le competenze, ma anche l'empatia e la comprensione che rendono il processo di ricerca di aiuto più solidale e fiducioso. Sensibilizzare i professionisti aiuta anche a creare una società più accogliente e inclusiva in cui il sostegno e la protezione delle vittime della violenza di genere rappresentano una priorità.

3. Sviluppo di meccanismi per fornire sostegno medico, psicologico, legale e sociale alle vittime della violenza di genere, nonché garantire la disponibilità di questi servizi per tutti i segmenti della popolazione.

Lo sviluppo di meccanismi per fornire sostegno medico, psicologico, legale e sociale alle vittime della violenza di genere svolge un ruolo chiave nel garantire la sicurezza, il recupero e il benessere delle vittime. Questi meccanismi forniscono un'importante infrastruttura di assistenza in caso di violenza e consentono alle vittime di cercare aiuto e sostegno in qualsiasi momento.

Il supporto medico comprende il primo soccorso in caso di infortuni, la visita e il trattamento medico, nonché la riabilitazione per ripristinare la salute fisica della vittima. Questo è un aspetto importante dell'assistenza, soprattutto se la violenza ha provocato lesioni gravi o condizioni traumatiche.

Il sostegno psicologico mira ad aiutare le vittime ad affrontare le conseguenze emotive e psicologiche della violenza. Dopo aver subito violenza di genere, molte vittime possono sperimentare disturbi da stress post-traumatico, depressione, ansia e altre difficoltà psicologiche. Gli psicologi e gli specialisti del sostegno psicosociale aiutano le vittime a comprendere le proprie emozioni, ad affrontare le esperienze traumatiche e a tornare alla vita normale.

Il supporto legale comprende consulenza legale, assistenza nella preparazione delle dichiarazioni su un reato, supporto in tribunale e tutela dei diritti della vittima. Ciò consente alle vittime di ricevere protezione legale, accesso adeguato alla giustizia e soddisfazione morale dal processo giudiziario.

Il sostegno sociale viene fornito attraverso vari programmi sociali che aiutano le vittime a ritrovare la propria autostima, a tornare alla vita normale e a riconquistare la propria indipendenza. Ciò può includere assistenza abitativa, sostegno all'occupazione, consulenza familiare e altri tipi di assistenza.

È importante che le vittime della violenza di genere, soprattutto quelle sensibili e prive di fiducia in se stesse, comprendano che esiste un'ampia rete di organizzazioni e professionisti disponibili ad aiutarle se necessario. Indipendentemente dal loro status, razza, età o sesso, questi meccanismi di supporto sono disponibili per tutti coloro che necessitano di aiuto e protezione. I professionisti sono formati per lavorare con le vittime di violenza di genere con sensibilità ed empatia, creando un ambiente sicuro e solidale in cui le vittime possono ricevere l'aiuto e il sostegno di cui hanno bisogno.

Comprendere il potere e il controllo è fondamentale per combattere la violenza di genere poiché aiuta a identificare, analizzare e prevenire i fattori che contribuiscono alla violenza. La conoscenza del potere e del controllo consente lo sviluppo di efficaci strategie di prevenzione e intervento volte a creare un ambiente sicuro ed equo per tutti.

❖·❖·❖·❖·❖·❖·❖·❖·❖·❖·❖·❖·❖·❖·❖

Capitolo 15.
Fattori personali e psicologici.

La violenza di genere è una delle forme più gravi e diffuse di violazione dei diritti umani, che colpisce milioni di persone in tutto il mondo. Tuttavia, la comprensione della violenza di genere comprende non solo i suoi aspetti fisici e socioculturali, ma anche i fattori personali e psicologici che ne influenzano la comparsa, il mantenimento e le conseguenze per tutte le persone coinvolte.

In questa introduzione ci concentreremo sull'esplorazione degli aspetti personali e psicologici della violenza di genere. Siamo interessati a come i tratti della personalità degli autori e delle vittime, così come i processi psicologici, influenzano le dinamiche della violenza nelle relazioni interpersonali. Ciò è importante per capire quali fattori contribuiscono alla violenza, come può essere prevenuta e come aiutare le vittime ad affrontarne le conseguenze.

In questo capitolo esamineremo vari aspetti della psicologia della violenza, compresa la sua definizione, i meccanismi di insorgenza e mantenimento e l'influenza di fattori personali e psicologici sulle dinamiche della violenza di genere. Discuteremo anche il ruolo degli stereotipi di genere e delle norme culturali nel plasmare la psicologia della violenza, nonché le conseguenze psicologiche per le vittime.

Comprendere i fattori personali e psicologici alla base della violenza di genere non solo ci aiuterà ad acquisire una comprensione più profonda del problema, ma costituirà anche la base per sviluppare strategie efficaci per prevenirla e combatterla e per sostenere le vittime e aiutarle a superare il trauma.

La logica dell'importanza di studiare gli aspetti psicologici della violenza nelle relazioni interpersonali è che la comprensione di questi aspetti ci consente di approfondire le radici del problema della violenza di genere e di sviluppare strategie più efficaci per prevenirla e superarla. Ecco alcuni argomenti chiave che supportano l'importanza di studiare gli aspetti psicologici della violenza nelle relazioni interpersonali:

1. Comprendere i motivi e le dinamiche della violenza: studiare gli aspetti psicologici della violenza ci consente di identificare i motivi e le dinamiche del comportamento violento. Ciò è importante per identificare i fattori che contribuiscono al verificarsi e al mantenimento della violenza nelle relazioni, nonché per sviluppare programmi di prevenzione della violenza.

2. Sviluppare strategie di aiuto efficaci: comprendere gli aspetti psicologici della violenza ci consente di sviluppare strategie più efficaci per aiutare vittime e autori. Ciò include lo sviluppo di programmi di sostegno e riabilitazione che tengano conto dei bisogni psicologici e delle caratteristiche di ogni persona.

3. Superare lo stigma e fornire sostegno: conoscere gli aspetti psicologici della violenza aiuta a superare lo stigma che accompagna vittime e autori. Comprendere i meccanismi psicologici alla base del comportamento violento aiuta a creare un ambiente più empatico e solidale per tutti i soggetti coinvolti.

4. Prevenzione delle ricadute: studiare gli aspetti psicologici della violenza aiuta a identificare i fattori di rischio e a prevenire le ricadute in comportamenti violenti. Ciò è importante per la sicurezza sia delle vittime che della società nel suo insieme.

5. Sviluppare la competenza emotiva personale: comprendere gli aspetti psicologici della violenza aiuta le persone a sviluppare la competenza emotiva personale e le capacità interpersonali. Ciò promuove relazioni sane e rispettose nella società.

Pertanto, lo studio degli aspetti psicologici della violenza nelle relazioni interpersonali gioca un ruolo chiave nello sviluppo di strategie efficaci per prevenire, aiutare e affrontare la violenza di genere.

La violenza psicologica è una forma di aggressione che non sempre lascia segni fisici, ma ha un profondo impatto negativo sullo stato mentale della vittima. È un tipo di violenza basata sulla manipolazione psicologica, sulle minacce, sull'umiliazione e sul controllo, che può portare alla distruzione dell'autostima, alla perdita dell'identità personale e alla depressione nella vittima.

1. Definizione di abuso psicologico: l'abuso psicologico copre un'ampia gamma di azioni e comportamenti dannosi volti a controllare, umiliare, minacciare e manipolare la vittima. Ciò può includere minacce costanti, insulti, isolamento da amici e familiari, manipolazione, umiliazione, minacce di violenza e altre forme di abuso emotivo.

2. Classificazione della violenza psicologica:

- Abuso emotivo: comprende insulti, umiliazioni, minacce, ricatti, isolamento, minacce di suicidio o omicidio, critiche e sminuimenti costanti.

- Manipolazione psicologica: è l'uso di inganno, bugie, minacce, coercizione o altre tattiche per controllare il comportamento, i pensieri o le emozioni di una vittima.

- Isolamento sociale: l'aggressore può isolare la vittima dalla sua rete sociale, rendendola dipendente solo da lui, rendendo difficile convincere la vittima a chiedere aiuto.

- Controllo finanziario: l'aggressore può controllare le risorse finanziarie della vittima, privandola dell'indipendenza finanziaria e aumentando la sua dipendenza.

L'abuso psicologico è spesso nascosto e difficile da percepire, ma le sue conseguenze possono essere devastanti per la salute mentale della vittima. Comprendere e classificare questi aspetti consente di identificare e prevenire diverse forme di violenza psicologica, nonché di fornire sostegno e assistenza efficaci alle vittime.

Il ruolo della dipendenza emotiva nel contesto della violenza è molto importante ed è spesso un fattore chiave nel mantenimento e nella continuazione delle relazioni violente.

1. Una vittima emotivamente dipendente può essere più disposta a sottomettersi al controllo dell'aggressore. Potrebbe provare la paura di perdere il suo partner, il che la rende più suscettibile alle sue richieste e alla violenza e meno propensa ad abbandonare la relazione.

2. Un aggressore può manipolare deliberatamente una vittima emotivamente dipendente, usando i suoi sentimenti e le sue paure per ottenere il controllo. Ciò può includere minacce di lasciarla, minacce di violenza o persino minacce di suicidio per costringerla a rimanere nella relazione o a sottomettersi alle sue richieste.

3. La vittima emotivamente dipendente può negare o ignorare l'abuso, anche quando avviene, nel tentativo di mantenere un'immagine idealizzata del suo partner o di evitare di affrontare una realtà spiacevole.

4. Una vittima che soffre di dipendenza emotiva può avere una bassa autostima e un senso di inutilità, che la rendono più vulnerabile alla

manipolazione e al controllo da parte dell'aggressore.

5. Una vittima emotivamente dipendente può vedere la relazione con l'aggressore come l'unica fonte di felicità e soddisfazione, rendendola incapace o riluttante a porre fine alla relazione, anche se è dannosa e pericolosa.

Tutti questi fattori creano un'atmosfera di dipendenza e controllo, che rende la vittima emotivamente dipendente più vulnerabile e meno capace di resistere e di abbandonare una relazione violenta. Riconoscere questo ruolo della dipendenza emotiva nella violenza aiuta a comprendere le dinamiche relazionali e a sviluppare strategie efficaci per aiutare e sostenere le vittime.

I meccanismi psicologici di controllo e manipolazione nelle relazioni sono strumenti chiave che gli autori di abusi utilizzano per mantenere il loro potere sulle vittime. Ecco alcuni dei meccanismi più comuni:

1. Isolamento: l'aggressore può isolare intenzionalmente la vittima dalla sua rete sociale, dai suoi amici e dalla sua famiglia. Ciò la rende più vulnerabile e dipendente dal suo aggressore poiché non ha supporto esterno e si sente più isolata.

2. Gaslighting: questa è una tecnica di manipolazione psicologica in cui l'aggressore convince la vittima che la sua percezione della realtà e dei propri sentimenti non è corretta. L'aggressore può convincere la vittima che è pazza, ricorda gli eventi in modo errato o esagera ciò che è accaduto.

3. Minacce: un aggressore può utilizzare minacce di violenza sia fisica che emotiva per costringere la vittima a soddisfare le sue richieste. Ciò può includere minacce di danni fisici, minacce di abbandonare la vittima, minacce ai propri cari o minacce di suicidio.

4. Minare l'autostima: l'aggressore può costantemente criticare, insultare e umiliare la vittima al fine di minare la sua autostima e la fiducia in se stessa. Ciò rende la vittima più flessibile e meno propensa a resistere.

5. Promesse e tangenti: un abusatore può utilizzare promesse di affetto e doni come mezzo per controllare la vittima. Potrebbe promettere di cambiare, diventare una persona migliore o smettere di abusare di lui per mantenere la vittima nella relazione.

6. Manipolazione dei sentimenti: l'aggressore può manipolare i sentimenti della vittima giocando sulle sue emozioni e mettendo alla prova il suo amore, la sua paura o il suo senso di colpa. Ciò rende la vittima più vulnerabile e più propensa a collaborare con l'aggressore.

Tutti questi meccanismi creano un clima di controllo e subordinazione, che rende la vittima meno capace di resistere e fuggire da una situazione pericolosa. Riconoscere questi meccanismi aiuta le vittime a capire cosa sta succedendo e a identificare le strategie per abbandonare le relazioni violente.

Lo studio dei tratti della personalità dell'autore del reato è un aspetto importante per comprendere la violenza di genere. Alcuni tratti chiave che caratterizzano gli stupratori includono:

1. Deficit empatico: gli autori di abusi hanno spesso un deficit di empatia, nel senso che non sono in grado di provare le emozioni o le esperienze delle altre persone. Ciò consente loro di essere più inclini alla violenza poiché non provano empatia per le potenziali vittime.

2. Bassa autoregolamentazione: gli autori di abusi possono avere bassi livelli di autoregolamentazione, il che significa che hanno difficoltà a controllare le proprie emozioni e il proprio comportamento. Ciò può portare alla loro tendenza ad agire impulsivamente e a comportarsi in modo aggressivo.

3. Narcisismo: alcuni autori di abusi mostrano segni di narcisismo, che consiste in una sopravvalutazione della propria importanza e nel desiderio di controllare gli altri. Possono usare la violenza per affermare il proprio potere e dominare gli altri.

4. Manipolativo: gli autori di abusi sono spesso manipolativi e utilizzano una varietà di tattiche per controllare altre persone. Ciò può comportare inganno, minacce o coercizione.

5. Aumento dell'aggressività: alcuni autori di abusi potrebbero avere livelli di aggressività aumentati, che potrebbero esprimere sotto forma di abuso fisico o emotivo.

L'infanzia e l'ambiente familiare svolgono un ruolo importante nel plasmare il comportamento violento negli adulti. Alcuni fattori che possono contribuire allo sviluppo di comportamenti violenti includono:

1. Violenza domestica: i bambini che hanno assistito o sono stati vittime di violenza domestica potrebbero ripetere questo comportamento in futuro, considerandolo normale o un modo per risolvere i conflitti.

2. Relazioni negative: le relazioni con genitori o altri membri della famiglia basate su stress, conflitto e insoddisfazione possono contribuire alla formazione di comportamenti aggressivi nei bambini.

3. Mancanza di sostegno: i bambini che crescono in famiglie con bassi livelli di sostegno e connessione emotiva possono avere difficoltà a formare relazioni sane e a risolvere i conflitti.

Alcuni disturbi psicologici possono aumentare il rischio di comportamenti violenti. Alcuni di essi includono:

1. Psicopatia: gli individui con tratti psicopatici possono mostrare indifferenza verso i sentimenti degli altri ed essere inclini a comportamenti violenti senza sentimenti di colpa o rimorso.

2. Disturbi della personalità: gli individui con disturbi della personalità, come il disturbo antisociale o narcisistico, possono avere difficoltà a stabilire relazioni sane ed emotivamente stabili, il che può portare a comportamenti violenti.

3. Disturbi mentali: gli individui che soffrono di disturbi mentali come la schizofrenia o il disturbo bipolare possono avere problemi di autocontrollo e di realtà, che possono portare a comportamenti violenti.

Identificare e comprendere i fattori personali e psicologici che contribuiscono alla violenza di genere aiuta a sviluppare strategie efficaci di prevenzione e assistenza sia per le potenziali vittime che per gli autori del reato per prevenire ulteriore violenza e garantire la sicurezza e il benessere delle comunità.

I ruoli di genere, che definiscono le aspettative e il comportamento degli uomini e delle donne nella società, svolgono un ruolo importante nel plasmare il comportamento violento. Alcuni aspetti di questo ruolo possono includere:

1. Mascolinità e dominanza: molte culture attribuiscono tratti maschili agli uomini, come forza, aggressività e dominanza. Questi tratti possono essere visti come desiderabili e applauditi, creando un'aspettativa sociale che il comportamento aggressivo venga mostrato come coerente con un'immagine maschile.

2. Stereotipi sulla vulnerabilità femminile: mentre la mascolinità è associata alla forza, la femminilità è spesso associata alla vulnerabilità e alla sottomissione. Questi stereotipi possono portare a credere che le donne siano meno capaci di proteggersi e più suscettibili alla violenza.

3. Attrattiva e sessualità: spesso nella società si crede che le donne attraenti e sexy possano essere oggetto di desiderio e potere per gli uomini. Ciò può portare a situazioni in cui gli autori degli abusi usano la loro posizione di potere per dominare la vittima e giustificare le proprie azioni.

Anche le norme culturali e l'approvazione sociale possono avere un'influenza significativa sulla psicologia della violenza. Alcuni aspetti di questo includono:

1. Normalizzazione della violenza: in alcune culture, norme e valori possono sostenere e giustificare la violenza, soprattutto in ambienti familiari o tra i sessi. Ciò può creare un'atmosfera in cui la violenza è considerata un modo accettabile o addirittura inevitabile per risolvere i conflitti.

2. Trascuratezza dei diritti delle donne: nelle società in cui le donne hanno uno status basso e diritti limitati, la violenza contro di loro può essere vista come un mezzo accettabile di controllo e disciplina.

3. Approvazione sociale degli atti violenti: l'atteggiamento della società nei confronti della violenza può essere un fattore determinante. Se la violenza viene accettata o non punita nella società, gli autori degli abusi potrebbero sentirsi più sicuri delle proprie azioni e meno propensi ad autoregolamentarsi.

Esistono molti miti e idee sbagliate che perpetuano la violenza di genere e rendono più difficile riconoscerla e fermarla. Alcuni di essi includono:

1. Il mito del "diritto di proprietà": questo mito afferma che un uomo ha il diritto di controllare e dominare una donna in una relazione, anche attraverso la violenza.

2. Il mito della "colpa della vittima": secondo questo mito, la vittima della violenza ha parte della colpa per ciò che accade a causa del suo comportamento, dei suoi vestiti o delle sue parole.

3. Il mito della "violenza normale": alcune persone credono che la violenza minore o occasionale nelle relazioni sia normale e non un problema.

Lo studio di questi aspetti aiuta a comprendere meglio i meccanismi psicologici della violenza, che a sua volta contribuisce allo sviluppo di strategie più efficaci per prevenire e combattere la violenza di genere.

Le vittime di violenza di genere spesso affrontano gravi conseguenze emotive e psicologiche che possono avere un profondo impatto sulle loro vite. Alcuni di essi includono:

1. Stress traumatico: i sopravvissuti possono provare emozioni intense come paura, ansia, disperazione e impotenza. Possono anche sperimentare attacchi di panico, incubi e tensione costante.

2. Perdita di autostima: la violenza di genere porta spesso alla perdita di fiducia in se stessi e a sentimenti di inadeguatezza. Le vittime possono iniziare a dubitare di se stesse e delle proprie capacità, il che influisce sulla loro autostima e fiducia.

3. Depressione: molte vittime di violenza di genere soffrono di depressione a causa di stress prolungato ed eventi traumatici. Possono avvertire una perdita di interesse per la vita, una perdita di energia e motivazione e un senso di disperazione.

La sindrome da stress post-traumatico (PTSS) è una grave condizione psicologica che può verificarsi nelle vittime di violenza di genere a seguito dell'esperienza o dell'assistere a eventi violenti. Le sue principali manifestazioni includono:

1. Scoppi di ansia e paura: le vittime possono sperimentare ripetuti scoppi di intensa ansia e paura derivanti da fattori scatenanti che ricordano eventi traumatici passati.

2. Evitamento dei fattori scatenanti: possono cercare di evitare situazioni, oggetti o luoghi che ricordano loro abusi passati per evitare scoppi di ansia e dolore.

3. Comportamento introduttivo: alcune vittime possono manifestare sintomi di depressione e isolamento, preferendo evitare eventi sociali e il contatto con altre persone.

Per aiutare le vittime di violenza di genere esistono diversi metodi di riabilitazione psicologica e psicoterapia che le aiutano ad affrontare le conseguenze emotive e psicologiche della violenza. Alcuni di essi includono:

1. Terapia cognitivo comportamentale: questa forma di terapia aiuta le vittime a identificare e modificare modelli di pensiero negativi e risposte comportamentali associati all'esperienza di abuso.

2. Terapia del trauma: questa forma di terapia si concentra

sull'elaborazione di eventi traumatici e sintomi di PTSS, aiutando le vittime a chiarire e ad affrontare le proprie emozioni.

3. Supporto di gruppo: la partecipazione a sessioni di gruppo o terapia di gruppo può fornire alle vittime supporto e comprensione da parte di altri che hanno vissuto situazioni simili.

Queste tecniche psicologiche possono aiutare le vittime di violenza di genere ad affrontare le conseguenze della violenza e ad avviare il processo di guarigione.

I programmi di prevenzione e le attività educative svolgono un ruolo chiave nella prevenzione della violenza di genere. Mirano a cambiare le norme culturali, rafforzare la conoscenza dei diritti umani e attirare l'attenzione sul problema della violenza nella società. Le misure efficaci includono:

1. Campagne educative: conduzione di campagne ed eventi volti a educare la società sulla violenza di genere, sulle sue conseguenze e sui modi per prevenirla.

2. Programmi scolastici: implementare programmi educativi nelle scuole che insegnino ai bambini e agli adolescenti il rispetto per gli altri, sviluppino abilità interpersonali e violenza e sviluppino idee su sane relazioni di genere.

3. Formazione per professionisti: formazione di insegnanti, operatori sanitari, forze dell'ordine e altri specialisti sui metodi di prevenzione e risposta alla violenza di genere.

Il sostegno e la consulenza per le vittime di violenza di genere svolgono un ruolo importante nella loro gestione e recupero. Include:

1. Centri di crisi: istituire e sostenere centri di crisi che forniscano alle donne e ai bambini colpiti un alloggio temporaneo, supporto psicologico, assistenza legale e altre risorse necessarie.

2. Supporto psicologico: garantire l'accesso a servizi psicologici e psicoterapeutici qualificati per le vittime di violenza di genere per aiutarle ad affrontare il trauma e le conseguenze emotive.

3. Supporto di gruppo: organizzare sessioni di gruppo e terapie di gruppo per le vittime di violenza di genere in modo che possano connettersi e trovare sostegno da altre persone che hanno vissuto situazioni simili.

Sviluppare capacità interpersonali e di risoluzione dei conflitti è importante sia per prevenire la violenza che per affrontarla. Ciò comprende:

1. Formazione alla comunicazione: formazione alle capacità di comunicazione efficace, al rispetto per gli altri e alla capacità di esprimere i propri sentimenti e bisogni senza violenza.

2. Formazione sulla risoluzione dei conflitti: aiuto nello sviluppo della capacità di risolvere i conflitti in modo costruttivo e di trovare modi alternativi per risolvere i problemi.

3. Sostegno ai bulli: fornire programmi e risorse affinché i bulli possano modificare i loro modelli comportamentali e prevenire ulteriori violenze.

In conclusione, si può sottolineare che gli aspetti psicologici svolgono un ruolo importante nella violenza di genere, sia nella fase in cui si manifesta che in quella del suo superamento. Comprendere i meccanismi psicologici della violenza permette di combattere più efficacemente questo fenomeno e di fornire un'assistenza adeguata alle vittime. Inoltre, data la complessità del problema, è importante adottare un approccio globale, che includa assistenza psicologica, sociale e legale.

Una delle raccomandazioni chiave è aumentare la consapevolezza di modelli relazionali sani e sicuri. Ciò può essere raggiunto attraverso programmi educativi, campagne mediatiche e attraverso l'istruzione scolastica ed extrascolastica. È anche importante concentrarsi sullo sviluppo delle capacità interpersonali, del rispetto e del rapporto.

In conclusione, dovrebbe essere sottolineata l'importanza di comprendere i fattori personali e psicologici come componente chiave per combattere con successo la violenza di genere. Lo sviluppo di programmi e attività dovrebbe tenere conto di questi fattori e concentrarsi sull'identificazione e sul superamento degli stessi. Solo attraverso un approccio integrato che tenga conto delle caratteristiche individuali di ciascun caso è possibile ottenere risultati efficaci e a lungo termine nella lotta contro questo fenomeno negativo nella società.

Parte 4:
Sostegno alle vittime di violenza di genere

Capitolo 16.
Cure primarie e sicurezza.

Il sostegno alle vittime di violenza di genere è importante perché non solo fornisce un recupero fisico ed emotivo, ma le aiuta anche a ritrovare un senso di sicurezza e dignità. Senza supporto, le vittime possono sentirsi isolate, impotenti e invisibili, il che può peggiorare il loro trauma e rendere più difficile il recupero. Il sostegno aiuta inoltre le vittime a rendersi conto che ciò che sta accadendo non è colpa loro e che sono a loro disposizione risorse e servizi per aiutarle. Ciò contribuisce a creare una società più premurosa e solidale in cui le vittime della violenza di genere possono sentirsi protette e sostenute nei loro sforzi per superare le difficoltà.

Nel fornire assistenza primaria e sicurezza alle vittime di violenza di genere, è necessario tenere conto del loro stato fisico, emotivo e psicologico. Ecco alcuni punti chiave da considerare:

1. Sicurezza fisica: la priorità è garantire la sicurezza fisica della vittima. Ciò può includere la fornitura di un luogo protetto in cui la vittima possa sentirsi sicura e un accesso sicuro ai servizi e alle risorse necessarie.

Fornire sicurezza fisica a una vittima di violenza di genere è una priorità assoluta, poiché senza di essa il supporto emotivo e psicologico di base potrebbe essere insufficiente. La sicurezza fisica implica la creazione di un ambiente in cui la vittima possa sentirsi protetta e libera dalla minaccia di influenza dell'aggressore.

È importante fornire alla vittima l'accesso a un rifugio sicuro dove possa rimanere temporaneamente o permanentemente per sfuggire al pericolo. Potrebbe trattarsi di un rifugio per le vittime di violenza, di un centro di crisi o di un luogo di fiducia. La chiave qui è garantire che la posizione sia sicura e inaccessibile a un aggressore.

Inoltre, la vittima deve anche avere accesso sicuro a servizi e risorse importanti, come assistenza legale, assistenza medica, consulenza e sostegno finanziario. Ciò include la creazione di meccanismi di protezione, come guardie di sicurezza e accesso limitato alle informazioni personali, per prevenire possibili tentativi da parte di un aggressore di causare danni.

La garanzia della sicurezza fisica deve essere accompagnata da un efficace sistema di protezione e supervisione per garantire la sicurezza della vittima. Inoltre, è importante garantire che la vittima sia informata su come mantenere la propria sicurezza e su come cercare aiuto in caso di minaccia.

2. Assistenza medica: le vittime di violenza di genere possono richiedere cure mediche a causa delle ferite riportate. Ciò può includere il primo soccorso, la valutazione medica e il trattamento delle lesioni, nonché il supporto psicologico per far fronte agli effetti dell'esperienza traumatica.

L'assistenza sanitaria per le vittime di violenza di genere svolge un ruolo chiave nel loro recupero e nel ritorno alla vita normale dopo esperienze traumatiche. Quando le vittime subiscono lesioni fisiche come contusioni, fratture, abrasioni o anche lesioni gravi causate da violenza sessuale o domestica, necessitano di cure mediche immediate.

Il primo soccorso è il primo passo per fornire assistenza medica. Ciò include fornire cure di emergenza per un infortunio, come fermare l'emorragia, applicare bende o fornire supporto se qualcuno perde conoscenza. Ciò non solo aiuta a evitare che le condizioni della vittima peggiorino, ma può anche salvargli la vita.

Seguono la visita medica e il trattamento delle lesioni. È importante che le vittime ricevano una visita medica completa per identificare eventuali lesioni o danni subiti. Successivamente, potrebbero richiedere cure, compreso il trattamento delle lesioni, i farmaci prescritti e le procedure di riabilitazione.

Particolare attenzione dovrebbe essere prestata anche al sostegno psicologico alle vittime. La violenza di genere lascia profonde ferite psicologiche che possono manifestarsi sotto forma di stress, ansia, depressione e disturbo da stress post-traumatico (PTSD). Il supporto psicologico aiuta le vittime ad affrontare queste conseguenze, a comprendere le proprie emozioni ed esperienze e a trovare un percorso di guarigione.

L'assistenza medica per le vittime di violenza di genere non solo le aiuta a riprendersi fisicamente, ma dimostra anche l'importanza dell'assistenza e del sostegno da parte della società. Ciò consente alle vittime di sentirsi protette e supportate nei momenti difficili, il che è un elemento chiave nel loro percorso di recupero.

3. Supporto psicologico: le vittime di violenza di genere possono sperimentare shock, ansia, depressione e altre conseguenze psicologiche. Fornire supporto psicologico e consulenza può aiutarli ad affrontare le difficoltà emotive e ad avviare il processo di guarigione.

Il sostegno psicologico alle vittime di violenza di genere svolge un ruolo fondamentale nel loro processo di recupero e adattamento agli eventi traumatici vissuti. La violenza di genere lascia profonde ferite psicologiche che possono manifestarsi sotto forma di stress, ansia, depressione, disturbo da stress post-traumatico e altri problemi psicologici. È quindi importante che le vittime ricevano un aiuto e un sostegno psicologico adeguati.

Gli obiettivi principali del supporto psicologico sono aiutare le vittime a riconoscere e accettare le proprie emozioni, comprendere le conseguenze di ciò che sta accadendo e sviluppare strategie per affrontarle. La consulenza psicologica è fornita da professionisti appositamente formati, come psicologi o psicoterapeuti, che hanno le competenze e l'esperienza necessarie per lavorare con le vittime traumatizzate.

Una parte importante del supporto psicologico è la creazione di uno spazio sicuro e fiducioso in cui la vittima possa esprimere liberamente le proprie emozioni, paure ed esperienze. I professionisti lavorano con le vittime per sviluppare strategie e modi per affrontare l'esperienza traumatica, che le aiutino a riprendersi gradualmente e a tornare alla vita normale.

Per coloro che hanno paura di un bullo o si sentono vulnerabili, è importante comprendere che il supporto psicologico viene fornito in modo confidenziale e sicuro. I professionisti assicurano che la vittima si senta protetta e supportata mentre affronta le sue emozioni e i suoi problemi.

Inoltre, il supporto psicologico può essere uno strumento importante per prevenire la ri-violenza e sviluppare strategie comportamentali sane in futuro. L'elaborazione e il riconoscimento delle esperienze traumatiche consentono alle vittime di spezzare il ciclo della violenza e creare un ambiente sicuro per sé e per i propri cari.

4. Assistenza legale: le vittime di violenza di genere devono

conoscere i propri diritti e avere accesso all'assistenza legale. Ciò può includere consultazioni legali, accompagnamento alle forze dell'ordine per sporgere denuncia di reato e tutela dei diritti della vittima in tribunale.

Il sostegno legale alle vittime di violenza di genere è un elemento necessario nel processo di protezione e garanzia dei loro diritti. Le vittime devono sapere che hanno il diritto alla protezione dalla violenza e all'accesso all'assistenza legale per esercitare i propri diritti e ritenere responsabili gli autori del reato.

Gli aspetti chiave del supporto legale sono la consulenza legale e l'assistenza in tutte le questioni legali legate alla violenza di genere. Ciò include la spiegazione dei diritti e delle responsabilità della vittima, nonché la fornitura di informazioni sulle tutele legali disponibili e sulle modalità legali per rispondere ai crimini.

Alle vittime di violenza di genere viene fornito l'accompagnamento presso le forze dell'ordine per sporgere denuncia di reato e successivamente partecipare al processo investigativo. Ciò è importante per garantire che i crimini siano indagati equamente e che i trasgressori siano ritenuti responsabili davanti alla legge.

Inoltre, il supporto legale comprende la tutela dei diritti della vittima in tribunale. Gli avvocati rappresentano le vittime nei procedimenti legali, garantendo che la loro voce sia ascoltata e che i loro diritti siano protetti in tutte le fasi del processo legale.

È importante notare che il supporto legale può anche aiutare le vittime a ottenere un risarcimento per i danni e le perdite subiti, che può includere un risarcimento finanziario, servizi medici e psicologici e assistenza finanziaria per il recupero.

Nel complesso, l'assistenza legale svolge un ruolo chiave nel garantire la giustizia e proteggere i diritti delle vittime della violenza di genere. Ciò consente loro di ricevere un giusto risarcimento per i danni subiti, protezione da ulteriori violenze e perseguimento giudiziario dei responsabili, facilitando così il loro recupero e il reinserimento nella società.

5. Assistenza economica: le vittime di violenza di genere spesso affrontano difficoltà finanziarie dovute alla perdita del lavoro, all'interruzione del bilancio familiare o ad altre circostanze legate alla violenza. Il sostegno può includere assistenza finanziaria, sostegno all'occupazione e accesso a programmi di sostegno sociale.

Il sostegno economico è un aspetto importante dell'assistenza alle vittime di violenza di genere, poiché le difficoltà finanziarie possono esacerbare la già difficile situazione che devono affrontare. Questa assistenza si basa sulla consapevolezza che le vittime potrebbero dover affrontare perdite finanziarie dovute alla perdita del lavoro, al dissesto delle finanze familiari, alla perdita di proprietà o ad altre circostanze associate alla violenza.

Le principali forme di sostegno economico sono la fornitura di assistenza finanziaria, assistenza all'occupazione e accesso a programmi di sostegno sociale.

- Assistenza finanziaria: le vittime di violenza di genere possono aver bisogno di assistenza finanziaria per soddisfare i bisogni primari come cibo, alloggio e spese mediche. Ciò può includere fondi temporanei per pagare l'affitto, acquistare cibo o pagare le cure mediche.

- Sostegno all'occupazione: le sopravvissute alla violenza di genere possono avere difficoltà a trovare lavoro a causa delle loro esperienze o dei traumi derivanti dalla violenza. Il sostegno all'occupazione può includere assistenza nella stesura del curriculum, nella preparazione al colloquio, nella formazione professionale o nella ricerca del lavoro giusto.

- Accesso ai programmi di sostegno sociale: le vittime di violenza di genere possono avere il diritto di accedere a vari programmi di sostegno sociale, come indennità di disoccupazione, previdenza sociale, programmi di assistenza alla violenza e altri. Fornire informazioni e assistenza per accedere a tali programmi può migliorare notevolmente la situazione finanziaria della vittima e aiutarla a riprendersi dall'abuso.

Il sostegno economico svolge un ruolo chiave nel garantire che le vittime della violenza di genere possano raggiungere l'indipendenza, la sicurezza e condizioni di vita dignitose. Fornire assistenza finanziaria, assistenza occupazionale e accesso a programmi di sostegno sociale aiuta le vittime a superare le difficoltà finanziarie, ripristinare la propria autostima e iniziare una nuova vita libera dalla violenza.

6. Supporto sociale: il ruolo degli amici, della famiglia e della comunità nel sostenere le vittime della violenza di genere. (Ricerca sul sostegno sociale e sul ruolo dei propri cari e della società nel sostegno alle vittime)

Il sostegno sociale fornito da amici, familiari e comunità svolge un ruolo fondamentale nell'aiutare le vittime di violenza di genere nel loro processo di recupero e recupero. La ricerca mostra che il sostegno dei propri cari e della comunità può avere un effetto positivo significativo sul benessere fisico e psicologico delle vittime.

- Sostegno emotivo: gli amici, la famiglia e la comunità possono fornire sostegno emotivo alle vittime di violenza di genere ascoltandole, mostrando empatia e sostenendole nei momenti difficili. Ciò aiuta la vittima a sentire di non essere sola nella sua sofferenza e favorisce il suo recupero emotivo.

- Aiuto pratico: amici e familiari possono fornire un aiuto pratico, come fornire un alloggio temporaneo, aiuto nella cura dei bambini o nelle faccende domestiche e sostegno finanziario. Ciò allevia il peso della vittima e la aiuta ad affrontare le difficoltà quotidiane.

- Supporto per ottenere un aiuto professionale: i propri cari e la comunità possono aiutare una vittima di violenza di genere ad accedere a un aiuto professionale, come assistenza medica, consulenza legale o terapia psicologica. Possono aiutare la vittima a trovare le risorse adeguate e accompagnarla agli appuntamenti con gli specialisti.

- Creare un ambiente sicuro: la famiglia e i propri cari possono contribuire a creare un ambiente sicuro per la vittima, in cui si sente protetta e supportata. Ciò può includere la fornitura di alloggi sicuri, l'installazione di misure di sicurezza e la limitazione del contatto con l'aggressore.

- Sostegno comunitario: anche il sostegno comunitario svolge un ruolo importante nell'aiutare le vittime della violenza di genere. Ciò può essere espresso attraverso la partecipazione a campagne antiviolenza, il sostegno alle organizzazioni per i diritti umani e la pressione pubblica sulle autorità affinché migliorino la legislazione e forniscano sostegno alle vittime.

In generale, il sostegno sociale è parte integrante del processo di riabilitazione e recupero per le vittime di violenza di genere. Li aiuta a sentirsi apprezzati e supportati, aumentando la loro autostima e fiducia, il che favorisce il loro recupero e il recupero dalle esperienze traumatiche.

Comprendere i bisogni delle vittime di violenza di genere implica essere sensibili ed empatici nei confronti dei loro bisogni e preoccupazioni individuali. Ciò significa ascoltare le loro storie senza giudizio, fornire informazioni sulle risorse e sui servizi disponibili e supportarli nel prendere decisioni sui passi successivi.

❖ · ❖ · ❖ · ❖ · ❖ · ❖ · ❖ · ❖ · ❖ · ❖ · ❖ · ❖ · ❖ · ❖ · ❖

Capitolo 17.
Sostegno alle vittime di violenza di genere

Il sostegno alle vittime di violenza di genere svolge un ruolo fondamentale nell'aiutarle a superare il trauma e a riprendersi dalle esperienze negative. Ecco alcune delle risorse disponibili e dei servizi forniti per aiutare le vittime:

1. Centri di crisi e rifugi: queste istituzioni forniscono rifugio temporaneo alle vittime della violenza di genere dove possono trovare sicurezza, riparo e cibo. I centri di crisi possono anche fornire assistenza medica, supporto legale e consulenza.

2. Hotline telefoniche: le hotline forniscono supporto anonimo e confidenziale alle vittime di violenza di genere attraverso chiamate telefoniche. Professionisti e volontari esperti possono fornire supporto emotivo, consigli sulla sicurezza e indirizzare la vittima a risorse aggiuntive.

3. Supporto online: piattaforme e siti Web online offrono l'opportunità di ricevere supporto tramite chat online, e-mail o forum.

Questo può essere utile per coloro che preferiscono l'anonimato o non hanno accesso a un telefono.

4. Gruppi di supporto: i gruppi di supporto offrono alle vittime l'opportunità di connettersi con altri che hanno vissuto esperienze simili. Condividere esperienze e sostenere gli altri può aiutare nel processo di guarigione e rafforzamento.

5. Programmi terapeutici: la terapia può essere un modo efficace per aiutare le vittime di violenza di genere ad affrontare traumi emotivi e psicologici. Ciò può includere terapia individuale, terapia di gruppo o anche tecniche di arteterapia.

6. Assistenza legale: l'assistenza di avvocati e organizzazioni legali può essere importante per le vittime di violenza di genere nell'ottenere protezione legale, ottenere ordini di protezione temporanea o condurre procedimenti legali.

Queste risorse e servizi esistono per aiutare le sopravvissute alla violenza di genere a superare le loro sfide, trovare sostegno e iniziare il processo di guarigione. È importante che le vittime siano consapevoli e abbiano accesso a tali risorse in modo che possano ottenere l'aiuto di cui hanno bisogno in qualsiasi momento.

Un approccio culturalmente sensibile nel fornire sostegno alle vittime della violenza di genere è essenziale per garantire cure efficaci e adeguate. Ecco alcuni aspetti di questo approccio:

1. Adattare culturalmente i servizi di supporto: questo aspetto implica l'adattamento dei programmi e dei servizi di supporto per soddisfare le aspettative culturali, i valori e le percezioni delle vittime di violenza di genere. Ciò può includere la fornitura di servizi nella lingua della vittima, tenendo conto delle pratiche religiose e culturali e rendendo le informazioni e le risorse accessibili a diversi gruppi culturali.

L'adattamento culturale dei servizi di sostegno è fondamentale per fornire un sostegno efficace ed empatico alle vittime della violenza di genere. Quando i servizi sono forniti in modo sensibile alle aspettative, ai valori e alle credenze culturali, sono più accessibili, pertinenti ed efficaci per le vittime. Ecco alcuni aspetti della personalizzazione dei servizi di supporto:

- Adattamento linguistico: uno degli aspetti più importanti dell'adattamento è la fornitura di servizi nella lingua parlata dalle vittime. L'incapacità di comunicare nella propria lingua madre può creare ostacoli all'ottenimento di aiuto e alla comprensione dei propri diritti e opportunità. Pertanto, i servizi di supporto devono essere disponibili in una varietà di lingue parlate nella comunità.

- Considerazione delle pratiche religiose e culturali: i contesti culturali e religiosi possono influenzare in modo significativo il modo in cui le vittime percepiscono se stesse e la loro situazione, nonché le loro aspettative rispetto ai servizi di supporto. I professionisti devono tenere conto di questi fattori e adattare le proprie pratiche lavorative per garantire che siano coerenti con le norme e i valori culturali.

- Disponibilità di informazioni e risorse: è importante che le informazioni sulle risorse e sui servizi disponibili siano disponibili in una varietà di lingue e formati, tenendo conto del background culturale e delle preferenze delle vittime. Ciò può includere opuscoli informativi, siti Web, video e altre forme di comunicazione.

L'adattamento culturale dei servizi di sostegno aiuta a creare un ambiente sicuro e solidale in cui le vittime della violenza di genere possano sentirsi comprese e protette. Ciò aiuta anche a creare fiducia nei servizi di supporto e a migliorare i risultati per le vittime.

2. Formazione e consulenza per professionisti sulla competenza culturale: questo è un aspetto importante per garantire che i professionisti che lavorano con sopravvissuti alla violenza di genere siano preparati a lavorare con gruppi culturali diversi. La formazione comprende l'insegnamento di norme, credenze e valori culturali specifici, nonché competenze nella comunicazione efficace e nell'interazione con membri di diversi gruppi culturali. La consulenza aiuta i professionisti a mettere in pratica ciò che apprendono e ad adattare il proprio lavoro alle esigenze culturali e alle aspettative delle vittime di violenza di genere.

La formazione e la consulenza sulle competenze culturali svolgono un ruolo fondamentale nel fornire un sostegno efficace ed empatico alle vittime della violenza di genere. Ecco alcuni aspetti chiave di questo processo:

- Comprensione delle norme e dei valori culturali: i professionisti dovrebbero essere formati sugli aspetti fondamentali della cultura, della religione, delle tradizioni e dei valori dei vari gruppi culturali. Ciò include sapere quali tipi di comportamento e atteggiamenti sono accettabili nelle diverse culture e cosa può essere percepito come offensivo o inappropriato.

- Abilità comunicative efficaci: i professionisti devono essere formati in abilità comunicative empatiche e culturalmente sensibili. Ciò include ascoltare e comprendere il punto di vista delle vittime, dimostrare rispetto per le loro convinzioni e valori culturali ed esprimersi in modi che evitino incomprensioni o offese interculturali.

- Adattamento delle pratiche: i professionisti devono essere in grado di adattare le proprie pratiche e i propri approcci ai bisogni e alle preferenze individuali delle vittime. Ciò può includere la modifica degli approcci terapeutici utilizzati nella consulenza, nonché la fornitura di informazioni e supporto in un linguaggio e in un formato che le vittime possano comprendere e comprendere.

- Applicazione delle conoscenze nella pratica: la formazione deve essere pratica e includere l'opportunità di applicare nella pratica le conoscenze e le competenze acquisite. I professionisti devono essere in grado di discutere situazioni e casi specifici utilizzando approcci e strategie culturalmente sensibili.

La formazione e la consulenza per i professionisti con competenze culturali aiutano a costruire relazioni di fiducia ed empatiche tra professionisti e sopravvissuti alla violenza di genere. Contribuisce inoltre a migliorare i risultati di assistenza e sostegno per le vittime, che possono sentirsi più a loro agio e comprese in un ambiente in cui il loro background culturale è rispettato e accettato.

Un approccio culturalmente sensibile aiuta a rendere i servizi di supporto più accessibili, efficaci e pertinenti per diversi gruppi culturali, il che a sua volta migliora i risultati di assistenza e sostegno per le vittime di violenza di genere.

Prevenire la ri-violenza svolge un ruolo chiave nel garantire la sicurezza e il benessere delle vittime di violenza di genere. Ecco una descrizione più dettagliata delle strategie:

1. Sviluppare piani di sicurezza individuali: si tratta di uno strumento importante che aiuta le vittime di violenza di genere a valutare la loro situazione, identificare potenziali minacce e sviluppare strategie per prevenire la violenza. I piani di sicurezza individuali possono includere istruzioni su cosa fare in caso di minaccia, informazioni sui contatti di emergenza, precauzioni di sicurezza a casa e sul lavoro e piani di evacuazione, se necessario.

Lo sviluppo di piani di sicurezza individuali è un importante strumento di assistenza per le vittime di violenza di genere, poiché consente loro di valutare la propria situazione, identificare potenziali minacce e creare strategie di prevenzione della violenza. Per molte vittime di violenza di genere, questo processo può essere difficile a causa di traumi emotivi e psicologici, nonché per la paura delle possibili conseguenze.

Vengono preparati piani di sicurezza individuali tenendo conto delle circostanze e dei bisogni specifici di ciascuna vittima. Possono includere i seguenti componenti:

- Valutazione della situazione: questa è la fase iniziale in cui la vittima prende coscienza della sua situazione e considera le potenziali minacce alla sua sicurezza. Ciò potrebbe includere l'analisi delle forme di violenza che sta subendo, nonché l'identificazione dei fattori che potrebbero peggiorare la situazione.

- Sviluppo di strategie di sicurezza: sulla base di una valutazione della situazione, la vittima, insieme a un professionista qualificato, sviluppa un piano d'azione. Questo piano comprende varie misure e misure che possono essere adottate per proteggere la vittima e il suo ambiente. Ciò potrebbe includere istruzioni su come comportarsi in modo sicuro in caso di minaccia, piani di evacuazione o ricerca di un luogo sicuro in cui soggiornare.

- Informazioni sui contatti di emergenza: un elemento importante di un piano di sicurezza individuale è un elenco di contatti di emergenza come polizia, servizi medici e di salute mentale. Ciò ti consente di ottenere rapidamente aiuto se necessario.

- Misure di sicurezza a casa e sul lavoro: la vittima può prendere in considerazione diverse misure di sicurezza che possono essere applicate sia nell'ambiente domestico che sul posto di lavoro. Ciò potrebbe includere l'installazione di un sistema di sicurezza domestica, la richiesta di sicurezza sul lavoro o la modifica del luogo di lavoro per ridurre il contatto con l'aggressore.

- Piani di evacuazione: nel caso in cui la vittima si trovi in una situazione pericolosa, è importante avere pronto un piano di evacuazione. Questo piano include percorsi e luoghi in cui rifugiarsi.

Per le vittime di violenza di genere, in particolare quelle che sono molto sensibili e timorose nei confronti del proprio aggressore, lo sviluppo di un piano di sicurezza personalizzato può essere uno strumento affidabile ed efficace per aiutarle a sentirsi più protette e fiduciose nella propria sicurezza. Questo piano non solo aiuta la vittima a prevenire la violenza, ma le dà anche il controllo sulla propria vita e situazione.

2. Supporto psicosociale per prevenire le ricadute: ciò include fornire supporto psicologico ed emotivo alle vittime volto a rafforzare le loro risorse, migliorare l'autostima e gestire lo stress. Il sostegno psicosociale può includere anche sessioni terapeutiche, sessioni di gruppo e consulenza mirate a prevenire la ri-violenza e a creare relazioni sane.

Il supporto psicosociale per prevenire le ricadute è un aspetto importante dell'assistenza alle vittime di violenza di genere. Questo tipo di sostegno mira a fornire sostegno psicologico ed emotivo per rafforzare le risorse delle vittime, migliorare la loro autostima e gestire lo stress, aiutandole a evitare il reinserimento in relazioni dannose o situazioni di abuso.

È importante capire che molte vittime di violenza di genere spesso sperimentano vari tipi di traumi, sia fisici che psicologici. Possono provare paura, impotenza, bassa autostima e difficoltà a raggiungere l'autorealizzazione a causa dell'impatto del bullo sulla loro vita. Il sostegno psicosociale mira ad aiutarli a superare queste difficoltà e a ripristinare il loro benessere psicologico.

Gli aspetti chiave del supporto psicosociale per la prevenzione delle ricadute includono:

- Consulenza e terapia psicologica: psicologi e terapisti professionisti aiutano le vittime di violenza di genere a comprendere le proprie emozioni e a sviluppare strategie per gestire efficacemente lo stress e l'ansia. La terapia può anche aiutare le vittime a ritrovare la propria autostima e fiducia in se stesse dopo un'esperienza traumatica.

- Supporto di gruppo: la partecipazione ad attività di gruppo o terapia di gruppo consente alle vittime di sentirsi supportate da altri che hanno attraversato difficoltà simili. La condivisione delle esperienze e il sostegno emotivo in un ambiente di gruppo può essere particolarmente utile per le vittime che si sentono isolate o incomprese nella loro sofferenza.

- Formazione sulle capacità di autogestione e risoluzione dei conflitti: consente alle vittime di imparare come gestire efficacemente le proprie emozioni e rispondere alle situazioni di conflitto, il che le aiuta a evitare situazioni potenzialmente pericolose in futuro e a costruire relazioni interpersonali sane.

- Programmi psicoeducativi: le vittime ricevono informazioni sui vari aspetti della violenza di genere, sulle sue conseguenze e sulle risorse disponibili per aiutare. Questo li aiuta a comprendere meglio la loro situazione e a comprendere i loro diritti.

Il sostegno psicosociale svolge un ruolo chiave nell'aiutare le vittime di violenza di genere a elaborare le loro esperienze traumatiche, a riprendersi e a iniziare una nuova vita libera dalla violenza. Inoltre, li aiuta a rafforzare le loro risorse psicologiche e ad imparare come costruire relazioni sane in futuro.

3. Formazione sull'autodifesa e sulla gestione dello stress: questa è una parte importante degli sforzi di prevenzione e aiuta le vittime della violenza di genere a diventare più indipendenti e sicure di sé. L'addestramento all'autodifesa può includere allenamento all'autodifesa fisica, strategie di fuga e la capacità di prendere decisioni rapide in situazioni critiche. La formazione sulle competenze di gestione dello stress aiuta le vittime ad affrontare efficacemente le conseguenze emotive e psicologiche della violenza e a prevenire possibili ricadute.

La formazione sulle competenze di autodifesa e di gestione dello stress è un aspetto importante per prevenire la violenza di genere e aiutare le sue vittime. Queste competenze aiutano le vittime a diventare più indipendenti, fiduciose e capaci di affrontare efficacemente le sfide che si presentano nel contesto della violenza.

L'apprendimento delle abilità di autodifesa comprende non solo la preparazione fisica per possibili situazioni violente, ma anche strategie psicologiche ed emotive per la difesa. Le vittime imparano a riconoscere situazioni potenzialmente pericolose, sviluppano piani per affrontare le minacce, imparano a utilizzare le risorse ambientali per proteggersi e ad agire entro i propri limiti e bisogni. Questo li aiuta non solo a evitare situazioni pericolose, ma anche a sentirsi più sicuri e ad avere il controllo nella vita di tutti i giorni.

La gestione dello stress è un'altra componente importante di quest'area di studio. Le vittime di violenza di genere possono sperimentare uno stress e un'ansia significativi associati al pericolo e alle esperienze traumatiche. Imparare le abilità di gestione dello stress li aiuta ad affrontare efficacemente queste emozioni, a trovare modi per rilassarsi e calmarsi e a sviluppare strategie per far fronte all'ansia. Ciò non solo consente alle vittime di controllare meglio le proprie emozioni, ma riduce anche la probabilità di trovarsi in situazioni in cui diventano più vulnerabili alla violenza.

Per le vittime che si sentono vulnerabili e prive di capacità, l'apprendimento delle abilità di autodifesa e di gestione dello stress può essere particolarmente incoraggiante. Queste competenze li aiutano a sentirsi più sicuri e ad avere il controllo della propria situazione, il che rappresenta un passo importante verso il recupero dalla violenza e il ripristino del proprio benessere psicologico. Pertanto, l'apprendimento di queste abilità può essere non solo benefico, ma anche liberatorio per le vittime, aiutandole a iniziare una nuova vita libere dalla paura e dal controllo dell'aggressore.

Prevenire la ri-violenza è parte integrante di un approccio globale alla lotta alla violenza di genere. Queste strategie aiutano le vittime a sentirsi più sicure e fiduciose nella propria incolumità e riducono la probabilità di una nuova esposizione alla violenza.

Il recupero e la riabilitazione svolgono un ruolo importante nel processo di recupero delle vittime di violenza di genere e le aiutano a tornare alla vita normale dopo aver subito un trauma. Questo processo comprende vari aspetti come il sostegno psicologico, la riabilitazione sociale e professionale, nonché il ripristino delle relazioni e il sostegno dei propri cari e della società.

1. Terapia e supporto psicologico:

La terapia psicologica è un importante strumento di recupero per le vittime di violenza di genere. Li aiuta a elaborare il trauma che hanno vissuto, ad affrontare le conseguenze emotive e psicologiche dell'abuso e a tornare alla vita normale. La terapia può includere una varietà di modalità, come la terapia cognitivo comportamentale, la terapia informata sul trauma, la terapia familiare e altre, che si concentrano sull'elaborazione di eventi traumatici, sul miglioramento dell'autostima, sullo sviluppo di strategie di coping e sul miglioramento della qualità della vita.

La terapia e il sostegno psicologico sono componenti fondamentali del processo di recupero per le vittime di violenza di genere. Questo tipo di assistenza si concentra sull'elaborazione degli eventi traumatici, sulla gestione delle conseguenze emotive e psicologiche dell'abuso e sul ripristino del normale funzionamento.

Uno degli aspetti chiave della terapia psicologica è l'opportunità per la vittima di esprimere i propri sentimenti ed esperienze in un ambiente sicuro e solidale. Il terapeuta che lavora con la vittima fornisce comprensione, sostegno e supporto emotivo durante il processo di recupero. La terapia fornisce alla vittima strumenti e strategie per gestire efficacemente lo stress, l'ansia e altre emozioni negative derivanti dall'abuso.

Un approccio ampiamente utilizzato in psicoterapia per le vittime di violenza di genere è la terapia cognitivo comportamentale (CBT). Questo approccio si concentra sul cambiamento dei pensieri e dei comportamenti negativi associati all'esperienza della violenza. Identificando e rivalutando pensieri e atteggiamenti distruttivi, la vittima può gradualmente liberarsi dall'influenza del trauma e sviluppare strategie di coping adattive.

Un altro aspetto importante è la terapia del trauma, specializzata nell'elaborazione di ricordi ed eventi traumatici. Questa forma di terapia aiuta le vittime a integrare le esperienze traumatiche nella loro storia di vita, facilitandone l'accettazione e riducendo l'intensità dei sintomi associati.

La terapia familiare può essere necessaria anche nei casi in cui la violenza influenza le relazioni all'interno della famiglia. In questo contesto, un terapista familiare lavora con i membri della famiglia per aiutarli a discutere e risolvere conflitti violenti e ripristinare relazioni sane.

È importante notare che la terapia e il sostegno psicologico sono disponibili per le vittime di violenza di genere indipendentemente dalla loro età, sesso, razza o status sociale. Psicoterapeuti e consulenti sono specializzati nel lavorare con diversi gruppi culturali e sociali, fornendo supporto culturalmente sensibile ed empatico.

Per le vittime sensibili e che hanno paura di chiedere aiuto, è importante capire che la terapia psicologica è uno spazio non giudicante in cui i loro sentimenti e le loro esperienze sono importanti e rispettati. Ottenere supporto e aiuto da un terapista professionista può essere il primo passo verso la guarigione e il ritorno a una vita sana e felice.

2. Riabilitazione sociale e professionale:

La riabilitazione sociale e professionale implica aiutare le vittime a ritornare alle attività sociali e lavorative dopo aver subito un trauma. Ciò può includere consulenza occupazionale, formazione professionale, sviluppo di piani di riabilitazione individuali e sostegno nella ricerca di un alloggio. L'obiettivo di questo processo è aiutare le vittime a ritrovare l'indipendenza, la fiducia in se stesse e la stabilità nella loro vita.

La riabilitazione sociale e professionale svolgono un ruolo importante nel processo di recupero delle vittime di violenza di genere, aiutandole a tornare alla vita normale dopo aver vissuto traumi e crisi. Questo processo comprende una serie di attività volte a ripristinare l'integrazione sociale, stabilizzare la situazione di vita e garantire l'indipendenza finanziaria.

Una parte importante della riabilitazione sociale è la consulenza e il sostegno nella ricerca di un alloggio. Le vittime di violenza di genere possono ritrovarsi senza casa o senza casa a causa della violenza da parte del partner o di una persona cara. L'assistenza abitativa consente loro di trovare una casa sicura e stabile da cui iniziare il processo di recupero.

Un altro aspetto importante è la consulenza occupazionale e la formazione professionale. Molte vittime di violenza di genere potrebbero trovarsi ad affrontare difficoltà finanziarie a causa della perdita del lavoro o dell'impossibilità di trovarlo a causa di eventi traumatici. Fornire sostegno all'occupazione e alla formazione professionale li aiuta ad acquisire l'indipendenza finanziaria e la fiducia nelle proprie capacità.

Lo sviluppo di piani riabilitativi personalizzati è un passo fondamentale nel processo di recupero. Questi piani vengono creati tenendo conto delle esigenze e degli obiettivi individuali di ciascuna vittima, compresi gli aspetti sociali, professionali e finanziari. I piani di recupero individuali possono includere misure per migliorare l'istruzione, le competenze per trovare un lavoro e l'accesso ad altre risorse e servizi necessari per il recupero.

L'obiettivo della riabilitazione sociale e professionale è aiutare le vittime a ritornare a una vita indipendente e stabile basata sulla propria scelta e controllo. Questo processo non solo li aiuta a superare gli effetti traumatici della violenza, ma anche ad acquisire nuove opportunità e prospettive per il futuro.

3. Sostegno alla ricostruzione delle relazioni e delle reti di sostegno:

La ricostruzione delle relazioni e delle reti di supporto svolge un ruolo importante nel processo di riabilitazione. Ciò include lavorare con la famiglia, gli amici e altre persone care per ricostruire la fiducia, il sostegno e la comprensione. Inoltre, le vittime di violenza di genere potrebbero anche aver bisogno del sostegno di sessioni di gruppo o programmi comunitari per aiutarle a sentirsi accettate e sostenute nella loro comunità.

Sostenere il ripristino delle relazioni e delle reti di sostegno è una componente chiave del processo di recupero per le vittime di violenza di genere. Questo aspetto li aiuta a ripristinare la fiducia, il sostegno e le connessioni con le persone che li circondano dopo aver vissuto traumi e crisi.

Il ripristino dei rapporti con la famiglia, gli amici e le altre persone care è un passo fondamentale in questo processo. Spesso la violenza può rompere la fiducia e i legami nell'ambiente familiare o sociale della vittima, quindi è importante lavorare per ripristinare questi rapporti. Ciò può includere la terapia familiare, la consultazione con uno psicologo o altri professionisti per risolvere i conflitti, sviluppare capacità di comunicazione e ripristinare la comprensione reciproca.

Inoltre, per alcune sopravvissute alla violenza di genere, il sostegno offerto da sessioni di gruppo o programmi comunitari può rappresentare un aspetto importante del recupero della relazione. Le sessioni di gruppo offrono l'opportunità di incontrare altri che hanno vissuto traumi simili e condividere le loro esperienze. In tali gruppi, le vittime possono sentirsi più supportate, accettate e comprese, il che contribuisce al loro recupero emotivo.

Importante è anche la creazione di reti di sostegno. Potrebbero essere organizzazioni specializzate, centri di crisi, gruppi comunitari o anche amici e familiari pronti ad aiutare nei momenti difficili. È importante che le vittime della violenza di genere sappiano che hanno persone su cui possono contare e a cui rivolgersi se necessario.

Nel complesso, sostenere il ripristino delle relazioni e delle reti di sostegno aiuta le vittime della violenza di genere a sentirsi meno isolate, più sostenute e sicure. Questo processo è un passo importante verso il loro recupero e la forza di vivere una vita libera dalla violenza.

Nel complesso, il processo di recupero e riabilitazione per le vittime di violenza di genere deve essere globale e individualizzato, tenendo conto delle esigenze e delle situazioni uniche di ciascuna vittima. Fornire sostegno in tutti gli aspetti della loro vita - psicologico, sociale e professionale - è un passo importante verso il loro recupero e il ritorno a una vita sana e felice.

La comunità e il sostegno comunitario svolgono un ruolo importante nella lotta alla violenza di genere e nella creazione di un ambiente sicuro e solidale per le vittime. Questo aspetto comprende diverse componenti chiave che mirano a cambiare l'opinione pubblica, creare solidarietà e attirare l'attenzione sul problema della violenza.

1. Programmi e campagne educative per combattere la violenza di genere: programmi e campagne educative efficaci svolgono un ruolo importante nel superare l'ignoranza e creare consapevolezza sulla violenza di genere. Aiutano a diffondere la consapevolezza sulle forme di violenza, sulle sue conseguenze, sulle risorse disponibili per le vittime e sui modi per combatterla. Ciò può includere lezioni, seminari, master class, creazione di opuscoli informativi, campagne pubblicitarie e video didattici. Questi programmi mirano ad aumentare la consapevolezza pubblica sulla violenza di genere, a creare empatia e sostegno per le vittime e a creare un quadro per cambiare gli atteggiamenti e le norme culturali che promuovono la violenza.

I programmi e le campagne educative per combattere la violenza di genere sono una pietra miliare nella creazione di una società consapevole e solidale, libera dalla violenza. Queste iniziative svolgono un ruolo importante nello sfidare l'ignoranza, gli stereotipi e i miti associati alla violenza di genere e nel creare consapevolezza sul problema.

Il primo e principale obiettivo dei programmi e delle campagne educative è diffondere informazioni sulle varie forme di violenza di genere. Ciò include l'educazione sulla violenza fisica, emotiva, psicologica ed economica, nonché sulla violenza domestica, sul posto di lavoro, nella comunità e negli spazi digitali. Quanto più le persone sono consapevoli della varietà delle forme di violenza e delle loro conseguenze, tanto più è probabile che ne riconoscano i segnali e forniscano assistenza alle vittime.

Questi programmi mirano anche a creare empatia e sostegno per le vittime della violenza di genere. Condividere storie personali, esempi di sopravvivenza e recupero dalla violenza aiuta le persone a comprendere la complessità delle situazioni delle vittime e le loro esigenze di sostegno. Il sostegno della comunità svolge un ruolo importante nel processo di recupero e guarigione.

Inoltre, i programmi e le campagne educative mirano a creare un quadro per il cambiamento degli atteggiamenti e delle norme culturali che promuovono la violenza. Mirano a distruggere gli stereotipi di genere che sostengono la disuguaglianza e il dominio di un sesso sull'altro. Quanto più le persone comprendono il danno e l'ingiustizia della violenza di genere, tanto più possono contribuire alla creazione di una società giusta ed equa.

È attraverso l'educazione e la consapevolezza pubblica che è possibile apportare cambiamenti significativi nell'atteggiamento nei confronti della violenza di genere e creare un ambiente che supporti e protegga ogni membro della comunità.

2. Creare reti comunitarie di sostegno e solidarietà: un aspetto importante della lotta alla violenza di genere è la creazione di reti comunitarie di sostegno in cui le vittime possano ricevere aiuto, sostegno e comprensione da altri membri della società. Ciò potrebbe includere l'organizzazione di gruppi di sostegno, la creazione di comunità online, lo svolgimento di incontri ed eventi volti a creare fiducia e solidarietà. È estremamente importante che le vittime si sentano supportate e comprese nella loro comunità, e la creazione di reti di sostegno comunitario contribuisce a questo.

Costruire reti comunitarie di sostegno e solidarietà è un elemento integrante della lotta contro la violenza di genere e ha un enorme impatto sul processo di recupero delle vittime. Queste reti creano un ambiente sicuro e solidale in cui le vittime possono ottenere l'aiuto, il sostegno e la comprensione di cui hanno bisogno dai loro associati.

Organizzare gruppi di supporto è uno dei modi più comuni per creare reti di supporto comunitario. In tali gruppi, le vittime possono condividere le loro storie, esperienze ed emozioni con persone che hanno vissuto esperienze simili, il che promuove un senso di comprensione reciproca e solidarietà. Ciò aiuta le vittime a rendersi conto che non sono sole nella loro esperienza e possono trovare sostegno da altri che hanno vissuto un viaggio simile.

Inoltre, sono ormai diffuse le comunità di sostegno online, dove le vittime di violenza di genere possono ricevere aiuto e consulenza online. Ciò è particolarmente importante per coloro che, a causa di varie circostanze, non sono in grado di partecipare a eventi offline o gruppi di supporto. Nelle comunità online, le vittime possono comunicare in modo anonimo, il che le fa sentire più a loro agio e protette.

Anche la conduzione di incontri ed eventi per creare fiducia e solidarietà svolge un ruolo importante nella costruzione di reti di sostegno comunitario. Questi possono essere eventi congiunti, conferenze, seminari, masterclass e altri eventi volti allo scambio di esperienze, capacità di apprendimento e formazione di connessioni sociali.

L'obiettivo principale della creazione di reti comunitarie di sostegno e solidarietà è aiutare le vittime della violenza di genere a sentirsi sostenute e comprese e creare le condizioni per il loro recupero e il ritorno alla vita normale. Queste reti rappresentano una fonte affidabile di sostegno e aiutano le vittime a superare le difficoltà che incontrano e a iniziare una nuova fase della loro vita.

3. Attirare l'attenzione pubblica sul problema e formare una condanna collettiva: uno dei passi importanti nella lotta contro la violenza di genere è attirare l'attenzione pubblica su questo problema e formulare una chiara condanna della violenza. Ciò può essere raggiunto attraverso azioni pubbliche, marce di protesta, petizioni, appelli ai legislatori, la creazione di leggi e politiche pertinenti e la partecipazione attiva ai social network e ai media. L'obiettivo di questi eventi è creare un'opinione pubblica che non solo condanni la violenza, ma sostenga anche le vittime e chieda un cambiamento nei sistemi che consentono la violenza.

Attirare l'attenzione pubblica sul problema della violenza di genere e formare una condanna collettiva della violenza sono i pilastri del lavoro per superarla. Questi passi non solo aiutano a identificare e condannare i casi di violenza, ma aiutano anche a cambiare la coscienza pubblica e a creare le condizioni per misure efficaci per prevenire la violenza e sostenere le sue vittime.

Le proteste pubbliche, le marce di protesta e le petizioni sono strumenti potenti per attirare l'attenzione sulla questione della violenza di genere. Questi eventi riuniscono persone che condividono l'obiettivo comune di porre fine alla violenza e sostenere le sue vittime. Creano l'apparenza di un problema e attirano su di esso l'attenzione della società e delle autorità.

Rivolgersi ai legislatori e creare leggi e politiche adeguate è fondamentale per combattere la violenza di genere. Ciò include il rafforzamento delle sanzioni per la violenza, la protezione dei diritti delle vittime e la garanzia dell'accesso alla giustizia e all'assistenza. Le riforme giuridiche e l'attuazione di politiche efficaci contribuiscono a creare una società sicura ed equa per tutti i suoi membri.

Anche la partecipazione attiva ai social network e ai media svolge un ruolo importante nel plasmare l'opinione pubblica e nel condannare la violenza. Consente alle persone di esprimere le proprie opinioni, condividere informazioni su episodi di violenza e ricevere sostegno e solidarietà da altri utenti. I social network e i media possono fungere da piattaforma per discutere il problema e mobilitare la pressione pubblica sulle autorità e sulle istituzioni affinché adottino le misure necessarie.

L'obiettivo di tutte queste attività è quello di creare un'opinione pubblica che non solo condanni esplicitamente la violenza, ma sostenga anche le vittime e si sforzi di cambiare i sistemi che consentono la violenza. Aiutano a creare una cultura di nonviolenza e uguaglianza in cui ogni persona si sente protetta e rispettata.

Tutte queste azioni lavorano insieme per creare una comunità sana, sicura e solidale in cui non si verifica violenza di genere e le vittime possono ricevere l'aiuto, il sostegno e la protezione di cui hanno bisogno.

Promuovere la cooperazione e il coordinamento internazionale è fondamentale per combattere la violenza di genere, poiché il problema della violenza oltrepassa i confini e richiede sforzi concertati da diversi paesi e organizzazioni. In questo contesto, è importante sviluppare lo scambio di esperienze e migliori pratiche, attuare progetti e iniziative congiunte, nonché sostenere gli standard e la legislazione internazionali per proteggere i diritti delle vittime della violenza di genere.

1. Scambio di esperienze e migliori pratiche: uno dei modi per aumentare l'efficacia della lotta contro la violenza di genere è lo scambio di esperienze e il trasferimento delle migliori pratiche tra paesi e organizzazioni. Ciò ti consente di imparare dalle esperienze degli altri, adattare strategie di successo a contesti specifici e migliorare i tuoi approcci alla prevenzione e alla risposta alla violenza.

La condivisione di esperienze e il trasferimento delle migliori pratiche sono componenti fondamentali della lotta alla violenza di genere, soprattutto per coloro che sperimentano aggressività, paura e incertezza. Questo processo consente alla società di imparare dalle esperienze degli altri e di utilizzare tali esperienze per sviluppare metodi più efficaci per prevenire e rispondere alla violenza.

Quando le sopravvissute vedono che esistono strategie efficaci per combattere la violenza di genere, ciò può dare loro speranza e ispirarle ad agire. Sapere che ci sono altri che hanno vissuto esperienze simili e le hanno superate può essere un'importante fonte di sostegno per chi soffre di abusi. Vedere esempi di comunità e organizzazioni che aiutano le vittime può aiutarle a sentirsi meno isolate e più autorizzate ad agire.

Inoltre, la condivisione delle esperienze consente di adattare le strategie di successo alle condizioni e ai bisogni specifici di una particolare cultura o comunità. Ciò significa che gli approcci alla prevenzione e alla risposta alla violenza possono essere adattati per soddisfare al meglio le esigenze e le realtà locali.

Per coloro che sono sensibili e insicuri, sapere che esistono metodi comprovati per affrontare gli abusi può essere prezioso. Ciò dà loro l'opportunità di vedere che l'aiuto è disponibile e che non sono soli nella loro sofferenza. La fiducia che esista un percorso verso il cambiamento e il sostegno possono essere la chiave per riconsiderare la propria situazione e decidere di agire.

Pertanto, la condivisione di esperienze e il trasferimento delle migliori pratiche svolgono un ruolo fondamentale non solo nel migliorare l'efficacia della lotta contro la violenza di genere, ma anche nel fornire speranza, sostegno e ispirazione a coloro che soffrono di questo tipo di violenza.

2. Progetti e iniziative congiunte: i progetti e le iniziative internazionali attuati congiuntamente da diversi paesi o organizzazioni hanno un maggiore potenziale nella lotta alla violenza di genere. Questi progetti possono includere la formazione del personale, lo sviluppo di meccanismi di sostegno per le vittime, la creazione di campagne di sensibilizzazione e altro ancora. Gli sforzi congiunti consentono di utilizzare le risorse in modo più efficiente e di ottenere risultati più significativi.

I progetti e le iniziative di collaborazione rappresentano un potente strumento nella lotta contro la violenza di genere, soprattutto per coloro che sperimentano aggressività, paura e incertezza. Questi progetti si concentrano sulla creazione di sforzi congiunti di diversi paesi o organizzazioni al fine di risolvere efficacemente un problema a livello internazionale.

Uno dei principali vantaggi dei progetti congiunti è la condivisione di risorse e competenze di diverse parti. Quando più paesi o organizzazioni lavorano insieme, possono condividere conoscenze, esperienze e risorse, consentendo loro di sviluppare e attuare in modo più efficace ed efficiente strategie per prevenire e combattere la violenza di genere. Ad esempio, un paese può avere una vasta esperienza nel sostegno sociale alle vittime, mentre un altro dispone di una tecnologia avanzata nella conduzione di campagne di informazione. La combinazione di tali sforzi ci consente di creare un approccio globale per risolvere il problema della violenza.

Inoltre, i progetti congiunti contribuiscono alla creazione di partenariati a lungo termine e alla cooperazione tra diversi paesi e organizzazioni. Ciò facilita lo scambio di esperienze e migliori pratiche non solo a livello di progetto, ma anche su scala più ampia, il che può portare a un miglioramento del lavoro nel campo della prevenzione e della lotta alla violenza di genere in generale.

Per le vittime di bullismo, soprattutto quelle sensibili e prive di fiducia in se stesse, sapere che esistono progetti e iniziative internazionali dedicate alla lotta agli abusi può essere fonte di speranza e sostegno. Ciò dimostra che il problema della violenza di genere è riconosciuto a livello internazionale e che sono stati compiuti sforzi significativi per affrontarlo. Conoscere tali iniziative può aiutare le vittime a sentire che non sono sole nella loro sofferenza e che ci sono persone e organizzazioni disposte ad aiutarle nella loro lotta.

Pertanto, progetti e iniziative congiunti svolgono un ruolo importante nella lotta contro la violenza di genere, garantendo la condivisione di risorse, lo scambio di esperienze e il sostegno a livello internazionale.

3. Sostenere gli standard e la legislazione internazionali: la violenza di genere è una violazione dei diritti umani e la sua lotta richiede un'azione concertata a livello internazionale. Il sostegno agli standard internazionali, come la Convenzione delle Nazioni Unite sull'eliminazione di tutte le forme di discriminazione contro le donne (CEDAW), e altri strumenti regionali e internazionali, nonché il sostegno alla legislazione internazionale per proteggere i diritti delle vittime della violenza di genere, svolgono un ruolo importante ruolo importante nel rafforzare la protezione delle vittime e nella lotta all'impunità.

Sostenere gli standard e la legislazione internazionale per combattere la violenza di genere è fondamentale per garantire che i diritti delle vittime siano tutelati e che gli autori dei reati siano ritenuti responsabili. La violenza di genere è una violazione dei diritti umani e superarla richiede sforzi non solo nazionali ma anche internazionali per creare meccanismi di protezione efficaci.

Un aspetto importante del sostegno agli standard internazionali è la ratifica e l'applicazione di convenzioni e trattati pertinenti, come la Convenzione delle Nazioni Unite sull'eliminazione di tutte le forme di discriminazione contro le donne (CEDAW), la Convenzione del Consiglio d'Europa sulla prevenzione e la lotta alla violenza contro le donne e Violenza domestica, così come una serie di altri strumenti internazionali. Questi documenti contengono norme e principi importanti volti a proteggere i diritti delle vittime e a prevenire la violenza di genere. Il sostegno a questi standard garantisce la creazione di un approccio internazionale comune alla lotta alla violenza e rafforza le basi per lo sviluppo di politiche e leggi nazionali.

Inoltre, anche il rispetto della legislazione internazionale svolge un ruolo importante nel garantire la giustizia e assicurare i colpevoli alla giustizia. Le leggi e gli accordi internazionali stabiliscono standard e principi che gli Stati sono tenuti a rispettare, nonché meccanismi per indagare sulle violazioni e punire i responsabili. Il sostegno a queste norme e meccanismi internazionali contribuisce a ridurre l'impunità e a rafforzare la fiducia del pubblico nel sistema legale.

Per le vittime di violenza di genere, soprattutto per quelle che sono sensibili e timorose nei confronti dell'aggressore, sapere che esistono standard e leggi internazionali per proteggere i loro diritti può essere fonte di speranza e sostegno. Ciò dimostra che il problema della violenza di genere è riconosciuto a livello globale e che esiste una comunità internazionale pronta a sostenerle nella lotta per la giustizia e la protezione.

Un'efficace cooperazione e coordinamento internazionale riunisce gli sforzi di diversi paesi e organizzazioni nella lotta contro la violenza di genere, garantendo una risposta più efficace e coordinata a questo problema.

$$\diamond\cdot\diamond\cdot\diamond\cdot\diamond\cdot\diamond\cdot\diamond\cdot\diamond\cdot\diamond\cdot\diamond\cdot\diamond\cdot\diamond\cdot\diamond\cdot\diamond\cdot\diamond\cdot\diamond$$

Parte 5:
Prevenire e contrastare la violenza di genere

Capitolo 18.
Come smettere di essere una vittima. Non la tradizionale reinvenzione di sé.

In precedenza, abbiamo esaminato l'argomento e deciso che gli esseri umani, come specie, hanno il potenziale per compiere gli atti più terribili, spietati e crudeli su questo pianeta. Questa affermazione può provocare reazioni diverse, ma dovrebbe suscitare la necessità di ripensare il nostro atteggiamento nei confronti dell'umanità.

Cosa ci fa considerare una persona una creatura così crudele e spietata? Forse è la sua storia, piena di guerre, conflitti e violenza. Forse è la sua capacità di distruggere l'ambiente e altri esseri viventi. O forse si tratta di una capacità e di un desiderio geneticamente assegnati nel subconscio di una persona di infliggere sofferenze ai suoi simili, per cui c'è sempre una ragione, sia a causa delle differenze di fede, razza, politica o altri fattori. Per trovare ragioni per vedere abbastanza e cercare di distruggere qualcuno come se stesso, una persona a volte non cerca nemmeno ragioni, ma sceglie una vittima dal suo ambiente. Ma qui questa scelta ricade sempre su chi è fisicamente o mentalmente più debole.

Si può dire che dentro ogni persona c'è anche il potenziale per la compassione, la gentilezza e uno stato di giustizia. L'umanità ha creato numerosi enti di beneficenza, programmi di aiuto e progressi scientifici e medici che aiutano a migliorare la vita di milioni di persone.

Ma ditemi, tutti questi enti di beneficenza stanno indirizzando i loro sforzi verso cosa? Ti risponderò: per la protezione di coloro che hanno sofferto a causa di altre persone, di coloro che sono diventati vittime. Che si tratti della popolazione economicamente insicura, con i ricchi che succhiano la ricchezza dei poveri, distruggendo posti di lavoro o facendo salire i prezzi. Chi fa tutto questo? Esatto, un'altra persona che è un aggressore diretto. Ma qui la maggior parte di noi dipende direttamente da loro e nella maggior parte dei casi non possiamo fare nulla in risposta. Questi aggressori governano il mondo e hanno creato leggi per proteggerli.

Ma non bisogna dimenticare che ci sono anche altre vittime che hanno subito danni fisici diretti da altre persone. E qui va notato che sono stati creati centri di assistenza alle vittime, talvolta a livello statale. Ma qui dovremmo prestare attenzione alla domanda se queste organizzazioni possono aiutare pienamente le vittime? In molti casi sì, queste organizzazioni aiutano a far fronte all'aggressore e forse ricevono anche un risarcimento. Ma ti assicuro che chi è stato vittima lo diventerà di nuovo se non sconfiggerà da solo l'aggressore. Nel 60% dei casi le ex vittime subiscono nuovamente aggressioni da parte di altri aggressori e nella metà dei casi anche dallo stesso aggressore. Ma questa volta l'aggressione può già avere risultati letali, poiché in molti casi l'aggressore non permette alla vittima di chiedere aiuto, in questo caso uccidendo la sua vittima.

È anche molto importante capire che i tuoi aggressori sono persone proprio come te. Le persone sul pianeta condividono gli stessi tratti fondamentali della natura umana e le differenze tra loro, sebbene significative sotto alcuni aspetti, sono in definitiva minori. Le caratteristiche fisiologiche e psicologiche possono determinare il comportamento di una persona, ma non rendono nessuna persona più preziosa o inferiore alle altre.

È importante rendersi conto che qualsiasi differenza tra noi è creata dalla società e dalla cultura e non dovrebbe definire la nostra autostima o le relazioni con gli altri. Riconsiderare il tuo atteggiamento verso te stesso e gli altri può aiutarti a iniziare il processo di cambiamento della tua percezione mentale della situazione e della tua personalità nel suo complesso.

Cioè, anche tu sei una persona proprio come loro. Capisci questo? Capisci che tutte le persone sul pianeta sono uguali e si differenziano solo per un piccolo insieme di fattori che includono differenze fisiologiche e psicologiche. E allo stesso tempo non sono affatto grandi. Queste differenze influenzano naturalmente il comportamento di una persona e il modo in cui trascorrerà tutta la sua vita.

Capire che tu e il tuo aggressore siete uguali in tutti i fattori tranne due è importante come ispirazione per te. Pensaci: hai tutte le stesse qualità umane del tuo aggressore. Hai il diritto ai tuoi pensieri, sentimenti e desideri, proprio come fa lui o lei. Questa comprensione può essere la chiave per liberarti dall'essere una vittima.

E se adesso stai leggendo questo, vuol dire che qualcosa si sta muovendo in te, qualcosa sta cambiando. Forse è il desiderio di non rimanere nel ruolo di vittima. Questo è un ottimo primo passo. Ma non fermarti qui. Più profondamente, da qualche parte dentro di te, nel tuo subconscio, forse anche inconsciamente, senti questo desiderio di cambiamento. Questo è il desiderio di cambiare il tuo mondo interiore, di riconsiderare il tuo atteggiamento verso te stesso e il mondo che ti circonda.

Ora immagina di poter cambiare il tuo ruolo psicologico, la tua autostima, il tuo modo di pensare. Immagina come questo cambiamento potrebbe avere un impatto su ogni aspetto della tua vita. Puoi diventare più sicuro, forte, deciso. Potresti iniziare a vedere il mondo da una prospettiva diversa e più positiva. Puoi liberarti dalle catene della paura e della negatività che ti hanno tenuto in un circolo vizioso per molto tempo.

Questo fattore psicologico è la chiave per il cambiamento. Questo è il tuo tesoro interiore che può cambiare il tuo mondo. Non aver paura di lui, accoglilo. Consenti a te stesso di abbracciarlo e implementarlo nella tua vita. Non è difficile, è semplice. Ma questo è incredibilmente importante. Questa è la tua occasione. Il tuo tempo. Da non perdere.

Approfondiamo questo secondo fattore. Pensa alla tua condizione fisica. Forse ti senti vulnerabile, non abbastanza forte per proteggerti. Questo accade spesso dopo aver subito violenza di genere, che può lasciarti cicatrici non solo emotivamente ma anche fisicamente. Potresti sentire che il tuo corpo non è pronto a resistere, a proteggersi da un aggressore.

Ma se stai leggendo questo libro, significa che hai il desiderio di cambiare la situazione. Vuoi che il tuo aspetto fisico rifletta la tua forza interiore e la tua sicurezza. È possibile. Non è così difficile come sembra. Ma richiederà comunque impegno e tempo. Sì, capisco che tu voglia ottenere risultati subito, ma questo non è possibile. Hai passato anni a imparare a essere una vittima e ti ci vorrà del tempo per smettere di esserlo. Ma ho una buona notizia, non dovrai impiegarci anni, posso anche darti un lasso di tempo entro il quale se segui le mie istruzioni smetterai di essere una vittima, questo va da tre mesi a un anno. Tutto dipende dalla tua condizione e anche da quanto ti arrendi al processo di ricostruzione di te stesso, della tua coscienza e del tuo corpo, in una personalità diversa.

Chiamiamo fisiologico il secondo fattore. È il tuo corpo, la tua forma fisica, che puoi cambiare per diventare più forte, più pronto a difenderti. Potrebbe trattarsi di sport, fitness, arti marziali, qualcosa che ti aiuterà a rafforzare il tuo corpo e ad aumentare il tuo livello di fiducia in te stesso.

Potrebbe trattarsi di sport, fitness, arti marziali, qualcosa che ti aiuterà a rafforzare il tuo corpo e ad aumentare il tuo livello di fiducia in te stesso. Vediamolo più in dettaglio per capire da dove cominciare e cosa è adatto a chi.

Ma ricorda che questo è un processo. Questa non è una soluzione immediata al problema. Ma ogni passo, ogni esercizio, ogni allenamento ti avvicina al tuo obiettivo: essere forte e sicuro di te. Non dovresti aver paura di dedicarci tempo e impegno. Alla fine, è in gioco la tua salute, la tua forza, la tua vita. Decidi di non essere mai più una vittima.

Diamo un'occhiata ai risultati della modifica di questi due fattori. Immagina come il tuo nuovo stato mentale e fisico cambierà la tua situazione. Non sarai mai più una vittima. Non sarai solo una persona normale, ma anche una persona dotata di forza, fiducia e determinazione. Questo ti libererà dalle catene della violenza di genere e della violenza contro di te e ti consentirà di raggiungere il tuo potenziale.

E non solo questo. Forse, se lo desideri, puoi anche diventare un difensore degli altri contro la violenza di genere. Potrai usare la tua esperienza e la tua forza per sostenere chi si trova in una situazione simile. Il tuo desiderio di proteggere gli altri sarà un segno della tua trasformazione interiore, della tua crescita e forza.

Ma ricorda che è una tua scelta. Il tuo desiderio di cambiare te stesso e il tuo mondo. Nessuno può farlo per te. Questo è il tuo percorso verso la libertà dalla violenza di genere e verso una vita nuova, più forte e più sicura. Naturalmente, essendo stata una vittima per così tanti anni, il percorso verso questo potrebbe non essere facile. Richiederà impegno, determinazione e tempo da parte tua. Ma ogni passo, ogni sforzo ti avvicinerà al tuo obiettivo.

Parliamo del primo fattore, che forse è il meno difficile da modificare, ma che allo stesso tempo gioca un ruolo importante nel processo di superamento della violenza di genere. È una consapevolezza della propria dignità umana e dell'uguaglianza con i propri delinquenti.

Sì, sei un essere umano, proprio come il tuo aggressore. Gli stessi organi, ossa, cervello, pelle ti appartengono. Indipendentemente dalle tue dimensioni fisiche o dal tuo aspetto, sei assolutamente uguale al tuo aggressore in quasi ogni aspetto. La cosa importante da capire qui è che il tuo sé interiore non è meno prezioso e potente di quello di chiunque altro.

Forse in passato la tua educazione o le circostanze ti hanno fatto sentire meno importante o vulnerabile. O semplicemente non essere preparato per la vita reale, che è piena di crudeltà di cui non sapevi nemmeno. Ma non deve necessariamente determinare il tuo futuro. Rompere questa illusione di un mondo "giusto ed eguale" nella tua mente, creata nel corso degli anni della tua vita, è un passo importante verso la liberazione dal ruolo di vittima.

Credi in te stesso. Credi di essere forte e capace di cambiare la tua vita. Fai questo primo passo verso la comprensione di te stesso e il rispetto di te stesso. Perché quando credi in te stesso, quando realizzi il tuo valore, apri la porta a nuove opportunità e alla libertà dalla paura e dall'umiliazione.

Affinché tutto funzioni secondo il nostro piano, entrambi i fattori devono funzionare e cambiare contemporaneamente. Quando consideriamo i consigli pratici, torneremo e riconsidereremo costantemente entrambi i fattori come un unico insieme che non può esistere separatamente.

✦ · ✦ · ✦ · ✦ · ✦ · ✦ · ✦ · ✦ · ✦ · ✦ · ✦ · ✦ · ✦ · ✦ · ✦

Capitolo 19.
Armonia di due fattori. Cosa scegliere per te stesso.

Prepararsi a resistere all'aggressione richiede non solo il rafforzamento del corpo fisico, ma anche il ripensamento del proprio stato mentale. Non si tratta di un percorso facile, ma di un passo importante verso la liberazione dal ruoló di vittima.

La scelta dell'attività sportiva gioca un ruolo fondamentale in questo processo. Esistono molti sport, ognuno dei quali può essere uno strumento per sviluppare forza fisica, coordinazione e sicurezza. Tuttavia, non tutti gli sport sono adatti per insegnare l'autodifesa e la risposta rapida in situazioni critiche.

L'allenamento nelle arti marziali, ad esempio, non solo può migliorare la tua forma fisica, ma anche insegnarti tecniche di difesa efficaci. Sviluppano non solo il corpo, ma anche la mente, tenendo conto della tattica e della strategia. È importante scegliere uno sport che ti aiuti non solo a diventare più forte, ma anche a imparare a prendere decisioni in situazioni stressanti.

Inoltre, la preparazione per resistere all'aggressione dovrebbe includere il lavoro sugli aspetti psicologici. Le vittime di violenza di genere spesso provano sentimenti di impotenza, paura e mancanza di autostima. Oltre alla formazione, è importante chiedere il sostegno di uno psicologo o formatore specializzato nel lavoro con le vittime di violenza. Ciò ti aiuterà non solo a superare il trauma, ma anche a riformulare la tua situazione, acquisire sicurezza e imparare come rispondere efficacemente all'aggressività.

È importante ricordare che prepararsi a resistere all'aggressione è un processo che richiede tempo, pazienza e il costante sviluppo delle capacità sia fisiche che psicologiche. Devi essere preparato al fatto che il cambiamento può richiedere tempo, ma ogni passo lungo il percorso ti avvicina a liberarti dall'essere una vittima e ad acquisire il controllo sulla tua vita.

In questa sezione approfondiremo il mondo dello sport, che può diventare il tuo affidabile alleato nella lotta contro l'aggressività. Esploriamo diversi percorsi unici che ti apriranno la strada verso la forza fisica e mentale, rendendoti capace di sfidare il tuo aggressore.

Immagina che ogni mossa che fai possa essere piena di grazia e forza, di avere una fiducia che si diffonde dall'interno verso l'esterno. E questi non sono sogni, ma una realtà realizzabile attraverso lo sport. Ecco perché ti suggerisco di intraprendere il percorso di auto-miglioramento attraverso le attività sportive.

Scegliere lo sport giusto è fondamentale. Ho selezionato solo alcuni tipi di sport e te li ho offerti per attirare la tua attenzione su quei tipi che sono facilmente padroneggiabili e disponibili in ogni angolo del mondo. Dopotutto, il nostro obiettivo è darti gli strumenti per resistere efficacemente all'aggressore nel più breve tempo possibile.

Inoltre, questi tipi di formazione sono ottimi perché hanno ampliato le capacità di formazione online e molti tutorial video su YouTube. Oggi sono disponibili online numerosi tutorial e risorse video che ti consentono di iniziare oggi stesso il tuo percorso di trasformazione, direttamente a casa. Questa è un'opportunità non solo per rafforzare il tuo corpo, ma anche per cambiare idea, acquisire sicurezza e cambiare te stesso.

La cosa principale da ricordare è che ogni passo che fai in questa direzione ti avvicina al tuo obiettivo. E anche se non hai la possibilità di studiare con un allenatore in una società sportiva, e comprendiamo naturalmente che lo studio autonomo non sostituisce la formazione professionale, ma in alcune situazioni può essere un'alternativa del tutto degna e diventare la tua salvezza. Hai una piena opportunità di prendere il controllo della tua vita a partire da oggi, e in pochi mesi sarai in grado di essere pienamente preparato a dare un degno rifiuto all'aggressore e ad ogni sfida che la vita ti lancia.

Diamo un'occhiata a diversi sport popolari che possono essere praticati in quasi ogni parte del mondo e che possono essere appresi in tempi relativamente brevi per aiutare una vittima di violenza di genere:

1. Boxe: la boxe è uno sport che aiuta a sviluppare forza, resistenza, coordinazione e autocontrollo. Padroneggiare le tecniche di boxe di base può aiutare una vittima a imparare a difendersi e a combattere un aggressore.

La boxe non è solo uno sport, è uno strumento che può cambiare non solo il tuo aspetto fisico, ma anche il tuo stato mentale. Non è un caso che sia considerato uno dei modi più efficaci per aiutare le vittime della violenza di genere.

Il fattore positivo è che la boxe richiede che tu sia completamente concentrato e in controllo. Nel processo di formazione impari a gestire le tue emozioni, a sviluppare l'autodisciplina e a rafforzare l'autocontrollo. Queste competenze sono estremamente importanti per le vittime di violenza di genere, poiché aiutano non solo a controllare le proprie emozioni in situazioni di conflitto, ma anche a prendere decisioni informate nei momenti critici.

Inoltre, la boxe sviluppa forza fisica, resistenza e coordinazione. Ciò non solo migliora la tua forma fisica, ma ti dà anche fiducia nelle tue capacità. Le vittime di violenza di genere, avendo appreso le tecniche base di boxe, possono sentirsi più sicure e preparate ad affrontare l'aggressore.

Uno dei punti chiave della boxe è lo sviluppo delle capacità di autodifesa. Impari non solo colpi e parate, ma anche strategie per schivare gli attacchi. Questo ti rende più competente e preparato per le situazioni della vita reale per strada o a scuola in cui possono sorgere conflitti.

Pertanto, la boxe non è solo una disciplina sportiva, ma un intero insieme di strumenti che possono cambiare il tuo stile di vita e aiutarti a smettere di essere una vittima. Allena non solo il tuo corpo, ma anche la tua mente, rendendoti una persona forte e sicura di sé, in grado di reagire contro un aggressore e difendersi.

Inoltre, va tenuto presente che la boxe, oltre all'allenamento fisico, promuove anche lo sviluppo delle capacità psicologiche necessarie per contrastare efficacemente l'aggressività.

In primo luogo, un allenamento regolare di boxe aiuta a migliorare l'autostima e la fiducia in se stessi di una vittima di violenza di genere. Il senso di forza e di fiducia nelle proprie capacità acquisito superando le barriere fisiche e psicologiche nella boxe aiuta la vittima a realizzare il proprio valore e la propria importanza.

In secondo luogo, l'allenamento di boxe insegna alla vittima a controllare le sue reazioni a situazioni stressanti. Nella boxe si impara non solo ad affrontare le sfide fisiche, ma anche a controllare le proprie emozioni, mantenendo il sangue freddo nelle situazioni critiche. Ciò è particolarmente importante per coloro che subiscono violenza di genere, poiché la capacità di mantenere la calma può aiutare a evitare conflitti e un'escalation di violenza.

La boxe aiuta anche la vittima della violenza di genere a sviluppare pensiero strategico e pianificazione. Durante il processo di allenamento impari ad analizzare le situazioni, prevedere le azioni del tuo avversario e sviluppare strategie di contromossa efficaci. Queste abilità possono essere applicate non solo sul ring, ma anche nella vita di tutti i giorni, aiutando la vittima a prendere decisioni intelligenti e ad agire nel suo migliore interesse.

Pertanto, la boxe non solo rafforza il corpo fisico, ma sviluppa anche le capacità psicologiche necessarie per difendersi efficacemente dalla violenza di genere. Dato l'approccio olistico di questo sport, è uno dei mezzi più efficaci per aiutare le vittime della violenza di genere nel loro percorso verso l'auto-responsabilizzazione e la protezione.

La boxe è un tipo di arte marziale in cui le armi principali sono solo le mani. Le gare di boxe si svolgono su un ring speciale dove due pugili combattono tra loro usando solo pugni. L'obiettivo della boxe è sferrare quanti più pugni possibile al tuo avversario evitando il contatto con i suoi pugni.

Nella boxe, viene prestata molta attenzione alla tecnica dei pugni: dritto, gancio, montante e altri. Altri elementi importanti della boxe sono la difesa e la schivata dei colpi dell'avversario. L'allenamento di boxe aiuta a sviluppare velocità, forza, resistenza e tempo di reazione, oltre a migliorare la forma fisica e la coordinazione.

2. Kickboxing: il kickboxing combina elementi della boxe e varie tecniche di calcio. Aiuta a sviluppare forza, coordinazione e fiducia in se stessi.

La kickboxing non è solo uno sport, è uno stile di vita che può essere un potente strumento per le vittime di violenza di genere nel loro percorso verso l'auto-miglioramento e la protezione. Scopriamo come questo sport può aiutarti a smettere di essere una vittima e a combattere l'aggressore.

Innanzitutto, la kickboxing offre un allenamento completo che include sia elementi di boxe che varie tecniche di calcio. Ciò significa che hai l'opportunità di sviluppare non solo la forza e la coordinazione delle tue braccia, ma anche delle tue gambe, rendendoti più versatile e pronto per una varietà di situazioni. Questa varietà di formazione consente alle vittime di violenza di genere di acquisire competenze che le aiuteranno ad affrontare efficacemente una varietà di tipi di aggressione.

In secondo luogo, la kickboxing aiuta a sviluppare la fiducia in se stessi. L'allenamento costante, il miglioramento graduale della tecnica e il raggiungimento di nuovi obiettivi creano un senso di progresso e autostima. Ciò è particolarmente importante per le vittime di violenza di genere, che spesso soffrono di scarsa autostima e scarsa fiducia. La fiducia in se stessi li aiuterà a sentirsi più sicuri e pronti a difendersi da un aggressore.

Inoltre, la kickboxing insegna strategie di autodifesa alla vittima di violenza di genere. Durante l'allenamento impari non solo ad attaccare in modo efficace, ma anche a ritirarti e difenderti dagli attacchi. Ciò aiuta la vittima di violenza di genere ad apprendere competenze che possono essere utili in situazioni di vita reale per strada o a scuola dove possono sorgere conflitti.

Pertanto, il kickboxing non è solo uno sport, è un insieme di strumenti che possono cambiare la vita di una vittima di violenza di genere. Insegna non solo la forza fisica, ma anche la fiducia in se stessi, il pensiero strategico e le capacità di autodifesa, rendendoli più forti e più capaci di reagire contro un aggressore.

Oltre a questi benefici, la kickboxing promuove anche il benessere emotivo e la gestione dello stress nelle vittime di violenza di genere. Durante l'allenamento vengono rilasciate endorfine, gli ormoni della felicità, che aiutano a migliorare l'umore e a ridurre lo stress e l'ansia. Ciò è particolarmente importante per coloro che soffrono degli effetti psicologici della violenza di genere, come depressione, ansia o disturbo da stress post-traumatico.

Inoltre, l'allenamento di kickboxing può diventare una sorta di canale per l'espressione di emozioni negative e aggressività. Invece di reprimere le proprie emozioni, le vittime di violenza di genere possono usare l'esercizio come un modo per liberare sentimenti ed energia negativi. Questo li aiuta non solo ad affrontare il disagio emotivo, ma anche a sviluppare modi più sani di rispondere alle situazioni stressanti.

Inoltre, il kickboxing può essere un potente strumento per costruire connessioni sociali e supporto. La partecipazione alla formazione di gruppo crea l'opportunità di incontrare persone che hanno esperienze o interessi simili e di sostenersi a vicenda nel raggiungimento di obiettivi comuni. Ciò aiuta le vittime di violenza di genere a sentirsi parte di una comunità e a ricevere ulteriore sostegno nel loro percorso verso il miglioramento personale.

Pertanto, la kickboxing non è solo un mezzo di allenamento fisico, ma anche un potente strumento per migliorare il benessere psicologico e l'adattamento sociale delle vittime della violenza di genere. Li aiuta non solo a diventare più forti e più sicuri di sé, ma anche a imparare a gestire efficacemente le emozioni negative e lo stress, creando le basi per una vita sana e felice.

Kickboxin combina elementi di boxe e tecniche di calcio. Oltre ai pugni, nel kickboxing vengono utilizzati anche i calci, il che rende questo sport più vario e dinamico. La kickboxing consente diversi tipi di pugni: bassi, medi e alti, che consentono ai combattenti di attaccare diverse aree del corpo dell'avversario.

L'allenamento di kickboxing comprende anche il lavoro sulla tecnica di colpo, difesa, schivata e forma fisica. Inoltre, la kickboxing aiuta a sviluppare flessibilità, forza delle gambe e resistenza. A differenza della boxe, la kickboxing permette di utilizzare non solo le braccia, ma anche le gambe in combattimento, il che la rende più versatile ed efficace in varie situazioni.

3. Karate: il karate è un'arte marziale che insegna tecniche di parata, colpo e difesa. Aiuta anche a sviluppare la concentrazione e l'autodisciplina.

Il karate non è solo un metodo di difesa, ma anche una filosofia di vita che può aiutare le vittime di violenza di genere a cambiare sia fisicamente che mentalmente. Diamo un'occhiata a come questo sport può aiutarti a smettere di essere una vittima e ad acquisire le capacità per combattere un aggressore.

Innanzitutto, il karate insegna tecniche di autodifesa, comprese le tecniche di blocco, colpo e difesa. Queste competenze consentono alle vittime di violenza di genere di difendersi efficacemente quando vengono attaccate, aumentando la loro autostima e la capacità di reagire contro l'aggressore. L'allenamento regolare di karate aiuta a rafforzare queste abilità e a instillare i riflessi, che è importante per reazioni rapide e adeguate in situazioni di stress.

In secondo luogo, il karate aiuta a sviluppare la concentrazione e l'autodisciplina. Attraverso la formazione, gli studenti imparano a controllare i propri pensieri e le proprie emozioni, il che li aiuta a concentrarsi su un compito e a prendere decisioni ponderate. Queste competenze sono particolarmente importanti per le vittime di violenza di genere, poiché le aiutano a mantenere la calma e a rispondere in modo razionale alle pressioni e alle minacce.

Inoltre, il karate insegna il rispetto per se stessi e per gli altri, che contribuisce alla formazione di un atteggiamento positivo verso se stessi e ad una maggiore autostima. Ciò è particolarmente importante per le vittime di violenza di genere, che potrebbero soffrire di sentimenti di inferiorità e di un'immagine negativa di sé. La fiducia in se stessi e il rispetto per i propri confini li aiutano a diventare meno vulnerabili agli aggressori e a reagire quando necessario.

Pertanto, il karate fornisce un potente strumento per aiutare le vittime della violenza di genere nel loro viaggio verso l'auto-miglioramento e la protezione. Non solo insegna tecniche di difesa personale, ma promuove anche la concentrazione, l'autodisciplina e il rispetto di sé, rendendolo uno strumento efficace per combattere l'aggressività e sviluppare una personalità positiva.

Inoltre, va tenuto presente che il karate, oltre all'allenamento fisico, aiuta anche a sviluppare la forza interiore e la fiducia in se stessi nelle vittime di violenza di genere. L'allenamento costante in questo sport aiuta a rafforzare gli aspetti spirituali e psicologici dell'individuo, cosa non meno importante per un'efficace resistenza all'aggressore.

Il karate insegna alle vittime di violenza di genere non solo a difendersi fisicamente, ma anche a trovare forza interiore e pace dentro di sé. Nel processo di formazione, imparano a controllare le proprie emozioni, a trovare l'armonia interiore e a bilanciare il proprio mondo interiore. Ciò le aiuta non solo ad affrontare le conseguenze negative della violenza di genere, ma anche a sviluppare un carattere forte e resiliente che non soccombe all'influenza degli aggressori.

Inoltre, il karate insegna alle vittime della violenza di genere i principi di moralità ed etica, aiutandole a prendere le giuste decisioni in situazioni difficili. Imparano a rispettare i rivali, anche se aggressivi, e a trovare soluzioni pacifiche ai conflitti. Queste competenze le aiutano non solo a proteggersi dalla violenza di genere, ma anche a evitare i conflitti e a trovare soluzioni pacifiche ai problemi.

Il karate quindi non è solo una disciplina fisica, ma anche una filosofia di vita in grado di cambiare il mondo interiore ed esteriore delle vittime della violenza di genere. Insegna loro non solo a difendersi dalle aggressioni, ma anche a sviluppare forza interiore, fiducia e saggezza, che li rendono irremovibili e pronti a superare qualsiasi sfida che la vita pone loro.

Anche il Karate e il Taekwondo sono arti marziali, ma hanno radici e metodi diversi. Il Karate, originario del Giappone, si concentra spesso su tecniche di colpi e parate, mentre il Taekwondo, originario della Corea, è specializzato nelle tecniche di calci.

Karate e Taekwondo sono entrambe antiche arti marziali orientali che si sono sviluppate in contesti culturali e storici diversi, conferendo loro caratteristiche uniche.

Il karate è un'arte marziale giapponese sviluppatasi sull'isola di Okinawa. La base del karate sono le tecniche di pugni, calci e parate. Nel karate, l'attenzione è rivolta non solo alla tecnica del colpo, ma anche allo sviluppo interno del combattente, alla sua forza mentale e agli aspetti spirituali. Il karate è un efficace sistema di autodifesa che insegna al combattente a controllare la forza e ad usarla per scopi difensivi.

Il Taekwondo è un'arte marziale coreana che si concentra sulle tecniche dei calci. Questo sport è famoso per i suoi calci alti e potenti, che possono essere sferrati sia con potenza che con movimenti veloci. Il Taekwondo comprende anche vari elementi di punzonatura, blocco e difesa. Tuttavia, ciò che lo rende unico è che si concentra specificamente sulle tecniche di calcio, rendendolo una scelta eccellente per coloro che desiderano sviluppare la forza e la flessibilità degli arti inferiori.

Quindi, sebbene sia il Karate che il Taekwondo siano forme efficaci di autodifesa, hanno le loro caratteristiche che possono attrarre persone diverse a seconda delle loro preferenze e obiettivi. Il karate, con la sua attenzione ai pugni e allo sviluppo interno, può essere adatto a coloro che vogliono sviluppare la coordinazione e gli aspetti spirituali delle arti marziali. Mentre il Taekwondo, con la sua enfasi sui calci e sulla resistenza, può essere preferibile per coloro che desiderano migliorare la propria flessibilità e abilità nei calci.

4. Taekwondo: Il Taekwondo è un'arte marziale coreana che include tecniche di calci e pugni. Aiuta a migliorare la coordinazione, la flessibilità e la resistenza.

Karate e Taekwondo sono entrambe antiche arti marziali orientali che si sono sviluppate in contesti culturali e storici diversi, conferendo loro caratteristiche uniche.

Il karate è un'arte marziale giapponese sviluppatasi sull'isola di Okinawa. La base del karate sono le tecniche di pugni, calci e parate. Nel karate, l'attenzione è rivolta non solo alla tecnica del colpo, ma anche allo sviluppo interno del combattente, alla sua forza mentale e agli aspetti spirituali. Il karate è un efficace sistema di autodifesa che insegna al combattente a controllare la forza e ad usarla per scopi difensivi.

Il Taekwondo è un'arte marziale coreana che si concentra sulle tecniche dei calci. Questo sport è famoso per i suoi calci alti e potenti, che possono essere sferrati sia con potenza che con movimenti veloci. Il

Taekwondo comprende anche vari elementi di punzonatura, blocco e difesa. Tuttavia, ciò che lo rende unico è che si concentra specificamente sulle tecniche di calcio, rendendolo una scelta eccellente per coloro che desiderano sviluppare la forza e la flessibilità degli arti inferiori.

Quindi, sebbene sia il Karate che il Taekwondo siano forme efficaci di autodifesa, hanno le loro caratteristiche che possono attrarre persone diverse a seconda delle loro preferenze e obiettivi. Il karate, con la sua attenzione ai pugni e allo sviluppo interno, può essere adatto a coloro che vogliono sviluppare la coordinazione e gli aspetti spirituali delle arti marziali. Mentre il Taekwondo, con la sua enfasi sui calci e sulla resistenza, può essere preferibile per coloro che desiderano migliorare la propria flessibilità e abilità nei calci.

Il Taekwondo non è solo un'arte marziale, ma anche un percorso di auto-miglioramento che può rendere una vittima di violenza di genere più forte e più sicura di sé. Diamo un'occhiata a come questo sport può aiutare una vittima di violenza di genere a smettere di essere una vittima e a combattere l'aggressore.

Innanzitutto, il Taekwondo insegna tecniche efficaci di autodifesa, inclusi calci e pugni. Queste tecniche consentono alle vittime di violenza di genere di rispondere in modo rapido ed efficace agli attacchi, consentendo loro di proteggere se stesse e i propri confini. L'allenamento regolare nel taekwondo migliora la coordinazione e sviluppa i riflessi, necessari per un'autodifesa efficace in situazioni reali.

In secondo luogo, il taekwondo aiuta a sviluppare la forza mentale e la fiducia in se stessi nelle vittime di violenza di genere. Durante il processo di formazione, imparano a superare le proprie paure e dubbi, nonché a sviluppare il pensiero positivo e la fiducia in se stessi. Questo li aiuta a credere in se stessi e nelle proprie capacità, il che li rende meno vulnerabili ai bulli e li aiuta a sviluppare un'immagine di sé positiva.

Il Taekwondo insegna anche alle vittime della violenza di genere la disciplina e l'autocontrollo. Attraverso la formazione, imparano a controllare le proprie emozioni e a rispondere alle situazioni stressanti con compostezza. Questo li aiuta non solo ad affrontare le emozioni negative, ma anche a prendere decisioni ponderate in situazioni difficili, il che è un aspetto importante per contrastare l'aggressività.

Il taekwondo, quindi, non è solo una disciplina sportiva, ma anche un percorso di crescita personale e di protezione dalla violenza di genere. Insegna tecniche efficaci di autodifesa, rafforza la forza mentale e la fiducia in se stessi e sviluppa la disciplina e l'autocontrollo. Queste competenze rendono le vittime della violenza di genere più forti e più capaci di affrontare le sfide che la vita pone loro e di reagire contro l'aggressore.

Inoltre, il taekwondo aiuta anche le vittime di violenza di genere a sviluppare atteggiamenti rispettosi e tolleranti verso gli altri. Attraverso la formazione, imparano a rispettare i loro allenatori, i compagni di allenamento e gli altri partecipanti, il che sviluppa un atteggiamento rispettoso e aperto nei confronti delle persone in generale. Queste abilità li aiutano a comprendere meglio le motivazioni del comportamento degli altri e a trovare un terreno comune, il che è importante per creare relazioni positive e superare i conflitti.

Inoltre, il Taekwondo promuove la salute fisica e il benessere delle vittime della violenza di genere. L'allenamento regolare aiuta a migliorare la forma fisica, la resistenza, la flessibilità e la forza generale. Questo li aiuta non solo a essere preparati allo scontro fisico, ma anche a migliorare il loro benessere e la fiducia in se stessi.

Vale anche la pena notare che il Taekwondo insegna alle vittime della violenza di genere principi di etica e moralità, che sono importanti per lo sviluppo del carattere e dei valori. Durante il processo di formazione, imparano ad essere responsabili, onesti ed equi, il che li aiuta a sviluppare qualità di leadership e a prendere le giuste decisioni nella vita.

Pertanto, il taekwondo non è solo una disciplina sportiva, ma anche un intero stile di vita che promuove lo sviluppo della salute fisica e mentale, la formazione di un atteggiamento rispettoso e tollerante verso gli altri, nonché i principi di etica e moralità. Questi aspetti lo rendono uno strumento efficace per aiutare le vittime di violenza di genere a superare le difficoltà e raggiungere la crescita personale.

4. Judo: il Judo è un'arte marziale giapponese che si concentra su tecniche di lancio e presa. Questo può essere un modo efficace per proteggersi e controllare la situazione.

Il Judo non è solo un'arte marziale, ma anche una filosofia in grado di trasformare le vittime della violenza di genere, aiutandole a diventare più forti sia fisicamente che mentalmente. Diamo un'occhiata a come questo sport può aiutare una vittima di violenza di genere a smettere di essere una vittima e a combattere l'aggressore.

Innanzitutto, il judo insegna tecniche di proiezione e presa che possono essere efficaci nella difesa dagli attacchi. Queste tecniche consentono alle vittime di violenza di genere di controllare la situazione e proteggersi in caso di influenza aggressiva. L'allenamento regolare del judo migliora la coordinazione, la forza e la flessibilità, rendendo la vittima più preparata allo scontro fisico.

In secondo luogo, il judo insegna l'autocontrollo e la gestione delle proprie emozioni. Attraverso la formazione, le vittime di violenza di genere imparano a mantenere la calma e a prendere decisioni informate in situazioni stressanti. Questo li aiuta a evitare scoppi emotivi e l'escalation dei conflitti, che è un aspetto importante nel contrastare l'aggressività.

Inoltre, il judo promuove lo sviluppo di qualità spirituali come rispetto, tolleranza e moderazione. Le vittime della violenza di genere imparano a rispettare i loro rivali e oppositori, anche se aggressivi, e a trovare soluzioni pacifiche ai conflitti. Queste abilità li aiutano a diventare più sicuri e indipendenti nelle loro interazioni con gli altri, il che rafforza la loro posizione e li rende meno vulnerabili ai bulli.

Il judo, quindi, non è solo una disciplina sportiva, ma anche un percorso di crescita personale e di protezione dalla violenza di genere. Insegna alle vittime della violenza di genere non solo l'allenamento fisico, ma anche come gestire le emozioni, sviluppare qualità spirituali e rafforzare l'autostima. Queste abilità li rendono più sicuri e capaci di affrontare le sfide che la vita lancia loro e di combattere un aggressore.

Oltre a questi benefici, il judo aiuta anche le vittime di violenza di genere a sviluppare importanti abilità di vita che possono essere utili in vari ambiti della loro vita.

Il judo insegna alle vittime della violenza di genere il pensiero strategico e la pianificazione. Durante l'allenamento imparano ad analizzare la situazione, ad anticipare le azioni dell'avversario e a sviluppare strategie di risposta efficaci. Queste competenze possono essere applicate non solo sul tappeto, ma anche nella vita di tutti i giorni, aiutando le vittime di violenza di genere ad adattarsi alle diverse situazioni e a prendere le giuste decisioni.

Il judo insegna anche alle vittime della violenza di genere la pazienza e la perseveranza. L'allenamento in questo sport spesso richiede molto tempo e impegno per raggiungere il successo. Le vittime di violenza di genere imparano a non arrendersi alla prima battuta d'arresto, ma a continuare a lavorare su se stesse e sulle proprie capacità, anche se i risultati non arrivano subito. Questa pratica persistente li aiuta a sviluppare forza di volontà e resistenza, utili per affrontare l'aggressività e raggiungere i propri obiettivi.

Inoltre, il judo aiuta le vittime di violenza di genere a sviluppare fiducia in se stesse e nelle proprie capacità. Durante il processo di formazione, padroneggiano gradualmente nuove tecniche e tecniche, superando i loro dubbi e paure. Ciò li aiuta a credere in se stessi e nelle proprie capacità, il che è un fattore importante per superare l'impatto negativo della violenza di genere e sviluppare un'immagine di sé positiva.

Pertanto, il judo rappresenta non solo una disciplina sportiva, ma anche un percorso per sviluppare importanti competenze di vita per le vittime di violenza di genere. Insegna loro il pensiero strategico, la pazienza e la fiducia in se stessi, che li aiutano non solo a proteggersi dalle aggressioni, ma anche a superare le conseguenze negative della violenza di genere e a diventare individui forti e sicuri di sé.

6. Wrestling: il wrestling è uno sport che sviluppa forza, flessibilità, resistenza e pensiero tattico. Insegna anche varie tecniche per controllare un avversario e può essere efficace nell'autodifesa.

Il wrestling è uno sport antico che presenta molti benefici per le vittime della violenza di genere, ed ecco perché.

Innanzitutto, il wrestling insegna tecniche efficaci di autodifesa. Le vittime di violenza di genere che praticano la lotta imparano a controllare i propri avversari e a utilizzare varie tecniche di presa e lancio, che possono essere importanti in caso di attacchi fisici. Questo li aiuta non solo a proteggersi, ma anche a ridurre il rischio di lesioni in situazioni di conflitto.

In secondo luogo, il wrestling aiuta a sviluppare la forma fisica e rafforzare il corpo. L'esercizio fisico regolare migliora la forza, la resistenza e la flessibilità delle vittime di violenza di genere, rendendole più sicure delle proprie capacità fisiche e promuovendo il benessere generale.

Inoltre, il wrestling allena il pensiero tattico e la pianificazione strategica. Durante la formazione, le vittime di violenza di genere imparano ad analizzare la situazione, ad anticipare le azioni dell'avversario e a sviluppare strategie d'azione efficaci. Queste abilità possono essere utili non solo sul tappetino, ma anche nella vita di tutti i giorni, aiutandoli a prendere decisioni intelligenti e a trovare la via d'uscita da situazioni difficili.

Pertanto, il wrestling non è solo una disciplina sportiva, ma anche un potente strumento per aiutare le vittime della violenza di genere. Insegna metodi efficaci di autodifesa, rafforza la salute fisica e sviluppa il pensiero tattico, che rende le vittime della violenza di genere più forti e più sicure, pronte a respingere l'aggressore e a difendersi in ogni situazione.

Inoltre, il wrestling aiuta anche a sviluppare la resilienza e la fiducia nelle vittime della violenza di genere. Durante l'allenamento incontrano varie sfide come competizione, stress e fatica e imparano a superarle. Queste esperienze li aiutano a sviluppare fiducia in se stessi e nella propria capacità di affrontare le sfide.

Il wrestling aiuta anche a sviluppare disciplina e autocontrollo. Attraverso la formazione, le vittime di violenza di genere imparano a seguire una routine e regole rigide, che le aiutano a sviluppare responsabilità e autodisciplina. Queste qualità sono importanti non solo in palestra, ma anche nella vita di tutti i giorni, aiutandoli a mantenere la calma e a controllare le proprie emozioni in tutte le situazioni.

Infine, il wrestling aiuta a costruire amicizie e sostegno. Durante la formazione, le vittime di violenza di genere trovano sostegno da parte dei loro allenatori e compagni di squadra, il che le aiuta a sentirsi sicure e fiduciose. Ciò crea un'atmosfera di assistenza e comprensione reciproca, che contribuisce al loro benessere psicologico e all'adattamento sociale.

Pertanto, il wrestling non è solo una disciplina sportiva, ma anche un approccio globale per aiutare le vittime della violenza di genere. Sviluppa forza mentale, fiducia e autocontrollo, aiutandoli ad affrontare le sfide e a proteggersi dalle aggressioni. In realtà, il wrestling non solo modella la salute fisica, ma rafforza anche lo stato mentale, creando le basi per la fiducia e il successo dell'adattamento nella società.

Judo e Lotta includono tecniche di presa e lancio, ma hanno origini e regole diverse. Il judo è un'arte marziale giapponese, mentre il wrestling è uno sport olimpico praticato in tutto il mondo.

Judo e Lotta sono due sport diversi che, sebbene abbiano somiglianze nelle tecniche di presa e lancio, differiscono per origine, filosofia e regole di competizione.

Il Judo è un'arte marziale giapponese sviluppata alla fine del XIX secolo da Jigoro Kano. Si basa sui principi di morbidezza, flessibilità ed efficienza, dove l'obiettivo è usare la forza del nemico contro se stesso. Gli elementi principali del judo sono le tecniche di lancio e di presa, nonché il lavoro a terra. Nel judo un aspetto importante è lo sviluppo della tecnica, della tattica e della strategia, nonché la preparazione mentale alle competizioni.

Il wrestling è uno sport olimpico che comprende tecniche di presa e lancio, nonché lotta a terra. Affonda le sue radici nell'antichità e si è sviluppato in varie culture, tra cui l'antica Grecia e Roma. Esistono diverse varietà di lotta, come la lotta greco-romana, la lotta libera e la lotta con la cintura. Gli obiettivi principali del wrestling sono controllare l'avversario, eseguire prese e tecniche e guadagnare punti per posizione e tecnica superiori.

Quindi, sebbene sia il Judo che il Wrestling coinvolgano tecniche di presa e lancio, differiscono per origini, filosofia e approccio alla competizione. Il Judo, con le sue radici giapponesi e l'attenzione all'efficienza e alla flessibilità, può essere attraente per coloro che sono interessati alla cultura giapponese e alla ricerca dell'eccellenza tecnica. Mentre il Wrestling, con il suo status olimpico e la varietà di stili, può attrarre chi cerca un'attività frenetica e competitiva.

7. Sambo: Sambo è un'arte marziale russa che include tecniche di lancio, strangolamento e combattimento a terra. Può essere efficace per controllare una situazione e proteggersi dalle aggressioni.

Il Sambo è uno sport dinamico e multifunzionale che presenta una serie di caratteristiche che lo rendono uno strumento efficace per aiutare le vittime di violenza di genere.

Innanzitutto, Sambo insegna vari metodi di autodifesa. Le vittime di violenza di genere che si allenano nel sambo imparano tecniche come proiezioni, strangolamenti e combattimenti a terra, che possono essere importanti in situazioni di conflitto. Imparano a controllare gli avversari, a difendersi e a uscire da situazioni difficili, il che aumenta la loro sicurezza e capacità di gestire l'aggressività.

In secondo luogo, il sambo promuove lo sviluppo delle qualità fisiche. La formazione regolare sviluppa forza, resistenza, flessibilità e coordinazione nelle vittime di violenza di genere. Ciò li aiuta a rafforzare il proprio corpo, ad essere più preparati allo scontro fisico e a ridurre la probabilità di lesioni in caso di attacco.

Inoltre, Sambo insegna alle vittime della violenza di genere il pensiero strategico e la pianificazione tattica. Durante l'allenamento, sviluppano una comprensione della situazione, anticipano le azioni dell'avversario e sviluppano strategie d'azione efficaci. Ciò li aiuta a prendere decisioni informate in situazioni difficili e ad agire in modo efficace per proteggersi.

Pertanto, il sambo non è solo una disciplina sportiva, ma anche un approccio globale per aiutare le vittime della violenza di genere. Insegna tecniche efficaci di autodifesa, forma fisica e salute mentale, rendendolo uno strumento importante per cambiare la situazione delle vittime di violenza di genere e aiutandole a diventare più forti e sicure.

Inoltre, Sambo aiuta a sviluppare la fiducia in se stessi e la resilienza psicologica nelle vittime di violenza di genere. Durante la formazione, affrontano costantemente sfide e superano i propri limiti, il che li aiuta ad aumentare la fiducia in se stessi e la fiducia nelle proprie capacità. Tali progressi nell'allenamento possono trasferirsi nella vita di tutti i giorni, rendendoli più sicuri e calmi.

È anche importante notare che Sambo insegna alle vittime di violenza di genere il controllo emotivo e la gestione dello stress. Durante l'allenamento imparano a controllare le proprie emozioni, a mantenere la calma e a prendere decisioni in situazioni difficili. Queste abilità possono essere importanti per gestire le situazioni di conflitto e aiutarli a evitare scoppi emotivi quando si ha a che fare con un aggressore.

Inoltre, attraverso Sambo, le vittime di violenza di genere possono trovare sostegno e comprensione nella comunità dei loro allenatori e compagni di squadra. Questo li aiuta a sentirsi sicuri e protetti, il che promuove il loro benessere psicologico e crea un ambiente positivo per la crescita personale.

Pertanto, il sambo non è solo una disciplina sportiva, ma anche un potente strumento per aiutare le vittime della violenza di genere. Sviluppa non solo la forma fisica, ma anche la resilienza psicologica, la fiducia in se stessi e il controllo emotivo, rendendolo una risorsa preziosa per superare le difficoltà e affrontare l'aggressività.

8. Aikido: L'Aikido è un'arte marziale giapponese che utilizza tecniche per difendersi dagli attacchi basate sul principio di reindirizzare la forza dell'avversario. È adatto a chi preferisce le tecniche di difesa senza contatto.

L'Aikido, nella sua essenza, differisce da molti altri tipi di arti marziali in quanto i suoi metodi includono non solo la resistenza fisica, ma anche la capacità di controllare l'energia e la forza del nemico. Questo è un aspetto fondamentale che rende l'aikido non solo una forma efficace di autodifesa, ma anche uno strumento per trasformare il pensiero e il comportamento di una vittima di violenza di genere.

L'Aikido insegna i principi dell'armonia e dell'empatia piuttosto che del confronto e dell'aggressività. Le vittime della violenza di genere che praticano l'aikido imparano a comprendere e reindirizzare il potere dell'aggressore piuttosto che rispondere con la violenza diretta. Questo approccio li aiuta a sviluppare empatia, tolleranza e controllo emotivo, che possono ridurre la probabilità di conflitto e migliorare le relazioni con gli altri.

Inoltre, l'Aikido enfatizza il miglioramento della tecnica e della coordinazione corporea. Attraverso la formazione, le vittime di violenza di genere sviluppano agilità, flessibilità e riflessi, rendendole più preparate ad affrontare situazioni rapide e inaspettate. Ciò aumenta la loro forma fisica e la fiducia nelle proprie capacità.

Uno degli aspetti chiave dell'Aikido è la sua enfasi sulla risoluzione dei conflitti senza causare danni. Le vittime di violenza di genere che praticano l'aikido imparano a cercare soluzioni pacifiche ai problemi, anche nelle situazioni più difficili. Ciò li aiuta non solo a evitare la violenza fisica, ma anche a sviluppare capacità di comunicazione, rispetto e diplomazia, che possono essere importanti nelle loro interazioni con un aggressore.

L'Aikido non è quindi solo una disciplina sportiva, ma anche una filosofia di vita che può aiutare le vittime di violenza di genere a cambiare il loro atteggiamento verso se stesse e il mondo che le circonda. Sviluppa in loro non solo forza fisica e tecnica, ma anche resilienza psicologica, empatia e tranquillità, che li rendono più pronti ad affrontare l'aggressività e a diventare artefici del proprio destino.

Oltre ai benefici sopra elencati, l'Aikido insegna anche alle vittime della violenza di genere i principi di una comunicazione efficace e di una gestione dei conflitti. Durante il processo di formazione, imparano ad esprimere i propri sentimenti e bisogni in modo più chiaro e sicuro, il che li aiuta a rispondere in modo più efficace alle situazioni di conflitto e ad evitare che si intensifichino. Promuove inoltre le competenze nel definire i confini e nel proteggere lo spazio personale, che possono essere importanti nella prevenzione della violenza di genere.

Inoltre, l'aikido aiuta le vittime della violenza di genere a sviluppare fiducia in se stesse e nelle proprie capacità. Attraverso la formazione, apprendono gradualmente nuove competenze e superano i propri limiti, il che li aiuta a sentirsi più competenti e indipendenti. Ciò rafforza la loro autostima e li aiuta ad affrontare i sentimenti di impotenza e impotenza che spesso accompagnano le vittime di violenza di genere.

Infine, l'Aikido promuove lo sviluppo dell'armonia interiore e dell'equilibrio nelle vittime della violenza di genere. Attraverso la formazione, imparano a vivere il momento, ad accettare la situazione così com'è e ad agire con calma e determinazione. Questo li aiuta ad affrontare lo stress e l'ansia e a sviluppare la capacità di prendere decisioni importanti anche in situazioni difficili e incerte.

L'Aikido fornisce quindi una risorsa preziosa per le vittime della violenza di genere, aiutandole non solo ad acquisire forza fisica e tecniche di autodifesa, ma anche a sviluppare resilienza mentale, fiducia in se stesse e gestione emotiva. Ciò consente loro non solo di far fronte all'aggressione di fattori esterni, ma anche di costruire relazioni più sane ed equilibrate con se stessi e con il mondo che li circonda.

L'Aikido è un'arte marziale giapponese basata sul principio di reindirizzare la forza dell'avversario. Lo sport pone maggiormente l'accento sulle tecniche difensive senza contatto.

L'Aikido è un'arte marziale giapponese basata sul principio di reindirizzare la forza dell'avversario. Questo sport si concentra sull'autodifesa efficace, utilizzando tecniche che consentono di adattarsi ai movimenti dell'avversario e di controllare la situazione senza utilizzare colpi diretti.

A differenza di molte altre arti marziali, l'Aikido pone maggiormente l'accento sulle tecniche difensive senza contatto. Ciò significa che il praticante impara a usare l'energia e i movimenti dell'avversario per reindirizzare il suo potere e neutralizzare la minaccia, piuttosto che affrontarlo direttamente.

Per le vittime di violenza di genere, imparare l'Aikido può essere particolarmente utile in quanto possono imparare modi efficaci per difendersi senza dover usare la forza fisica contro l'aggressore. Questo può aiutarli a prendere il controllo della situazione e a prevenire la violenza, anche se si trovano fisicamente vicini al loro aggressore.

Inoltre, lo studio dell'Aikido favorisce lo sviluppo della fiducia in se stessi e della forza mentale, poiché richiede al praticante di avere fiducia nelle proprie azioni e nella capacità di rispondere rapidamente al mutare delle situazioni. Ciò può aiutare le vittime di violenza di genere a sentirsi più sicure e preparate a difendersi in varie situazioni.

9. Jiu-Jitsu brasiliano: il Jiu-Jitsu brasiliano è un'arte marziale che si concentra sulle tecniche di combattimento a terra e di sottomissione. È adatto a chi preferisce le tecniche di combattimento ravvicinato.

Il Jiu-Jitsu brasiliano non è solo uno sport, ma anche una filosofia che insegna l'adattabilità, la fiducia e l'autodifesa. Per le vittime di violenza di genere, questo può essere un potente strumento per superare la paura e l'insicurezza. Diamo uno sguardo più da vicino a come questo sport può aiutare le vittime della violenza di genere a cambiare mentalmente e fisicamente e a smettere di essere vittime.

Aspetti fisici:

- Tecniche di combattimento ravvicinato: il Jiu-Jitsu brasiliano si concentra sul combattimento a terra, dove l'enfasi è sulle tecniche per afferrare e sottomettere l'avversario. Ciò consente alle vittime di violenza di genere di imparare come affrontare efficacemente un attacco fisico, anche se si trovano a terra o vicino al loro aggressore.

- Sviluppa forza e flessibilità: l'allenamento del Jiu-Jitsu brasiliano aiuta a sviluppare forza, flessibilità e resistenza. Ciò migliora la forma fisica delle vittime di violenza di genere, rendendole più sicure delle proprie capacità e capacità.

Aspetti mentali:

- Fiducia in se stessi: superare situazioni difficili sul tappeto, dove ogni combattimento richiede la capacità di prendere decisioni rapide e agire in condizioni di stress, aiuta a sviluppare un senso di fiducia in se stessi nelle vittime di violenza di genere. Ciò può svolgere un ruolo chiave nell'impedire loro di percepirsi come un facile bersaglio per i bulli.

- Resilienza emotiva: la formazione del Jiu-Jitsu brasiliano insegna alle vittime di violenza di genere a controllare le proprie emozioni e mantenere la calma in situazioni stressanti. Questo li aiuta a non soccombere alle provocazioni e a rispondere in modo più efficace alle aggressioni.

- Capacità decisionali: la lotta sul tappeto richiede che le vittime di violenza di genere analizzino costantemente la situazione e prendano decisioni al volo. Questa esperienza rafforza la loro capacità di prendere decisioni importanti nella vita reale, anche in situazioni di conflitto con gli aggressori.

Pertanto, il Jiu-Jitsu brasiliano non è solo uno sport, ma anche uno strumento prezioso per aiutare le vittime della violenza di genere. Li aiuta a sviluppare forza fisica e mentale, fiducia in se stessi e capacità di difendersi efficacemente. L'allenamento in questo sport può aiutare le vittime della violenza di genere a cambiare la loro vita, a diventare più sicure e capaci di reagire contro gli aggressori.

Oltre agli aspetti fisici e mentali, il Jiu-Jitsu brasiliano può anche fornire una serie di benefici aggiuntivi per le vittime di violenza di genere:

Abilità sociali:

- Comunità di sostegno: le lezioni di Jiu-Jitsu brasiliano spesso assumono la forma di allenamenti di gruppo in cui gli studenti socializzano e interagiscono tra loro. Ciò crea un ambiente di sostegno e solidarietà in cui le vittime della violenza di genere possono sentirsi parte di una comunità che le comprende e le sostiene.

- Miglioramento delle abilità sociali: attraverso la formazione, le vittime della violenza di genere possono imparare a interagire in modo efficace con gli altri membri del gruppo, sviluppando capacità comunicative e cooperative. Ciò può aiutarli a rafforzare i legami con le persone che li circondano e a sentirsi più sicuri nelle situazioni sociali.

Effetto psicologico:

- Alleviare lo stress e la tensione: gli esercizi di Jiu-Jitsu brasiliano possono aiutare le vittime di violenza di genere ad affrontare lo stress e la tensione che potrebbero sperimentare come risultato del dominio dei loro aggressori. Ciò è dovuto al rilascio di endorfine durante l'attività fisica, che aiuta a migliorare l'umore e a ridurre i livelli di stress.

- Aumento dell'autostima e della fiducia: superare situazioni difficili nell'allenamento del Jiu-Jitsu brasiliano, in particolare apprendere nuove abilità e raggiungere obiettivi, può migliorare significativamente l'autostima delle vittime di violenza di genere. Questo a sua volta può aiutarli a sviluppare fiducia in se stessi e nelle proprie capacità.

Il Jiu-Jitsu brasiliano non solo aiuta le vittime di violenza di genere a sviluppare forza fisica e capacità di autodifesa, ma promuove anche connessioni sociali positive, sollievo dallo stress e miglioramento del benessere psicologico. Si tratta quindi di un mezzo di assistenza completo ed efficace per coloro che affrontano problemi di violenza di genere.

Il Jiu-Jitsu brasiliano è noto per le sue tecniche di combattimento a terra e di sottomissione. Questo sport è particolarmente utile per le situazioni in cui la lotta va a terra.

Il Jiu-Jitsu brasiliano (BJJ) è una forma di arte marziale che si distingue per la sua enfasi sul combattimento a terra e sulle tecniche di sottomissione. Sviluppatosi in Brasile, il BJJ è stato adattato dal jiu-jitsu e dal judo, con particolare attenzione alle tecniche efficaci per la presa e il controllo di un avversario a terra.

L'enfasi principale del BJJ è sulla lotta prona, in cui vengono utilizzate tecniche di presa e sottomissione per controllare e sconfiggere un avversario. Questo approccio rende il BJJ particolarmente utile in situazioni in cui il combattimento finisce a terra, che può essere una situazione comune nei combattimenti o negli attacchi.

Uno dei principali vantaggi del BJJ è che insegna tecniche che superano la forza fisica dell'avversario utilizzando tecnica e agilità. Ciò può essere particolarmente utile per le vittime di violenza di genere, che spesso subiscono violenza fisica o aggressione. Imparando il BJJ possono imparare a controllare e gestire una situazione anche se si trovano a terra o in una posizione svantaggiosa.

Il BJJ fornisce quindi uno strumento prezioso per le vittime di violenza di genere, aiutandole a sviluppare capacità di autodifesa e fiducia in se stesse, oltre a migliorare la loro forma fisica e mentale.

10. Capoeira: Capoeira è un'arte marziale brasiliana che combina elementi di danza, acrobazie e arti marziali. Può essere efficace in situazioni che richiedono risposte rapide e flessibili.

La Capoeira, un'arte marziale brasiliana, ha la capacità unica di combinare gli aspetti fisici e mentali dell'allenamento. Per le vittime di violenza di genere, questo sport può essere un potente strumento per modificare il proprio stato psicologico e la propria forma fisica.

La Capoeira sviluppa la flessibilità e la coordinazione del corpo. Ciò non è solo utile per migliorare la salute fisica generale, ma aiuta anche le vittime della violenza di genere a essere più preparate per le situazioni di conflitto in cui sono necessarie risposte rapide e accurate.

Inoltre, la pratica della capoeira aiuta a sviluppare la fiducia in se stessi. Gli studenti imparano non solo a eseguire movimenti complessi, ma anche a prendere decisioni in ambienti frenetici, il che rafforza la loro autostima e la capacità di agire efficacemente in situazioni stressanti.

È anche importante notare che la capoeira insegna il rispetto per il proprio partner e avversario. La formazione si svolge in un'atmosfera amichevole, dove ogni partecipante sostiene e aiuta l'altro. Ciò aiuta le vittime della violenza di genere a costruire relazioni positive con gli altri e a imparare a risolvere i conflitti pacificamente.

Pertanto, la capoeira non solo sviluppa le abilità fisiche, ma aiuta anche a costruire un carattere forte e sicuro di sé, che può essere la chiave per difendersi con successo da un aggressore e superare le conseguenze della violenza di genere.

La Capoeira, oltre ai suoi benefici fisici e psicologici, ha molte altre caratteristiche che la rendono uno strumento prezioso per aiutare le vittime della violenza di genere.

Innanzitutto, la capoeira enfatizza l'interazione con il proprio avversario, ma allo stesso tempo pone grande enfasi sulla forza della comunità. La partecipazione alla formazione di capoeira di gruppo promuove la formazione di amicizie, che possono essere fonte di sostegno per le vittime di violenza di genere. Possono trovare in questa comunità comprensione, sostegno e motivazione per svilupparsi come individui e resistere all'aggressore.

In secondo luogo, la capoeira insegna i principi del rispetto e della tolleranza. Durante l'allenamento gli studenti apprendono non solo le tecniche di lotta, ma anche i principi del rispetto dell'avversario e dei suoi limiti personali. Questo è un aspetto importante per le vittime di violenza di genere, che potrebbero sentirsi insicure riguardo ai propri confini e alla propria autostima.

Infine, la capoeira promuove la consapevolezza del proprio corpo e delle sue capacità. Ciò consente alle vittime di violenza di genere di sentirsi più forti, più sicure e di acquisire un nuovo livello di autoconsapevolezza. Imparano ad ascoltare il proprio corpo, a fidarsi di esso e a utilizzare le sue risorse per proteggersi.

Tutti questi aspetti rendono la capoeira non solo uno sport, ma anche un potente strumento per cambiare lo stato mentale e fisico delle vittime della violenza di genere, aiutandole a diventare più forti, più sicure e capaci di reagire contro l'aggressore.

La Capoeira combina elementi di danza, acrobazie e arti marziali. Ciò crea uno stile unico di autodifesa adatto a coloro che preferiscono reazioni rapide e flessibili.

La Capoeira è un'arte marziale brasiliana che combina in modo unico elementi di danza, acrobazie e tecniche di combattimento. Lo sport non è solo un metodo di difesa personale, ma anche una forma di espressione personale e un patrimonio culturale.

La Capoeira differisce dagli altri tipi di arti marziali in quanto prevede l'uso attivo di musica, ritmo e movimenti di danza. I praticanti di Capoeira sviluppano flessibilità, coordinazione e riflessi mentre padroneggiano movimenti complessi e imprese acrobatiche. Allo stesso tempo, la capoeira insegna tecniche di difesa e attacco, che la rendono un mezzo efficace di autodifesa in situazioni reali.

Per le vittime di violenza di genere, la capoeira può essere particolarmente utile poiché lo sport sviluppa risposte rapide e flessibili alle situazioni. I praticanti imparano ad adattarsi rapidamente alle mutevoli condizioni e ad usare i loro movimenti per difendersi ed eludere gli attacchi. Inoltre, la capoeira promuove la fiducia in se stessi e l'autodisciplina, il che aiuta le vittime della violenza di genere a sentirsi più forti e più sicure nelle proprie capacità.

11. Wushu (Kung Fu): Wushu è un'arte marziale cinese che comprende una varietà di tecniche di colpire, bloccare, lanciare e persino l'uso di armi. Promuove lo sviluppo delle capacità fisiche e dell'autodifesa.

Wushu, o Kung Fu, è un profondo sistema di arti marziali che comprende non solo abilità fisiche, ma anche aspetti spirituali e filosofici. Questo sport può avere un impatto significativo sulle vittime della violenza di genere, aiutandole a cambiare sia mentalmente che fisicamente.

Uno degli aspetti chiave del Wushu è la sua filosofia di auto-miglioramento. La pratica del Wushu aiuta a sviluppare forza di volontà, resistenza e fiducia in se stessi, che sono particolarmente importanti per le vittime di violenza di genere. Il Wushu insegna ai suoi praticanti a controllare le proprie emozioni, a prendere decisioni in situazioni stressanti e a sviluppare una forza interiore che li aiuta a resistere all'aggressività.

Un aspetto importante del Wushu è anche l'enfasi sull'autodifesa. I praticanti di questo tipo di arti marziali sono addestrati in varie tecniche e tecniche che possono essere utili in situazioni di conflitto e attacco. Ciò offre alle vittime di violenza di genere l'opportunità di imparare a difendersi e a reagire contro l'aggressore, aumentando la loro autostima.

Inoltre, Wushu insegna ai praticanti a sviluppare flessibilità, coordinazione ed equilibrio, che sono essenziali per un'efficace autodifesa e per la prevenzione degli infortuni. Praticare il wushu migliora anche la salute fisica generale, il che può aiutare le vittime della violenza di genere a sentirsi più sicure e forti.

Pertanto, il Wushu non è solo un mezzo di allenamento fisico, ma anche un potente strumento per cambiare lo stato mentale delle vittime di violenza di genere. La pratica di questo sport può aiutarli a sviluppare fiducia, autocontrollo e capacità di autodifesa, che permetteranno loro di smettere di essere vittime di aggressioni e di reagire contro l'aggressore.

Il wushu, oltre ai benefici fisici e psicologici, promuove anche lo sviluppo delle capacità interpersonali, che possono essere particolarmente utili per le vittime di violenza di genere. La pratica di questa arte marziale prevede solitamente il lavoro in coppia o in gruppo, dove i praticanti imparano a cooperare, comunicare e risolvere i conflitti.

Il Wushu insegna ai suoi praticanti non solo le tecniche di combattimento, ma anche principi e valori etici. Attraverso la formazione, gli studenti imparano il rispetto per i loro partner, la tolleranza delle differenze e la comprensione dell'importanza dell'autocontrollo e della risoluzione pacifica dei conflitti.

Questo aspetto del Wushu è particolarmente importante per le vittime di violenza di genere, poiché le aiuta a sviluppare l'intelligenza emotiva e la capacità di interagire efficacemente con gli altri. Di conseguenza, possono imparare a costruire relazioni sane con gli altri, stabilire limiti e far valere i propri diritti senza usare la violenza.

Inoltre, Wushu insegna ai praticanti anche a controllare la paura e lo stress in situazioni stressanti. Ciò consente alle vittime di violenza di genere di affrontare e sopravvivere a eventi traumatici senza eccessivo stress o panico.

Pertanto, la pratica del wushu per le vittime di violenza di genere non solo le aiuta a sviluppare forza fisica e capacità di autodifesa, ma le aiuta anche a sviluppare resilienza mentale ed emotiva, nonché a migliorare le relazioni interpersonali. Queste competenze possono essere fondamentali per passare dal vittimismo alla partecipazione attiva nella protezione di se stessi e nella prevenzione di ulteriore violenza di genere.

Wushu (Kung Fu) è un'arte marziale cinese diversificata che comprende vari stili e tecniche di colpire, bloccare e lanciare.

Wushu (Kung Fu) è un'arte marziale cinese diversificata che combina molti stili diversi, tecniche di colpo, parata e lancio. Questo sport è caratterizzato dalla sua versatilità e da profonde radici storiche che risalgono a secoli fa.

Il Wushu è una delle arti marziali e delle discipline sportive più diverse al mondo. I suoi stili e metodi possono variare notevolmente a seconda della regione, della scuola e della tradizione. Nel Wushu puoi trovare sia colpi e blocchi potenti, sia movimenti aggraziati e aggraziati, e questi elementi possono essere combinati in un sistema armonioso di abilità di combattimento.

Per le vittime di violenza di genere, praticare il wushu può essere molto utile poiché lo sport sviluppa forza fisica, flessibilità, coordinazione e riflessi. La pratica del Wushu promuove anche l'autodisciplina, la concentrazione e l'attenzione, che possono aiutare le vittime di violenza di genere a rafforzare la propria autostima e la capacità di affrontare situazioni aggressive. Inoltre, il Wushu insegna il rispetto per se stessi e per gli altri, che è un aspetto importante nel processo di superamento delle conseguenze della violenza di genere e nello sviluppo di relazioni positive con gli altri.

12. Krav Maga: il Krav Maga è un sistema di combattimento ravvicinato israeliano che enfatizza l'efficacia dell'autodifesa nelle situazioni della vita reale. Comprende tecniche per difendersi da colpi, strangolamenti e scenari di attacco.

Il Krav Maga non è solo un sistema di arti marziali, è una metodologia di allenamento completa volta a sviluppare abilità pratiche nell'autodifesa e nella gestione di situazioni stressanti. Nel contesto della lotta alla violenza di genere, il Krav Maga presenta numerosi vantaggi e può essere un potente strumento per le vittime.

La prima cosa che rende importante il Krav Maga per le vittime di violenza di genere è insegnare vere e proprie abilità di autodifesa. La pratica di questo sport insegnerà alla vittima tecniche efficaci per respingere gli attacchi, difendersi dai colpi, nonché tecniche di soffocamento e presa. Ciò consentirà alla vittima della violenza di genere di sentirsi più sicura e protetta in caso di situazione di conflitto.

Inoltre, l'allenamento del Krav Maga include spesso scenari di attacco, che aiutano i praticanti a sviluppare la loro risposta a situazioni stressanti. Ciò è particolarmente importante per le vittime di violenza di genere, che potrebbero soffrire di disturbo da stress post-traumatico o avere una bassa autostima a causa di esperienze negative passate.

Un aspetto importante del Krav Maga è anche l'attenzione all'efficacia nelle situazioni della vita reale. A differenza di altre forme di arti marziali, che possono essere focalizzate sulla forma e sulla tecnica, il Krav Maga è progettato per insegnare abilità pratiche che possono essere utilizzate nel mondo reale. Ciò lo rende particolarmente utile per le vittime di violenza di genere che necessitano di una protezione rapida ed efficace.

In questo modo, il Krav Maga può aiutare le vittime della violenza di genere a cambiare sia fisicamente che mentalmente. Insegnando abilità pratiche per l'autodifesa, gestendo situazioni stressanti e aumentando la fiducia in se stessi, lo sport può aiutare una vittima di violenza di genere a smettere di essere una vittima e diventare capace di reagire contro un aggressore.

Ulteriori informazioni sul Krav Maga per le vittime di violenza di genere sono la sua tecnica per lavorare con gli stati emotivi. Nel processo di allenamento del Krav Maga, viene prestata attenzione non solo all'allenamento fisico, ma anche al rafforzamento della stabilità mentale.

Le vittime di violenza di genere spesso sperimentano stress, ansia e bassa autostima a causa della prolungata esposizione all'aggressione. Il Krav Maga aiuta a superare queste emozioni negative, dato che un'autodifesa efficace dipende in gran parte dalla fiducia e dalla capacità di controllare le proprie emozioni in situazioni stressanti.

La formazione Krav Maga insegna agli studenti tecniche di respirazione e rilassamento per aiutare a gestire lo stress e migliorare la concentrazione. Ciò consente alle vittime di violenza di genere di sentirsi più equilibrate e di avere il controllo in situazioni di conflitto.

Inoltre, l'allenamento del Krav Maga aiuta a sviluppare forza di volontà e fiducia in se stessi. Le vittime della violenza di genere, imparando questo sport, iniziano gradualmente a realizzare la propria forza e capacità di resistere all'aggressione. Ciò le aiuta a cambiare la loro mentalità interiore da "vittima" a "combattente", il che è fondamentale per superare la violenza di genere.

Pertanto, il Krav Maga non solo insegna tecniche efficaci di autodifesa, ma aiuta anche le vittime di violenza di genere a rafforzare la loro resilienza emotiva, fiducia e forza di volontà, rendendolo uno strumento prezioso per combattere l'aggressività e cambiare lo stato mentale delle vittime.

Il Krav Maga è un sistema di combattimento ravvicinato israeliano incentrato sull'autodifesa efficace in situazioni di vita reale. Comprende tecniche per difendersi da colpi e strangolamenti.

Il Krav Maga è un sistema di combattimento ravvicinato israeliano progettato per un'efficace autodifesa in situazioni di vita reale. Questo sport si distingue per il suo pragmatismo e la facilità di apprendimento, rendendolo accessibile a una vasta gamma di persone.

Lo scopo principale del Krav Maga è insegnare alle persone metodi efficaci per difendersi dagli attacchi, indipendentemente dalla loro forma fisica o età. Il programma di formazione comprende tecniche di protezione dai colpi, tecniche di soffocamento, nonché metodi per controllare e neutralizzare l'aggressore.

Per le vittime di violenza di genere, il Krav Maga può essere particolarmente utile perché lo sport insegna non solo l'autodifesa fisica, ma sviluppa anche la forza mentale e la fiducia in se stessi. Attraverso la formazione sul Krav Maga, le vittime di violenza di genere possono imparare a rispondere efficacemente a situazioni aggressive, rafforzare la propria fiducia e imparare a gestire lo stress in situazioni stressanti.

Inoltre, il Krav Maga non richiede un allenamento fisico particolare, rendendolo accessibile a una vasta gamma di persone, compresi coloro che non hanno esperienza nello sport o nelle arti marziali. Ciò rende facile per le vittime di violenza di genere partecipare alla formazione e iniziare a sviluppare le proprie capacità di autodifesa e la propria fiducia.

13. Autodifesa per le donne: questo non è tanto uno sport separato quanto programmi di allenamento volti a insegnare alle donne l'autodifesa efficace in varie situazioni. Includono elementi di boxe, karate, sambo e tecniche anti-molestie.

I programmi di autodifesa per le donne non solo insegnano tecniche di difesa fisica, ma hanno anche un impatto significativo sul benessere mentale e sull'autostima. È importante capire che le vittime di violenza di genere, comprese le donne, possono provare sentimenti di impotenza, paura e bassa autostima a causa della prolungata esposizione all'aggressione.

I programmi di autodifesa per le donne offrono un'opportunità unica per ridefinire le proprie capacità e punti di forza. Attraverso una formazione sistematica, le donne apprendono non solo tecniche efficaci di autodifesa, ma sviluppano anche fiducia nelle proprie capacità. Ciò è particolarmente importante per le vittime di violenza di genere, che spesso soffrono di una perdita di autostima e di fiducia.

Attraverso l'allenamento, le donne migliorano la propria forma fisica, coordinazione e flessibilità. Questo li aiuta a sentirsi più forti e pronti a difendersi se attaccati.

Tuttavia, oltre all'allenamento fisico, un programma di difesa personale per le donne si concentra anche sulla preparazione mentale. I formatori aiutano le donne a sviluppare strategie di prevenzione dei conflitti e insegnano loro come gestire le proprie emozioni e le situazioni stressanti.

Pertanto, i programmi di autodifesa per le donne non solo danno loro la forza fisica e le capacità per difendersi, ma migliorano anche il loro stato mentale, la fiducia e l'autostima. Ciò li rende più capaci di resistere all'aggressore e di cambiare il loro status da vittima a partecipante attivo nella loro difesa.

È importante notare che la partecipazione a programmi di autodifesa per le donne può anche aiutare a sviluppare un ambiente e una rete sociale di sostegno, che è essenziale per le sopravvissute alla violenza di genere. I partecipanti a questi programmi possono condividere esperienze, sostenersi a vicenda e sentirsi parte di una comunità, il che li aiuta a sentirsi meno isolati e vulnerabili.

Inoltre, una parte importante dei programmi di autodifesa per le donne è la formazione non solo nell'autodifesa fisica, ma anche nella gestione delle situazioni di conflitto e nella loro risoluzione senza l'uso della violenza. Alle vittime di violenza di genere viene insegnato come comunicare in modo efficace con potenziali aggressori, stabilire confini e prevenire i conflitti.

Pertanto, il programma di autodifesa per le donne rappresenta un approccio globale per aiutare le vittime della violenza di genere, che comprende non solo la formazione fisica, ma anche il supporto psicologico, l'integrazione sociale e la formazione nelle competenze di interazione nei conflitti. Ciò consente alle donne non solo di diventare più forti fisicamente e mentalmente, ma anche di aumentare la loro fiducia, autostima e capacità di rispondere efficacemente a potenziali minacce.

Gli uomini possono anche frequentare corsi di difesa personale per le donne. Sebbene questi programmi siano spesso rivolti alle donne e siano progettati pensando a loro, anche gli uomini possono trarre vantaggio dalla loro partecipazione.

I programmi di autodifesa per le donne in genere si concentrano su tecniche di autodifesa che possono portare benefici a tutte le persone, indipendentemente dal sesso. La maggior parte degli esercizi include elementi di boxe, karate, sambo e altre arti marziali, che possono essere utili per chiunque voglia imparare a difendersi.

Inoltre, la partecipazione degli uomini a tale formazione può contribuire a creare un ambiente più inclusivo e diversificato in cui tutti possono sentirsi accolti e supportati. Può anche contribuire a una migliore comprensione della violenza di genere e della violenza nella società in generale e creare un ambiente più tollerante e amichevole per tutti i soggetti coinvolti.

14. Aerobica e fitness: sebbene l'aerobica e il fitness non siano forme dirette di arti marziali, possono aiutare a migliorare la forma fisica, aumentare i livelli di fiducia e sviluppare capacità di autocontrollo. Può anche essere utile per mantenere la salute e la forma fisica generali.

L'aerobica e il fitness, sebbene non direttamente correlati alle arti marziali, possono essere molto utili per le vittime di violenza di genere, sia fisicamente che psicologicamente. Cominciamo con il fisico. Le lezioni regolari di aerobica e fitness aiutano a rafforzare i muscoli, aumentare la resistenza e migliorare la salute generale. Ciò può essere particolarmente utile per le vittime di violenza di genere che potrebbero essere fisicamente deboli o sentirsi vulnerabili a causa della mancanza di forma fisica.

È anche importante notare che l'aerobica e il fitness possono aiutare a migliorare l'autostima e la fiducia. L'esercizio fisico regolare ti aiuta a sviluppare un senso di dignità e controllo sul tuo corpo. Ciò può essere particolarmente importante per le vittime di violenza di genere, che potrebbero sentirsi impotenti o indegne a causa degli effetti psicologici del bullismo.

Inoltre, l'aerobica e il fitness possono aiutare a sviluppare capacità di autocontrollo e autoregolamentazione, importanti per un'autodifesa efficace. Migliorare la coordinazione motoria, l'equilibrio e la risposta alle situazioni può fornire a una vittima di violenza di genere gli strumenti necessari per rispondere efficacemente a un aggressore. In definitiva, la fiducia in se stesse e la capacità di rispondere efficacemente alle situazioni stressanti possono aiutare le vittime di violenza di genere a smettere di sentirsi indifese e a diventare capaci di reagire contro l'aggressore.

Inoltre, l'aerobica e il fitness possono promuovere non solo il benessere fisico ma anche quello emotivo delle vittime di violenza di genere. L'esercizio fisico regolare può aiutare a ridurre lo stress e l'ansia che spesso sperimentano le vittime di violenza di genere. L'attività fisica rilascia endorfine, analgesici naturali e antidepressivi, che possono migliorare l'umore e il benessere mentale generale.

Inoltre, la partecipazione a lezioni di gruppo di aerobica e fitness può aiutare le sopravvissute alla violenza di genere a sentirsi parte di una comunità, ottenere sostegno da altri partecipanti e costruire nuove connessioni sociali. Ciò è particolarmente importante dato che la violenza di genere spesso porta all'isolamento sociale e a sentimenti di solitudine.

Inoltre, l'aerobica e il fitness possono aiutare le vittime di violenza di genere ad apprendere strategie di gestione dei conflitti e a sviluppare capacità di comunicazione. Attraverso la formazione, i partecipanti possono imparare a risolvere problemi, lavorare in squadra e interagire efficacemente con gli altri, il che può essere utile per risolvere i conflitti e prevenire ulteriori episodi di violenza di genere.

Pertanto, l'aerobica e il fitness non solo aiutano a migliorare la forma fisica, ma svolgono anche un ruolo importante nel supporto psicologico e nell'adattamento sociale delle vittime di violenza di genere. Il coinvolgimento in questi sport può aiutarli non solo a superare gli effetti negativi della violenza di genere, ma anche a diventare più forti, più sicuri e più capaci di affrontare le sfide della vita quotidiana.

Questi sport hanno le loro caratteristiche e vantaggi, ma tutti possono essere appresi in tempi relativamente brevi e aiutano una vittima di violenza di genere a sviluppare capacità di autodifesa e sicurezza.

Ognuno di questi sport ha le sue caratteristiche e applicazioni uniche. La scelta di un particolare sport può dipendere dagli obiettivi, dalla forma fisica e dalle preferenze di ciascuna persona. Ad esempio, per chi vuole imparare tecniche di percussione e parata, la boxe o il karate possono essere opzioni adatte, mentre per chi preferisce.

È importante sceglierne uno che si adatti alle tue preferenze. Questi sport hanno caratteristiche diverse e si adattano a diversi tipi di personalità. La scelta dello sport giusto dipende dai tuoi obiettivi, dalle capacità fisiche e, ovviamente, dalle preferenze. È importante sceglierne uno che ti motivi e ti ispiri a raggiungere il successo personale nella lotta contro la violenza di genere.

❖·❖·❖·❖·❖·❖·❖·❖·❖·❖·❖·❖·❖·❖·❖

Capitolo 20.
Gli strumenti di autodifesa sono intorno a te.

La Dichiarazione Universale dei Diritti Umani, adottata dall'Assemblea Generale delle Nazioni Unite nel 1948, è un documento internazionale riconosciuto e applicato in molti paesi sviluppati. Sancisce i diritti umani e le libertà fondamentali, compreso il diritto alla vita, la libertà dalla violenza e dalla detenzione arbitraria e il diritto alla protezione.

Questi diritti forniscono la base per leggi e politiche in vari paesi, compreso il diritto all'autodifesa in caso di minaccia alla vita o all'incolumità fisica. In questo contesto, il concetto di legittima difesa è considerato nel quadro della legislazione e delle norme legali che determinano i metodi e i metodi di protezione consentiti, nonché le restrizioni e le responsabilità per il loro utilizzo.

Pertanto, nei paesi sviluppati, le leggi sull'autodifesa si basano solitamente sui principi sanciti dalla Dichiarazione universale dei diritti umani, nonché su ulteriori leggi nazionali e regionali che garantiscono la protezione e la sicurezza dei cittadini. Secondo tale documento, il diritto alla legittima difesa è sancito dall'art. 3, che recita: "Ogni individuo ha diritto alla vita, alla libertà e alla sicurezza della propria persona".

Questo articolo è uno dei principi fondamentali su cui si fondano i diritti umani. Afferma che ogni persona ha il diritto di proteggere la propria vita e la libertà dalla violenza e dalle minacce.

Oltre alla Dichiarazione Universale dei Diritti Umani, paesi diversi possono avere leggi e regolamenti diversi riguardanti il diritto all'autodifesa. Queste leggi possono variare a seconda della giurisdizione e delle circostanze, ma il principio generale rimane lo stesso: una persona ha diritto alla protezione della propria vita e integrità personale.

Secondo i documenti internazionali sui diritti umani, ogni persona ha il diritto all'autodifesa in caso di minaccia alla sua vita o alla sua salute. Questo diritto non è limitato a determinati metodi o mezzi, ma copre tutte le possibilità di protezione disponibili.

Quando si tratta di autodifesa, è importante capire che una persona ha il diritto di utilizzare qualsiasi oggetto disponibile intorno a sé per garantire la propria sicurezza. Che si tratti di chiavi, penne, matite o anche di oggetti di uso quotidiano come una borsa o una sedia, in determinate situazioni possono rappresentare un mezzo di protezione efficace.

Le chiavi possono essere utilizzate ad esempio per colpire un aggressore negli occhi o nella zona del viso, nonché per proteggere il proprio corpo. Una penna o una matita possono diventare un'arma improvvisata per colpire la gola o altri punti vulnerabili. La borsa può essere utilizzata per creare una barriera tra l'aggressore e la vittima, nonché per deviare i colpi o proteggere la testa.

È importante ricordare che l'autodifesa non significa sempre resistenza fisica. A volte anche evitare il pericolo o chiedere aiuto sono metodi di difesa efficaci. Ogni persona ha diritto alla sicurezza e alla protezione e l'utilizzo dei mezzi disponibili per proteggersi è una decisione legale e ragionevole in una situazione di minaccia.

Prima di utilizzare metodi di autodifesa attiva, è importante fare tutto il possibile per evitare conflitti. Ciò potrebbe includere allontanarsi dal pericolo, chiedere aiuto o persino provare a risolvere la situazione verbalmente. Tuttavia, se il conflitto non può essere evitato e la vita o la salute di una persona sono in pericolo, questa ha diritto alla protezione.

Per proteggersi, una persona può utilizzare vari metodi, incluso l'uso di oggetti ambientali disponibili o abilità di arti marziali, se disponibili. È importante ricordare che l'obiettivo dell'autodifesa non è causare danni, ma proteggere la propria vita e salute. Pertanto, è importante non superare il livello di autodifesa e utilizzare solo i mezzi necessari per neutralizzare la minaccia.

Se possibile, l'obiettivo dovrebbe essere quello di neutralizzare l'aggressore e prevenire ulteriori violenze, piuttosto che infliggergli un danno grave. In caso di riuscita difesa e neutralizzazione della minaccia, si raccomanda di chiedere immediatamente aiuto alle forze dell'ordine e di trasferire la situazione nelle loro mani per ulteriori indagini.

È importante ricordare che l'autodifesa non è solo un modo legittimo per proteggersi in caso di minaccia, ma anche un mezzo importante per ripristinare un senso di fiducia e sicurezza. Per molte vittime di aggressioni e violenza di genere, l'idea di proteggersi può sembrare spaventosa e confusa, soprattutto se si sentono vulnerabili e non hanno fiducia nelle proprie capacità. Tuttavia, comprendere che hanno le risorse e la capacità per difendersi può aumentare notevolmente il loro senso di controllo sulla situazione e ridurre la paura dell'aggressore.

Fino a quando non acquisirai le competenze necessarie praticando gli sport da combattimento per la completa autodifesa che hai scelto, l'uso degli oggetti circostanti per proteggerti è uno dei metodi che possono essere disponibili a tutti. Questo approccio consente a una persona di utilizzare ciò che ha a portata di mano per sentirsi più sicura in caso di attacco. Ad esempio, una matita, delle chiavi, una penna o una borsa possono essere strumenti efficaci per l'autodifesa in una situazione critica.

È importante ricordare che l'autodifesa non significa sempre resistenza fisica. A volte semplicemente essere in grado di valutare il pericolo, evitare conflitti e usare il proprio ingegno e il proprio giudizio può essere la migliore difesa. Tuttavia, quando la situazione diventa minacciosa, sapere come utilizzare l'ambiente circostante per proteggersi può essere fondamentale per rimanere al sicuro.

Pertanto, è importante apprendere le abilità di autodifesa, compreso l'uso degli oggetti circostanti per proteggersi. Ciò non solo aumenta la fiducia in se stessi, ma crea anche una sensazione di controllo sul proprio destino. Inoltre, aiuta a comprendere che ogni persona ha diritto alla protezione e alla sicurezza e che il ricorso alla legittima difesa è qualcosa di del tutto normale e legale.

Quando parliamo dei principi dell'autodifesa, è importante capire che non si tratta solo di un insieme di tecniche o esercizi fisici. Si tratta di un approccio globale per mantenere la propria sicurezza, che comprende sia aspetti fisici che psicologici. Per le vittime di bullismo che potrebbero sentirsi vulnerabili e insicure di se stesse, conoscere i principi di base dell'autodifesa può essere un potente strumento per aumentare la fiducia e ridurre la paura del bullo.

1. Consapevolezza della situazione: il primo e più importante passo nell'autodifesa è la consapevolezza della situazione. Ciò significa essere consapevoli di ciò che ci circonda, rilevare potenziali minacce e valutare i possibili rischi. Per evitare il pericolo, devi essere attento e vigile, anche se la situazione sembra sicura.

La consapevolezza della situazione è la pietra angolare per un'autodifesa efficace, soprattutto per coloro che sperimentano paura e incertezza. Quando parliamo di vittime di aggressione, che possono essere estremamente sensibili e insicure, è importante capire che la consapevolezza della situazione dà il controllo sulla propria sicurezza.

Innanzitutto, la consapevolezza della situazione significa essere attenti a ciò che ci circonda anche in quei momenti in cui sembra che non stia accadendo nulla di pericoloso. Ciò non significa essere paranoici o aspettarsi costantemente una minaccia, ma piuttosto essere consapevoli di ciò che ci circonda ed essere in grado di riconoscere potenziali pericoli.

Per coloro che hanno paura del bullo o si sentono insicuri, la consapevolezza della situazione può essere un mezzo per riconquistare un senso di controllo. Quando sei consapevole di ciò che accade intorno a te, puoi valutare meglio i possibili rischi e adottare le misure necessarie per mantenerti al sicuro.

Ti dà anche l'opportunità di agire in modo proattivo anziché reagire a una minaccia all'ultimo minuto. Quando comprendi la situazione in anticipo, puoi sviluppare un piano d'azione ed essere preparato a qualsiasi possibile minaccia. Ciò aiuta a ridurre lo stress e l'ansia che possono sorgere in situazioni di conflitto o pericolo.

Ancora più importante, la consapevolezza della situazione ti dà la capacità di controllare il tuo comportamento e le tue reazioni. Ciò ti consente di prendere decisioni informate in base alla valutazione del rischio e alla comprensione dei tuoi punti di forza e capacità. Ciò può essere particolarmente importante per coloro che sperimentano paura o incertezza, poiché dà loro un senso di fiducia e controllo in situazioni che possono sembrare minacciose o pericolose.

2. Prevenzione dei conflitti: è importante essere in grado di prevenire i conflitti, se possibile. Ciò può includere l'uso della comunicazione non verbale, l'evitare il confronto e l'imparare ad esprimere in modo assertivo i propri confini e a rifiutare situazioni che sembrano pericolose o minacciose.

La prevenzione dei conflitti è un potente mezzo di autodifesa, soprattutto per coloro che soffrono di sentimenti di impotenza e paura dell'aggressore. Anche il più piccolo conflitto può portare a gravi conseguenze, quindi è importante poterli evitare quando possibile.

Per coloro che provano sentimenti di impotenza e incertezza, la prevenzione dei conflitti offre l'opportunità di prendere il controllo della situazione prima che sfugga di mano. Ciò può essere particolarmente utile in situazioni in cui l'aggressore sta cercando di provocare o provocare un conflitto. La capacità di riconoscere i segnali di crescente tensione e prevenirne l'escalation può salvarti da conseguenze negative.

Un modo per prevenire i conflitti è utilizzare la comunicazione non verbale. Segnali non verbali come una camminata sicura, uno sguardo diretto ed espressioni facciali calme possono inviare un chiaro messaggio della tua fiducia e delle tue intenzioni. Questo può aiutare a prevenire i conflitti mostrando all'aggressore che non cederai alle sue provocazioni.

Inoltre, imparare ad allontanarsi dal confronto e trovare modi persuasivi per esprimere limiti e rifiuti è importante per coloro che si sentono vulnerabili di fronte a un aggressore. Sapere come rifiutare la partecipazione a una situazione pericolosa o minacciosa, senza usare aggressività o violenza, aiuta a mantenere la propria dignità e sicurezza.

L'evitamento dei conflitti può anche comportare l'imparare a scegliere luoghi e situazioni più sicuri per se stessi, evitando situazioni potenzialmente pericolose. Ciò può includere la scelta di aree affollate, aree pubbliche ben illuminate o aree sicure.

3. Evitare il pericolo: se una situazione diventa minacciosa o pericolosa, è importante sapere come sfuggire al pericolo. Ciò può comportare lo spostamento rapido e sicuro in un luogo sicuro, l'utilizzo dell'ambiente come copertura o semplicemente l'allontanamento da una persona o da un luogo potenzialmente pericoloso.

Evitare il pericolo è un aspetto importante dell'autodifesa, soprattutto per coloro che soffrono di sentimenti di impotenza e paura nei confronti di un aggressore. Quando una situazione inizia a minacciare la tua sicurezza, la capacità di reagire rapidamente e allontanarti dal pericolo può salvarti da gravi conseguenze.

Per coloro che si sentono vulnerabili di fronte a un aggressore, è importante riconoscere che allontanarsi dal pericolo non significa scappare o essere deboli, ma piuttosto una strategia per preservare la propria sicurezza e il proprio benessere. La capacità di valutare rapidamente una situazione e decidere il modo migliore per allontanarsi da una minaccia dimostra la tua autoprotezione e fiducia in te stesso.

È importante sapere come utilizzare l'ambiente come mezzo di rifugio o protezione. Potrebbe trattarsi di qualsiasi cosa, dal cercare rifugio in una folla di persone al cercare rifugio dietro le barriere o negli edifici. La capacità di trovare e utilizzare rapidamente un luogo sicuro può aiutarti a evitare il pericolo e prevenire l'aggressione.

Inoltre, evitare il pericolo può significare semplicemente allontanarsi da un luogo pericoloso o da una minaccia. Ciò potrebbe significare trasferirsi rapidamente in un altro luogo o anche semplicemente allontanarsi da un luogo in cui la situazione inizia a minacciare la tua sicurezza. È importante ricordare che evitare il pericolo non è un segno di debolezza, ma piuttosto un segno di preoccupazione per la propria sicurezza e il proprio benessere.

4. Protezione fisica: se non è possibile sfuggire al pericolo, a volte è necessario utilizzare la protezione fisica. Tuttavia, questa dovrebbe essere l'ultima risorsa e utilizzata solo quando assolutamente necessario. È importante usare solo la forza necessaria per neutralizzare la minaccia e cercare immediatamente aiuto il prima possibile.

La difesa fisica è l'ultima risorsa quando altri metodi di autodifesa si sono rivelati inefficaci o non disponibili. Per molte persone, soprattutto quelle che soffrono di sentimenti di impotenza e incertezza, l'idea di usare la forza fisica può causare paura e dubbi. Tuttavia, è importante comprendere che l'uso della protezione fisica dovrebbe essere limitato alle situazioni in cui la minaccia diventa immediata e schiacciante.

Per le vittime di aggressione che si sentono vulnerabili e hanno paura di usare la forza fisica, è importante rendersi conto che lo scopo della difesa fisica non è danneggiare l'aggressore, ma neutralizzare la minaccia e garantire la propria sicurezza. Ciò significa utilizzare la forza minima necessaria per fermare l'attacco e cercare immediatamente aiuto.

Quando si utilizza la difesa fisica, è importante rimanere calmi e concentrati. Spesso la reazione ad una situazione stressante può essere imprevedibile, per questo è importante apprendere tecniche di autodifesa che permettano di mantenere la calma e prendere decisioni basate su azioni razionali piuttosto che sulle emozioni.

È inoltre importante ricordare che l'uso della forza fisica deve essere proporzionato alla minaccia. Ciò significa che l'uso della forza deve essere commisurato al livello di minaccia e non deve superare il livello necessario per fermare l'attacco. Una volta neutralizzata la minaccia, è importante cercare immediatamente aiuto e fornire tutte le prove necessarie dell'accaduto.

5. Preparazione psicologica: infine, è estremamente importante essere preparati mentalmente per la situazione. Ciò include avere fiducia nelle proprie capacità, conoscere i propri diritti ed essere in grado di rispondere efficacemente a situazioni stressanti. La preparazione mentale comprende anche la capacità di rimanere calmi e lucidi in situazioni stressanti, il che consente di prendere decisioni ponderate ed efficaci.

La preparazione psicologica gioca un ruolo cruciale nella capacità di affrontare una situazione aggressiva. Per le vittime di bullismo che possono sentirsi deboli o insicure, la formazione psicologica diventa uno strumento importante per migliorare l'autostima e aumentare la fiducia in se stessi.

Innanzitutto, la preparazione psicologica include la fiducia in se stessi. Ciò significa comprendere le proprie capacità ed essere pronti ad agire in caso di minaccia. Le vittime di bullismo possono trarre beneficio da corsi di formazione o consulenza sull'autodifesa per aiutarle a sviluppare fiducia nelle proprie capacità e ad aumentare il senso di autostima.

In secondo luogo, la preparazione psicologica implica la conoscenza dei propri diritti. Molte vittime di bullismo potrebbero non conoscere i propri diritti o non avere esperienza nella ricerca di aiuto. Pertanto, è importante informarsi sui propri diritti e sapere come utilizzarli in modo efficace per proteggersi.

Inoltre, la preparazione psicologica comprende la capacità di rispondere efficacemente alle situazioni stressanti. Le vittime di bullismo possono provare forti emozioni e stress durante i conflitti e imparare a controllare le proprie emozioni e rimanere calmi può aiutarle a prendere decisioni ponderate ed efficaci.

È anche importante imparare a rimanere calmi e lucidi in situazioni stressanti. Ciò aiuterà le vittime del bullismo a prendere decisioni ponderate e razionali piuttosto che agire spinte dalle emozioni o dalla paura. Praticare regolarmente la meditazione, la respirazione profonda o altre tecniche di rilassamento può aiutarti a migliorare la tua capacità di rimanere calmo in situazioni stressanti.

Comprendere questi principi di autodifesa può aiutare le vittime di bullismo a sentirsi più sicure e preparate a gestire una varietà di situazioni. Ciò dà loro la capacità di controllare la propria sicurezza e di adottare misure efficaci per proteggersi in caso di minaccia.

La pratica di utilizzare oggetti di uso quotidiano per la difesa personale può essere molto utile per chi è stato vittima di un'aggressione. Ciò offre l'opportunità di imparare come utilizzare in modo efficace e sicuro i vari oggetti che potrebbero essere disponibili in caso di conflitto o attacco.

Esercitarsi con diversi oggetti nell'ambiente aiuta anche a sviluppare fiducia nelle proprie capacità e ad aumentare il senso di controllo sulla situazione. Quando una persona sa che può usare oggetti comuni per proteggersi, si sente più sicura e in grado di affrontare un potenziale pericolo.

Pertanto, è importante esercitarsi regolarmente con vari oggetti ambientali, condurre simulazioni di situazioni di conflitto e imparare a usarli in modo efficace. Ciò aiuterà non solo ad acquisire le necessarie capacità di autodifesa, ma anche a prepararsi a possibili minacce e ad aumentare la fiducia in se stessi.

Autodifesa utilizzando oggetti di uso quotidiano:

I - Matitapenna:

- Colpire i punti vulnerabili: è possibile utilizzare una matita o una penna per colpire i punti vulnerabili del corpo dell'aggressore, come gli occhi, il naso, la gola, la clavicola e l'inguine. Ad esempio, quando attacchi, puoi colpire l'attaccante negli occhi o nella gola con una matita per indebolire il suo attacco e creare un'opportunità di fuga.

- Bloccare i colpi: è possibile utilizzare anche una matita o una penna per bloccare i colpi diretti verso la vittima. Ad esempio, una persona può utilizzare una maniglia per proteggere la propria testa sollevandola davanti a sé durante un attacco per evitare un colpo.

- Mantenimento della distanza: è possibile utilizzare una matita o una penna per creare una distanza tra la vittima e l'aggressore. Una persona può allungare la mano con una matita o una penna davanti a sé per respingere un aggressore o creare un ostacolo temporaneo tra sé e l'aggressore.

- Richiesta di aiuto: in caso di attacco è possibile utilizzare anche una matita o una penna per richiamare l'attenzione degli altri. La vittima può urlare o agitare una penna o una matita per attirare l'attenzione e aiutare.

Questi metodi possono essere efficaci per l'autodifesa in situazioni critiche e sono accessibili a quasi tutti, poiché di solito una matita o una penna sono a portata di mano. Tuttavia, è importante ricordare che l'uso di questi articoli per l'autodifesa dovrebbe essere limitato a situazioni critiche in cui non ci sono altre opzioni e l'obiettivo dovrebbe essere quello di creare un'opportunità di fuga e chiedere aiuto.

II - Borsa:

- Creare distanza: se ti trovi in una situazione in cui devi creare distanza tra te e l'aggressore, la borsa può essere utilizzata come barriera temporanea. Puoi estendere la borsa davanti a te e usarla per spingere indietro il tuo aggressore e creare spazio per la ritirata.

- Deviare i pugni: il sacco può essere utilizzato anche per deviare i pugni. Puoi tenere la borsa davanti a te e usarla per bloccare i colpi di un attaccante. È importante cercare di ridurre i danni subiti finché non hai l'opportunità di scappare o chiedere aiuto.

- Utilizzo come arma: in casi estremi, quando non ci sono altre opzioni, la borsa può essere utilizzata come arma. Puoi colpire il tuo aggressore con un sacchetto o lanciarlo nella sua direzione per distrarlo e creare un'opportunità di fuga.

- Mantenimento della distanza: La borsa può essere utilizzata anche per mantenere la distanza durante gli spostamenti. Puoi tenere la borsa davanti a te e usarla per respingere un aggressore se tenta di avvicinarsi a te.

È importante ricordare che l'uso di una borsa per l'autodifesa dovrebbe essere limitato a situazioni critiche in cui non ci sono altre opzioni e l'obiettivo dovrebbe essere quello di creare un'opportunità di fuga e chiedere aiuto. Ricorda inoltre che la tua sicurezza viene prima di tutto e il tuo obiettivo è allontanarti da una situazione pericolosa il più rapidamente possibile.

III - Chiavi:

- Colpire: puoi tenere le chiavi tra le dita in modo che sporgano dal pugno e usarle per colpire i punti vulnerabili del corpo di un aggressore, come gli occhi, il naso, la gola o l'inguine. Ciò potrebbe causare uno shock doloroso e darti l'opportunità di andartene.

- Difesa dagli attacchi: se un aggressore ti attacca da dietro o di lato, puoi usare le chiavi per difenderti. Afferrando le chiavi con una presa salda, puoi usarle per colpire o colpire il tuo aggressore per distrarlo e creare un'opportunità di fuga.

- Trafiggere: in situazioni estreme, quando la tua vita è a rischio, puoi provare a trafiggere o pugnalare l'aggressore con le chiavi. Questo deve essere fatto in una situazione critica, quando non ci sono altre opzioni e il tuo obiettivo è sopravvivere.

- Utilizzo come arma soffocante: se sei in corpo a corpo con un aggressore, puoi usare i tasti per esercitare pressione sui punti sensibili del collo o della testa per indebolirlo e permetterti di scappare.

È importante ricordare che l'uso delle chiavi come arma di autodifesa dovrebbe essere l'ultima risorsa e dovrebbe essere utilizzato solo in situazioni estremamente pericolose quando non ci sono altre opzioni. Il tuo obiettivo è creare un'opportunità per scappare e chiedere aiuto. Ricorda inoltre che la tua sicurezza è la cosa più importante e dovresti fare tutto il possibile per proteggerti in caso di attacco.

IV - Ombrelli:

- Deviare gli attacchi: l'ombrello può essere utilizzato per deviare gli attacchi di un attaccante. Puoi far oscillare rapidamente l'ombrello, tenendolo di fronte a te, per deviare i colpi delle tue mani o gli oggetti che potrebbero essere lanciati verso di te. Questo potrebbe darti più tempo per reagire o scappare.

- Creare un rifugio temporaneo: in caso di attacco o aggressione, è possibile utilizzare gli ombrelli per creare un rifugio temporaneo. Puoi sollevare l'ombrello sopra di te o tenerlo di fronte a te per creare una barriera tra te e il tuo aggressore. Questo può aiutarti a proteggerti dallo shock e darti il tempo di pianificare i tuoi prossimi passi.

- Utilizzo come arma: l'ombrello può essere utilizzato come arma improvvisata per respingere o attaccare un aggressore. Puoi usare la punta dell'ombrello per colpire i punti vulnerabili del corpo di un aggressore o per spaventarlo. Tuttavia, ricorda che l'uso dell'ombrello come arma dovrebbe essere l'ultima risorsa e utilizzato solo quando assolutamente necessario.

-Distrazione: anche se l'ombrello non è un'arma potente, il suo utilizzo può distrarre l'attenzione dell'aggressore e darti l'opportunità di scappare o chiedere aiuto. Raccogliere un ombrello e presentarlo può far sì che il tuo aggressore si fermi e lo confonda per qualche istante, il che potrebbe essere sufficiente per permetterti di scappare sano e salvo.

È importante ricordare che l'uso di un ombrello per autodifesa deve essere effettuato con cautela e solo in situazioni estreme in cui è a rischio la vita o la sicurezza. L'obiettivo principale è proteggersi e chiedere aiuto.

V- Penna a sfera:

- Colpire i punti vulnerabili: una penna a sfera ha una punta che può essere utilizzata per colpire i punti vulnerabili del corpo di un aggressore. Ad esempio, puoi mirare un colpo agli occhi, al naso, alla gola, al mento o ad altre aree morbide e sensibili per causare dolore e compromissione temporanea delle funzioni dell'aggressore.

- Difesa dagli attacchi: se un aggressore si avvicina a te, puoi utilizzare la penna a sfera come arma improvvisata per deviare o deviare i suoi attacchi. Ad esempio, puoi fare un rapido movimento della maniglia verso un aggressore per deviare il suo colpo o distrarre la sua attenzione.

- Usa come artiglio: se non hai la capacità di usare la punta dell'impugnatura per colpire, puoi usarla come artiglio per graffiare o afferrare il tuo aggressore. Questo può anche essere un modo efficace per spaventare un aggressore e creare una barriera temporanea tra te e lui.

- Utilizzo come arma di presa: se necessario, è possibile utilizzare una penna a sfera per eseguire tecniche di presa o di trattenimento su un aggressore. Ad esempio, puoi prendere una maniglia in mano e usarla per esercitare pressione su punti sensibili del corpo del tuo aggressore per costringerlo a rilasciarti o a perdere il controllo.

Indipendentemente dal metodo di utilizzo, è importante ricordare che la penna a sfera deve essere utilizzata solo quando è assolutamente necessario per proteggersi dagli attacchi. Questa è una misura di autodifesa di ultima istanza e dovrebbe essere utilizzata solo se esiste una minaccia reale per la tua vita o sicurezza.

VI - Punti:

- Protezione degli occhi: gli occhiali possono servire come protezione temporanea per gli occhi in caso di attacco. Se un aggressore tenta di attaccarti al viso o alla testa, puoi abbassare rapidamente la testa o premere gli occhiali sul viso per proteggere gli occhi dai colpi.

- Creare distanza: i punti possono essere utilizzati per creare una distanza temporanea tra te e il tuo aggressore. Ad esempio, puoi toglierti rapidamente gli occhiali e lanciarli in direzione di un aggressore per distrarre la sua attenzione e creare un'opportunità di fuga.

- Utilizzo come arma: se gli occhiali hanno un bordo forte o affilato, possono essere usati come arma improvvisata. Ad esempio, puoi usare il bordo degli occhiali per colpire un aggressore in faccia o in altri punti vulnerabili per spaventarlo e dargli il tempo di scappare.

- Minaccia per l'attaccante: mostrare semplicemente i tuoi punti all'attaccante può fungere da minaccia e avvertire che sei pronto a difenderti. Questo potrebbe farlo riflettere sulle sue azioni e darti il tempo di adottare misure di autoprotezione.

È importante ricordare che l'uso degli occhiali per l'autodifesa dovrebbe essere l'ultima risorsa e dovrebbe essere utilizzato solo se esiste una minaccia reale per la propria sicurezza. Inoltre, tieni presente che gli occhiali possono essere danneggiati durante l'autodifesa, quindi preparati a sostituirli dopo un incidente.

VII - Elettrodomestici:

- Impatto: molti elettrodomestici sono pesanti e abbastanza resistenti da poter essere utilizzati per l'impatto. Ad esempio, puoi prendere un asciugacapelli o un ferro da stiro e usarlo come un martello improvvisato per colpire l'aggressore. Ciò può causare abbastanza dolore da distrarre l'aggressore, dandoti il tempo di scappare o chiedere aiuto.

- Crea una barriera temporanea: alcuni articoli per la casa possono essere utilizzati per creare una barriera temporanea. Ad esempio, se disponi di un forno a microonde o di un bollitore elettrico, puoi posizionarlo sul percorso dell'aggressore per creare un ostacolo temporaneo e guadagnare tempo per scappare o chiedere aiuto.

- Utilizzo di fili: se gli oggetti domestici sono dotati di fili o corde elettriche, possono essere utilizzati per avvolgere le mani o creare un nodo primitivo per catturare o sottomettere un aggressore. Questo può aiutarti a mantenere il controllo della situazione e a mantenerti al sicuro finché non arrivano i soccorsi.

- Schermatura improvvisata: alcuni oggetti domestici, come un ferro da stiro o un asciugacapelli, possono essere utilizzati per creare uno scudo temporaneo o un riparo dagli attacchi. Puoi usarli per proteggerti dall'essere colpito o attaccato finché non puoi agire o chiedere aiuto.

È importante ricordare che l'uso di articoli domestici per l'autodifesa dovrebbe essere l'ultima risorsa e dovrebbe essere utilizzato solo se esiste una minaccia reale per la tua sicurezza. Inoltre, fai attenzione a garantire che l'utilizzo di questi articoli sia conforme alle leggi della tua regione.

VIII - Abbigliamento:

- Crea copertura temporanea: se hai una giacca o un cappotto, puoi usarli per creare una copertura temporanea da un attacco. Ad esempio, puoi aprire la giacca e usarla come scudo per proteggerti da colpi o attacchi con armi. Ciò ti darà più tempo per valutare la situazione e decidere ulteriori azioni.

- Usare i vestiti come ostacolo: puoi anche usare i tuoi vestiti per creare un ostacolo temporaneo tra te e il tuo aggressore. Ad esempio, puoi toglierti la giacca o la maglietta e lanciarla in faccia al tuo aggressore per confonderlo e dargli il tempo di scappare o chiedere aiuto.

- Protezione dallo strangolamento: alcuni capi di abbigliamento, come sciarpe o cinture, possono essere utilizzati per proteggersi dallo strangolamento. Se il tuo aggressore sta cercando di soffocarti, puoi usare una sciarpa o una cintura per creare una barriera temporanea tra le sue mani e il tuo collo, dandoti l'opportunità di liberarti o controllare la situazione.

- Protezione estemporanea dagli impatti: i tuoi indumenti possono anche fungere da protezione estemporanea da impatti o traumi contundenti. Ad esempio, puoi arrotolare la giacca o la maglietta e usarla come cuscino per assorbire gli urti o proteggerti da oggetti appuntiti.

Tuttavia, è importante ricordare che l'uso di indumenti autoprotettivi dovrebbe essere l'ultima risorsa e utilizzato solo quando assolutamente necessario. Tieni presente che l'uso di indumenti protettivi può essere temporaneo e potrebbe richiedere ulteriori azioni per garantire la tua sicurezza.

IX - Telefono cellulare:

- Colpo: Il cellulare può essere utilizzato per colpire in caso di attacco. Puoi prendere il telefono dalla custodia e usarlo come oggetto pesante per colpire l'aggressore. Tuttavia, ricorda che ciò può causare gravi danni, quindi dovresti utilizzare questo metodo solo come ultima risorsa quando non ci sono altre opzioni.

- Distrazione: in caso di attacco, puoi lanciare il telefono verso l'aggressore per distogliere la sua attenzione e dargli il tempo di scappare. Questo potrebbe darti secondi extra per chiedere aiuto o trovare un luogo sicuro.

- Richiesta di aiuto: in caso di minaccia o attacco, il telefono cellulare consente di chiamare rapidamente aiuto. Puoi chiamare il 911 o la polizia per segnalare la situazione e richiedere assistenza.

- Registrare ciò che accade: il telefono cellulare può essere utilizzato anche per registrare ciò che accade. Puoi abilitare la registrazione video o audio sul telefono per acquisire i dettagli dell'attacco o della minaccia. Questa può essere una prova utile quando ci si rivolge alla polizia o al tribunale.

- Invio di messaggi di aiuto: se non puoi parlare al telefono, puoi inviare un SMS o utilizzare la funzione "SOS" del tuo cellulare per avvisare automaticamente i tuoi contatti della tua situazione e richiedere aiuto.

- Utilizzo del GPS: molti telefoni cellulari dispongono di una funzione GPS integrata che può aiutare i servizi di emergenza a determinare la tua posizione. Ciò è particolarmente utile se non riesci a individuare la tua posizione tramite telefono.

- Utilizzo delle app di sicurezza: esistono app di sicurezza mobile dedicate che ti consentono di inviare segnali di soccorso o chiedere aiuto con il semplice tocco di un pulsante. Queste app possono essere utili in caso di minaccia o attacco.

- Avviso di soccorso: se il tuo telefono ha la capacità di inviare un avviso di soccorso o chiedere aiuto con il semplice tocco di un pulsante, puoi utilizzare questa funzione in caso di minaccia o attacco. I programmi e le applicazioni di sicurezza sul mercato possono anche includere funzionalità per inviare automaticamente avvisi di soccorso in determinate condizioni.

- Allarme sonoro: alcune app mobili offrono una funzione di allarme sonoro che può essere utilizzata per attirare l'attenzione delle persone intorno a te in caso di attacco. Ciò può aiutare ad attirare l'attenzione sulla tua situazione e chiedere aiuto.

Sebbene il cellulare possa essere un utile strumento di autoprotezione in determinate situazioni, è importante ricordare che la tua sicurezza personale dovrebbe essere il tuo obiettivo principale. Usa il tuo telefono per chiedere aiuto e metti al primo posto la tua sicurezza. È importante ricordare che il cellulare può essere un potente strumento di autoprotezione, ma deve anche essere utilizzato con saggezza e attenzione. Cerca di mantenere il telefono carico e accessibile quando necessario e ricorda che la tua sicurezza viene sempre prima delle cose materiali.

X - Accendino:
- Come oggetto da colpire o come arma improvvisata per la difesa in una situazione critica.

- Creazione di fumo: in alcuni casi è possibile utilizzare un accendino per creare fumo. Per fare ciò, puoi premere il pulsante dell'accendino senza aprirlo e puntarlo verso l'aggressore. Il fumo può creare una cortina temporanea che nasconde la tua posizione o rende difficile la vista a un aggressore.

- Fuoco: se la situazione è critica e richiede l'uso del fuoco per autodifesa, puoi usare un accendino per creare il fuoco. Ad esempio, puoi dare fuoco a un lupo mannaro a un aggressore se ciò è necessario per la tua protezione.

È importante ricordare che l'uso di un accendino o di una chiavetta USB per autodifesa richiede cautela e deve essere giustificato dalla situazione. L'obiettivo è la tua sicurezza, quindi l'uso di questi articoli dovrebbe essere giustificato e considerato come ultima risorsa in una situazione critica.

XI - Sciarpa o cintura:

- Legare o immobilizzare l'aggressore: in una situazione critica, è possibile utilizzare una sciarpa o una cintura per legare le mani dell'aggressore, consentendo di immobilizzarlo temporaneamente e creare un'opportunità di fuga o di chiedere aiuto.

- Crea una barriera temporanea: puoi agitare una sciarpa o una cintura per creare una barriera temporanea tra te e l'aggressore. Questo potrebbe darti più tempo per valutare la situazione o intraprendere altre azioni di autoprotezione.

- Armi di autodifesa: in caso di attacco è possibile utilizzare una sciarpa o una cintura per colpire l'aggressore. Possono essere usati come petardi o, se abbastanza lunghi, come frusta per respingere un attacco e difendersi.

- Creare un riparo temporaneo: se sei in pericolo, puoi usare una sciarpa o una cintura per creare un riparo temporaneo, ad esempio per attutire i suoni, ripararti dalla pioggia o nasconderti da un aggressore.

Ricorda che queste azioni dovrebbero essere intraprese solo quando assolutamente necessarie e nel rispetto della legge. L'autodifesa deve essere proporzionata alla minaccia e deve essere evitata la violenza non necessaria.

XII - Bottiglia di plastica:

- Colpire: per colpire l'aggressore è possibile utilizzare una bottiglia di plastica riempita con acqua o altro liquido. Puoi colpire la bottiglia per respingere un attacco o proteggerti dalla violenza fisica.

- Creare una protezione temporanea: se non disponi di altri mezzi di protezione, puoi utilizzare una bottiglia di plastica per creare una protezione temporanea. Ad esempio, puoi tenere una bottiglia davanti a te come scudo per deviare o proteggerti dai colpi.

- Schizzare l'aggressore: in caso di attacco, puoi schizzare l'aggressore con acqua da una bottiglia di plastica. Ciò può creare più tempo e opportunità per scappare o chiedere aiuto e può distrarre o disorientare l'aggressore.

Ricorda che l'uso di una bottiglia di plastica per autodifesa dovrebbe essere proporzionato al livello di minaccia e dovresti cercare di evitare la violenza, se possibile. Tieni inoltre presente che l'efficacia di questo metodo può dipendere dalla tua situazione e dalle circostanze specifiche.

XIII - Portafoglio o borsetta:

- Creare distanza: puoi usare il portafoglio o la borsa per creare distanza tra te e l'aggressore. Puoi sventolarli davanti a te per spaventare un aggressore o renderlo diffidente, mentre ti ritiri o ti allontani dal pericolo.

- Distrazione: puoi lanciare un portafoglio o una borsa verso un aggressore per distrarre la sua attenzione e dargli più tempo per scappare o chiedere aiuto. Questo può creare un momento di sorpresa e darti la possibilità di intraprendere altre azioni.

- Protezione temporanea: se non disponi di altri mezzi di protezione, puoi utilizzare il portafoglio o la borsa per coprirti o proteggerti dagli urti. Ad esempio, puoi tenerli davanti a te come scudo o usarli per attutire i colpi.

È importante ricordare che un portafoglio o una borsa non è un mezzo di protezione perfetto e il suo utilizzo dovrebbe essere proporzionato al livello di minaccia. Cerca di evitare la violenza, se possibile, e cerca sempre di risolvere la situazione in modo sicuro.

XIV - Giornale o rivista:

- Crea una protezione temporanea: puoi utilizzare un giornale o una rivista per proteggerti da colpi o attacchi. Piega il giornale a metà o in un quarto e tienilo davanti a te come uno scudo temporaneo. Questo può aiutarti ad ammorbidire i colpi e darti il tempo di reagire o scappare.

- Distrazione: lanciare un giornale o una rivista verso un aggressore può distrarre la sua attenzione per qualche istante, dandoti la possibilità di compiere altre azioni. Questo può essere utile se non hai altri mezzi di difesa o non hai modo di scappare.

- Utilizzo come arma: in alcune situazioni, puoi utilizzare un giornale o una rivista come arma temporanea. Ad esempio, puoi farlo roteare e usarlo come bastone per l'autodifesa. Tuttavia, questa dovrebbe essere l'ultima risorsa e utilizzata solo quando assolutamente necessario.

È importante ricordare che un giornale o una rivista è solo una soluzione temporanea e il tuo obiettivo principale dovrebbe essere quello di evitare la violenza e mantenerti al sicuro. Cerca sempre di usare l'autodifesa con saggezza e solo quando assolutamente necessario.

XV - Cappello o berretto: può essere utilizzato per proteggere la testa dai colpi o per creare ulteriore distanza da un attacco.

- Protezione della testa: un cappello o un berretto può servire come protezione temporanea della testa dagli urti. Sebbene ciò non fornisca alcuna protezione, può attutire leggermente il colpo e prevenire lesioni gravi.

- Creare distanza: puoi usare un cappello o un berretto per creare spazio extra tra te e il tuo aggressore. Se un aggressore tenta di avvicinarsi a te, puoi agitare il copricapo davanti a te per spaventarlo o rendergli più difficile l'avvicinamento.

- Distrazione: lanciare un cappello o un berretto verso un aggressore può distrarre temporaneamente la sua attenzione e darti tempo extra per eseguire altre azioni. Questo può essere utile se stai cercando di andartene o chiedi aiuto.

Un cappello o un berretto non è certamente il mezzo di autodifesa più efficace, ma in una situazione critica può aiutarti a guadagnare secondi preziosi per prendere decisioni o intraprendere altre azioni per garantire la tua sicurezza.

L'addestramento e la preparazione all'uso degli oggetti di uso quotidiano per l'autodifesa sono fondamentali per aumentare le possibilità di sopravvivenza e garantire la sicurezza personale. Ecco alcuni aspetti da considerare:

1. Conoscere le capacità degli oggetti: è importante capire quali oggetti nel proprio ambiente possono essere utilizzati per l'autodifesa e quali azioni specifiche possono eseguire. Ad esempio, dovresti sapere che una matita può essere utilizzata per colpire i punti vulnerabili o che le chiavi possono fungere da arma di difesa in caso di attacco.

2. Tecniche d'uso: è importante condurre un addestramento in cui si impari a utilizzare efficacemente questi articoli in varie situazioni di autodifesa. Ciò potrebbe comportare la pratica di pugni, parate, schivate e altre tecniche utilizzando oggetti disponibili nel tuo ambiente.

3. Reazione alle situazioni stressanti: la preparazione include anche l'allenamento della risposta alle situazioni stressanti. In un attacco reale, il tuo comportamento potrebbe essere seriamente inibito, ed è importante possedere abilità pratiche che possano essere attivate automaticamente.

4. Maggiore fiducia: praticare l'uso di oggetti di uso quotidiano per l'autodifesa aiuta ad aumentare la fiducia in se stessi e la prontezza ad agire. Più ti eserciti, più queste abilità diventeranno abituali, rendendoti più preparato a rispondere efficacemente a una minaccia.

5. Pratica regolare: è importante non solo padroneggiare le abilità, ma anche mantenerle e migliorarle regolarmente. La formazione regolare e le simulazioni pratiche ti aiutano a mantenere le tue reazioni acute e a migliorare le tue capacità di autodifesa.

L'addestramento all'uso degli oggetti di uso quotidiano per l'autodifesa richiede disciplina, costanza e autodisciplina. Tuttavia, è un investimento nella tua sicurezza e nella capacità di proteggerti in caso di minaccia.

L'addestramento e la preparazione all'uso degli oggetti di uso quotidiano per l'autodifesa sono fondamentali per aumentare le possibilità di sopravvivenza e garantire la sicurezza personale. Ecco alcuni aspetti da considerare:

1. Conoscere le capacità degli oggetti: è importante capire quali oggetti nel proprio ambiente possono essere utilizzati per l'autodifesa e quali azioni specifiche possono eseguire. Ad esempio, dovresti sapere che una matita può essere utilizzata per colpire i punti vulnerabili o che le chiavi possono fungere da arma di difesa in caso di attacco.

2. Tecniche d'uso: è importante condurre un addestramento in cui si impari a utilizzare efficacemente questi articoli in varie situazioni di autodifesa. Ciò potrebbe comportare la pratica di pugni, parate, schivate e altre tecniche utilizzando oggetti disponibili nel tuo ambiente.

3. Reazione alle situazioni stressanti: la preparazione include anche l'allenamento della risposta alle situazioni stressanti. In un attacco reale, il tuo comportamento potrebbe essere seriamente inibito, ed è importante possedere abilità pratiche che possano essere attivate automaticamente.

4. Maggiore fiducia: praticare l'uso di oggetti di uso quotidiano per l'autodifesa aiuta ad aumentare la fiducia in se stessi e la prontezza ad agire. Più ti eserciti, più queste abilità diventeranno abituali, rendendoti più preparato a rispondere efficacemente a una minaccia.

5. Pratica regolare: è importante non solo padroneggiare le abilità, ma anche mantenerle e migliorarle regolarmente. La formazione regolare e le simulazioni pratiche ti aiutano a mantenere le tue reazioni acute e a migliorare le tue capacità di autodifesa.

L'addestramento all'uso degli oggetti di uso quotidiano per l'autodifesa richiede disciplina, costanza e autodisciplina. Tuttavia, è un investimento nella tua sicurezza e nella capacità di proteggerti in caso di minaccia.

Padroneggiare le abilità di autodifesa utilizzando gli oggetti circostanti gioca un ruolo chiave nel garantire la sicurezza personale:

- Maggiore difesa: sapere come utilizzare l'ambiente circostante per difendersi aumenta la tua capacità di rispondere alle minacce e di difenderti in una varietà di situazioni.

- Potenziamento: l'utilizzo degli oggetti disponibili come strumenti di autodifesa espande il tuo arsenale di capacità, permettendoti di rispondere efficacemente alle minacce anche se non hai una formazione speciale nelle arti marziali o nell'autodifesa.

- Maggiore fiducia: sapere che puoi utilizzare gli oggetti nel tuo ambiente per proteggerti aumenta la tua sicurezza e il senso di controllo in situazioni potenzialmente pericolose.

- Preparazione proattiva: apprendere le abilità di autodifesa utilizzando l'ambiente circostante ti consente di essere proattivo riguardo alla tua sicurezza piuttosto che dipendere esclusivamente da fattori esterni o forza di volontà.

- Pratici e accessibili: la maggior parte degli oggetti che possono essere utilizzati per l'autodifesa si trovano solitamente a portata di mano nella vita di tutti i giorni, rendendoli pratici e accessibili da utilizzare quando necessario.

Pertanto, padroneggiare le abilità di autodifesa utilizzando gli oggetti circostanti è una parte importante per garantire la sicurezza personale. Ciò aiuta ad aumentare la protezione, aumentare la fiducia e garantire una preparazione proattiva per possibili minacce.

❖ · ❖ · ❖ · ❖ · ❖ · ❖ · ❖ · ❖ · ❖ · ❖ · ❖ · ❖ · ❖ · ❖

Capitolo 21.
Sviluppare forza e fiducia. Consiglio pratico.

Per sviluppare forza e fiducia, si consiglia alle vittime di violenza di genere di:

1. Attività fisica: l'esercizio fisico regolare, come lo sport o il fitness, ti aiuterà a rafforzare il tuo corpo e ad aumentare la tua sicurezza. Scegli gli sport che ti piacciono e praticali regolarmente.

L'attività fisica non è solo un aspetto chiave dell'assistenza sanitaria, ma anche un potente strumento per rafforzare la fiducia e l'autostima, soprattutto per coloro che hanno subito violenza di genere e si sentono vulnerabili e insicuri. Ecco alcuni modi in cui l'attività fisica può essere particolarmente utile per le vittime di violenza di genere:

- Salute fisica: l'esercizio fisico regolare aiuta a migliorare la salute generale, a rafforzare i muscoli e le ossa, a migliorare la salute cardiovascolare e ad aumentare la resistenza. Questo crea una sensazione di forza fisica e vitalità, che può aiutarti a sentirti più sicuro nella vita di tutti i giorni e ad affrontare le sfide.

- Benessere emotivo: l'attività fisica rilascia endorfine, gli ormoni del benessere che possono migliorare l'umore, ridurre lo stress e l'ansia e migliorare il sonno. Per le vittime di violenza di genere che soffrono di ansia e depressione, ciò può essere particolarmente prezioso.

- Miglioramento dell'autostima: i risultati ottenuti nell'esercizio fisico possono aiutare a rafforzare l'autostima. Quando ottieni nuovi risultati, migliori le tue capacità o vedi progressi nella tua forma fisica, convalida la tua capacità di raggiungere i tuoi obiettivi e migliora il tuo senso di te stesso.

- Aspetti sociali: le attività sportive o di fitness sono spesso svolte in formato di gruppo, il che offre opportunità di comunicazione e di rafforzamento dei legami sociali. Ciò può essere particolarmente importante per coloro che si sentono isolati o insicuri a causa di esperienze di violenza di genere.

- Gestione delle emozioni: l'attività fisica può essere un'espressione e un modo per gestire le emozioni negative. L'esercizio fisico può servire come un modo per rilasciare stress, rabbia o frustrazione, prevenendone l'accumulo e riducendone l'impatto sul tuo stato mentale.

- Aumento di energia e concentrazione: l'attività fisica aiuta ad aumentare i livelli di energia e a migliorare la concentrazione, il che può aiutarti a concentrarti meglio sulle attività quotidiane e a superare le sfide.

L'attività fisica è quindi un potente strumento per migliorare l'autostima, la fiducia e il benessere generale, rendendola particolarmente vantaggiosa per le sopravvissute alla violenza di genere che sono alla ricerca di modi per migliorare la propria sicurezza psicologica ed emotiva.

2. Addestramento di autodifesa: frequentare un corso di autodifesa o un allenamento di arti marziali non solo può insegnarti le basi dell'autodifesa, ma anche aumentare la tua autostima.

L'autodifesa è un'abilità che può essere importante in una varietà di situazioni, soprattutto quando si tratta di violenza di genere o altre forme di aggressione. Seguire un corso di difesa personale o praticare arti marziali non solo ti darà le capacità fisiche per difenderti, ma può anche aumentare notevolmente la tua fiducia nelle tue capacità e nella capacità di gestire situazioni simili.

Una delle componenti chiave dell'autodifesa è la consapevolezza della propria forza e capacità. Molte vittime di violenza o aggressione di genere spesso si sentono impotenti e hanno paura dei loro aggressori. L'addestramento all'autodifesa aiuta a cambiare questo atteggiamento dando alle persone la sicurezza necessaria per proteggersi se necessario.

Inoltre, l'allenamento di autodifesa aiuta a sviluppare la forma fisica e la coordinazione. Non solo è utile per un'efficace autodifesa, ma promuove anche la salute e il benessere generale. L'attività fisica può anche ridurre lo stress e migliorare l'autostima, il che è particolarmente importante per coloro che subiscono violenza o aggressione di genere.

Tuttavia, l'autodifesa non riguarda solo l'allenamento fisico, ma anche lo sviluppo delle abilità psicologiche. La formazione discute in genere anche le strategie per evitare i conflitti, la gestione dello stress e la fiducia in se stessi. Queste abilità possono essere importanti non solo per proteggersi in caso di attacco, ma anche per prevenire l'insorgere di conflitti o l'escalation dell'aggressione.

Inoltre, imparare l'autodifesa può creare una forte comunità di persone che la pensano allo stesso modo che ti supporteranno e ti guideranno attraverso il processo di apprendimento. Ciò è particolarmente importante per coloro che sono sensibili all'aggressività e sperimentano la paura degli aggressori. Sapere di avere il sostegno dei tuoi allenatori e colleghi ti aiuterà a sentirti più sicuro e preparato ad affrontare la sfida.

In definitiva, imparare l'autodifesa può essere non solo un modo per imparare a difendersi, ma anche un percorso verso una maggiore autostima, fiducia in se stessi e benessere generale. È uno strumento importante per tutti, soprattutto per coloro che subiscono violenza di genere o altre forme di aggressione, e può aiutarli a spezzare il ciclo della violenza e a costruire relazioni più sane con se stessi e con gli altri.

3. Sviluppo delle capacità comunicative: insegna le capacità di comunicazione sicura con gli altri, impara a parlare dei tuoi confini e pretendi rispetto. Questo ti aiuterà a sentirti più sicuro e ad avere il controllo della situazione.

Lo sviluppo delle capacità comunicative è una componente importante non solo per una socializzazione di successo, ma anche per garantire il proprio benessere e la protezione dalle aggressioni. Per le vittime di violenza di genere, in particolare per quelle sensibili e prive di fiducia in se stesse, imparare a comunicare i propri confini e a esigere rispetto è fondamentale per il processo di superamento della paura e di ricostruzione della fiducia in se stesse.

Il primo passo per sviluppare fiducia nella comunicazione è riconoscere il proprio valore e il diritto a essere rispettati. Le vittime di violenza di genere spesso sentono che la loro voce non ha importanza o che meritano di essere attaccate. Tuttavia, questo non è il caso. La fiducia nei propri diritti e la capacità di parlare dei propri bisogni e dei propri limiti è la base di relazioni sane e protezione dalla manipolazione.

Innanzitutto, devi imparare ad esprimere i tuoi pensieri e sentimenti in modo chiaro e chiaro. Ciò include imparare a dire "no" in situazioni in cui il tuo benessere è compromesso e non aver paura di esprimere la tua opinione, anche se diversa da quella degli altri. Praticare affermazioni e auto-rafforzamento positivo può aiutarti ad aumentare la fiducia in te stesso e assicurarti di fare la cosa giusta.

Un aspetto importante dello sviluppo delle capacità comunicative è anche la capacità di stabilire e mantenere i confini. Ciò significa determinare cosa è accettabile per te e cosa non lo è, e comunicarlo chiaramente agli altri. I confini possono riguardare sia lo spazio fisico che gli aspetti emotivi o psicologici della tua vita. Ad esempio, se qualcuno ha oltrepassato i tuoi limiti personali, è importante rispondere e comunicarlo alla persona, stabilendo confini chiari per le interazioni future.

Tuttavia, è importante ricordare che stabilire dei limiti non significa insultare o attaccare gli altri, ma piuttosto proteggere te stesso e i tuoi bisogni. Ciò consente di creare relazioni sane e reciprocamente rispettose basate sulla comprensione e sul rispetto reciproci.

Infine, la formazione sulle abilità comunicative dovrebbe includere anche il lavoro sulla capacità di rispondere efficacemente al comportamento aggressivo degli altri. Ciò può includere tecniche di allentamento della tensione come mantenere un tono di voce calmo ed evitare il confronto, nonché imparare a cercare aiuto dalle autorità competenti o da individui che possono aiutare a risolvere il problema.

Nel complesso, lo sviluppo delle capacità comunicative è un processo che richiede tempo, pazienza e pratica. Per le vittime di violenza di genere o di altre forme di aggressione, ciò può essere particolarmente difficile a causa delle paure represse e delle esperienze negative. Tuttavia, con un graduale miglioramento personale e il sostegno degli altri, è abbastanza realizzabile e può portare a miglioramenti significativi nell'autostima, nella fiducia in se stessi e nel controllo delle situazioni.

4. Pratica l'assertività: impara ad essere assertivo piuttosto che aggressivo o passivo. Impara ad esprimere i tuoi pensieri e sentimenti in modo chiaro e sicuro senza violare i diritti degli altri.

La pratica dell'assertività gioca un ruolo chiave nella formazione di relazioni interpersonali sane ed efficaci. Per le vittime di aggressioni e violenza di genere, soprattutto per quelle sensibili e insicure, lo sviluppo di capacità assertive può essere un potente strumento per proteggere e migliorare l'armonia personale.

È importante distinguere l'assertività dall'aggressività e dalla passività. Il comportamento assertivo implica la capacità di esprimere i propri pensieri, sentimenti e bisogni in modo chiaro e sicuro, pur mantenendo il rispetto per i diritti e i sentimenti degli altri. Ciò ci consente di stabilire limiti, proteggere i nostri interessi e risolvere i conflitti senza usare la violenza o ferire gli altri.

Per sviluppare assertività, è necessario iniziare con la consapevolezza dei propri diritti e valori. Le vittime di aggressioni o di violenza di genere possono spesso sentirsi impotenti o indegne di rispetto. Tuttavia, ogni persona ha diritto ai propri pensieri, sentimenti e confini e le capacità assertive aiutano a proteggere questi diritti.

Allora dovresti imparare a esprimere i tuoi pensieri e sentimenti in modo chiaro e sicuro. Ciò include l'uso di un linguaggio chiaro e comprensibile, l'evitare colpe e insulti ed esprimere i propri bisogni senza aggressività o sottomissione. Anche praticare l'empatia e comprendere i sentimenti degli altri è una parte importante della comunicazione assertiva.

Inoltre, l'assertività presuppone la capacità di rispondere efficacemente alle situazioni di conflitto. Ciò include imparare a gestire le proprie emozioni, ascoltare i punti di vista degli altri e cercare soluzioni reciprocamente accettabili. Ad esempio, invece di reagire all'aggressività con aggressività, una persona assertiva può utilizzare tecniche di allentamento e di compromesso.

È importante notare che sviluppare l'assertività è un processo che richiede tempo e pratica. Per le vittime di violenza o aggressione di genere, ciò può essere particolarmente difficile a causa delle paure accumulate e delle esperienze negative. Tuttavia, con il sostegno e la formazione, possono imparare a difendere se stessi e i propri diritti e a costruire relazioni sane basate sul rispetto e sulla comprensione reciproci.

In conclusione, sviluppare assertività non è solo un modo per proteggersi dalle aggressioni e dalla violenza di genere, ma anche un elemento chiave per costruire relazioni sane e armoniose con gli altri. È un'abilità che ci aiuta a parlare con sicurezza di noi stessi pur mantenendo il rispetto per gli altri e interagendo bene nella società.

5. Sviluppare la consapevolezza di sé: conoscere te stesso, i tuoi punti di forza e i tuoi limiti. Comprendere le tue capacità ti aiuterà a sentirti più sicuro di te stesso e delle tue azioni.

Sviluppare la consapevolezza di sé è una tappa importante nella crescita personale di ogni persona. Per le vittime di aggressione e violenza di genere, in particolare per coloro che sperimentano estrema sensibilità e insicurezza, la comprensione dei propri punti di forza e dei propri limiti gioca un ruolo fondamentale nel processo di scoperta di sé e di sviluppo personale.

Il primo passo per sviluppare la consapevolezza di sé è riconoscersi come individuo con le proprie qualità e caratteristiche uniche. Ciò implica analizzare i tuoi punti di forza: quelle qualità e abilità che ti aiutano a raggiungere il successo e superare le difficoltà. Spesso le vittime di violenza di genere tendono a dimenticare o sottovalutare le proprie qualità positive a causa di esperienze negative. Tuttavia, la consapevolezza dei propri punti di forza li aiuta a rivalutare la propria autostima e la fiducia in se stessi.

Oltre a questo, è importante anche comprendere i propri limiti e punti deboli. Nessuno è privo di difetti e ammettere le proprie debolezze non è un'ammissione di sconfitta, ma un passo verso la crescita e il miglioramento. Le vittime di violenza di genere possono avere difficoltà ad ammettere le proprie debolezze a causa della paura di essere vulnerabili all'aggressore. Tuttavia, ciò è necessario per iniziare a lavorare sul miglioramento delle proprie capacità e sul superamento degli ostacoli allo sviluppo personale.

Per sviluppare la consapevolezza di sé, è utile impegnarsi in una regolare autoriflessione. Ciò può includere tenere un diario in cui annotare pensieri, sentimenti, risultati e problemi. Può anche essere utile chiedere feedback alle persone a te vicine che possono aiutarti a comprendere meglio i tuoi punti di forza e le aree in cui c'è spazio di crescita.

Inoltre, lo sviluppo della consapevolezza di sé può essere migliorato lavorando sull'accettazione di sé e sull'autostima. Ciò implica praticare l'amor proprio e accettare te stesso per come sei, con tutti i tuoi punti di forza e di debolezza. Le vittime di violenza di genere possono avere difficoltà ad amare e ad accettarsi a causa di esperienze negative, ma questo è un passo importante verso il ripristino della fiducia in se stesse e della salute mentale.

Infine, vale la pena notare che sviluppare la consapevolezza di sé è un processo che richiede tempo e impegno. Per le vittime di aggressioni e violenza di genere, ciò può essere particolarmente difficile a causa dell'impatto negativo sulla loro autostima e fiducia in se stesse. Tuttavia, con un graduale auto-miglioramento, il sostegno degli altri e opportunità di consulenza professionale, possono fare progressi significativi nell'autoconsapevolezza e nell'accettazione, che alla fine li aiuteranno a sentirsi più sicuri in se stessi e nelle proprie azioni, oltre a gestire efficacemente l'aggressività. e violenza di genere.

6. Supporto sui social network: entrare in contatto con amici, familiari o professionisti può aiutarti a sentirti più supportato e sicuro. Non esitate a chiedere aiuto quando necessario.

Il supporto dei social network è una delle risorse più importanti che possono essere utilizzate nel processo di superamento dell'aggressività, della violenza di genere e di altre situazioni difficili. Per le vittime di bullismo, soprattutto quelle sensibili e prive di fiducia in se stesse, parlare con amici, familiari o professionisti può essere una fonte di sostegno nei momenti difficili, aiutandole a sentirsi sostenute e sicure.

Devi capire che la comunicazione con amici e familiari offre l'opportunità di esprimere i tuoi sentimenti ed esperienze, oltre a ricevere supporto emotivo. Il sostegno dei tuoi cari può aiutarti a sentire che non sei solo nei tuoi problemi, che ci sono persone che ti capiscono e sono pronte a sostenerti nei momenti difficili.

Inoltre, amici e familiari possono offrirti nuove prospettive e modi per affrontare un problema che potresti non vedere a causa della tensione emotiva o dello stress. Il loro supporto e i loro consigli possono aiutarti ad avere una visione più obiettiva della situazione e a trovare la migliore linea d'azione.

È anche importante chiedere aiuto a professionisti come psicologi o consulenti di sostegno alle vittime. Questi professionisti non solo hanno la conoscenza e l'esperienza, ma anche un punto di vista neutrale, che consente loro di fornire un supporto efficace e di qualità. Possono aiutarti a comprendere i tuoi sentimenti, imparare come rispondere efficacemente all'aggressione o alla violenza di genere e sviluppare strategie per affrontare la paura e la fiducia in te stesso.

Non importa quanto piccola o grave possa sembrare la tua preoccupazione, è sempre importante cercare supporto e aiuto dove è necessario. Non esitare a chiedere aiuto, anche se ritieni che il tuo problema sia di lieve entità o non meritevole di attenzione. I tuoi sentimenti e i tuoi bisogni contano e ottenere supporto è il primo passo per risolvere il problema e migliorare il tuo benessere.

Infine, è importante ricordare che mantenere una rete sociale non solo aiuta ad affrontare le difficoltà attuali, ma promuove anche la salute mentale generale e una maggiore fiducia in se stessi. Sapere di avere persone che ti sostengono e sono pronte ad aiutarti in ogni situazione crea un senso di sicurezza e fiducia, che a sua volta ti aiuta ad affrontare meglio l'aggressività, la violenza di genere e altre sfide che potresti dover affrontare.

7. Affermazioni positive: ripetere affermazioni positive su te stesso ti aiuterà a costruire la tua autostima e ad aumentare la tua sicurezza. Cerca di concentrarti sui tuoi punti di forza e sui tuoi risultati, piuttosto che sui pensieri negativi.

Le affermazioni positive sono un potente strumento per costruire l'autostima e aumentare la fiducia in se stessi. Per le vittime di aggressioni e violenza di genere, in particolare per quelle altamente sensibili e insicure, l'uso di affermazioni positive può essere fondamentale per riformulare le esperienze negative e costruire difese psicologiche.

Il primo passo per usare le affermazioni positive è riconoscere i tuoi punti di forza e i tuoi risultati. Le vittime dell'aggressione spesso tendono a dimenticare le loro qualità positive a causa di esperienze negative e critiche. Tuttavia, concentrarti sui tuoi punti di forza e sui tuoi risultati aiuta a cambiare questo modo di pensare negativo e a rafforzare la tua autostima.

Successivamente, è importante formulare affermazioni positive in modo specifico e chiaro. Ad esempio, invece di dire "Non sarò mai in grado di affrontare questa situazione", è meglio dire "Sono una persona forte e abile e troverò un modo per superare queste difficoltà". Tali affermazioni mirano al sostegno e alla motivazione, non all'autocritica e alla disperazione.

È anche importante ripetere regolarmente e sistematicamente le affermazioni positive. Più spesso li ripeti, più influenzeranno il tuo pensiero e il tuo comportamento. Potrebbe trattarsi di una routine mattutina in cui dici a te stesso alcune affermazioni positive prima di iniziare la giornata o durante il giorno in cui ti senti particolarmente vulnerabile o stressato.

Inoltre, è importante sviluppare un atteggiamento positivo verso te stesso e i tuoi risultati. Invece di confrontarti con gli altri o concentrarti sui tuoi difetti, dovresti concentrarti sulla tua crescita e sul tuo progresso. Le affermazioni positive possono aiutarti a spostare la tua attenzione dai pensieri negativi agli aspetti positivi della tua personalità e della tua vita.

Infine, è importante capire che l'uso delle affermazioni positive non è una panacea, ma è un potente strumento per rafforzare la forza mentale e aumentare la fiducia in se stessi. Ciò può essere particolarmente importante per le vittime di aggressioni e violenza di genere, poiché spesso devono affrontare critiche e valutazioni negative. Le affermazioni positive li aiutano a creare una barriera protettiva contro l'impatto negativo dell'aggressore e a ripristinare la fiducia nelle proprie forze e capacità.

8. Stabilire e raggiungere obiettivi: stabilire piccoli obiettivi e raggiungerli gradualmente. Questo ti aiuterà a sentirti più efficace e sicuro delle tue capacità.

Stabilire e raggiungere obiettivi non è solo la chiave per aumentare la produttività, ma anche un mezzo per costruire autostima e fiducia. Per le vittime di bullismo e violenza di genere, soprattutto per quelle che sono molto sensibili e mancano di fiducia in se stesse, stabilire piccoli obiettivi e raggiungerli gradualmente può essere un potente strumento per ridefinire le proprie capacità e costruire resilienza.

Il primo passo nella definizione degli obiettivi è identificare i risultati specifici e misurabili che desideri ottenere. È importante che i tuoi obiettivi siano realistici e raggiungibili in modo che tu possa lavorare gradualmente per raggiungerli. Ad esempio, se il tuo obiettivo è migliorare le tue capacità comunicative, potresti sfidarti ad avviare una conversazione con uno sconosciuto ogni giorno.

Quindi dovresti suddividere i tuoi grandi obiettivi in passaggi più piccoli e più specifici. Ciò aiuta a rendere il processo per raggiungere il tuo obiettivo più gestibile e motivante man mano che vedi i progressi in ogni fase. Ad esempio, se il tuo grande obiettivo è ottenere un nuovo lavoro, i piccoli passi potrebbero essere: aggiornare il tuo curriculum, cercare opportunità, prepararti per i colloqui, ecc.

È anche importante trovare fonti di supporto e motivazione nel processo di raggiungimento degli obiettivi. Potrebbe trattarsi del supporto di amici, familiari o professionisti che possono aiutarti a rimanere in linea con i tuoi obiettivi e mantenerti fiducioso e motivato. Condividi i tuoi obiettivi con le persone a te vicine e chiedi loro di supportarti in questo processo.

Sulla strada per raggiungere i tuoi obiettivi sorgono inevitabilmente difficoltà e battute d'arresto ed è importante essere in grado di affrontarli. Affronta il fallimento come un'opportunità di crescita e apprendimento, piuttosto che come fonte di autocritica e disperazione. Analizza i tuoi errori, impara le lezioni e vai avanti con nuove esperienze.

Infine, è importante celebrare ogni piccolo successo lungo il percorso verso il raggiungimento del tuo obiettivo. Premiati per ogni progresso e ogni passo avanti, anche se sembra insignificante. Ciò ti aiuterà a mantenere la tua motivazione e fiducia in te stesso, che alla fine porterà al raggiungimento dei tuoi obiettivi.

Nel complesso, stabilire e raggiungere obiettivi è un potente strumento per costruire l'autostima e la fiducia nelle vittime di bullismo e violenza di genere. Questo processo li aiuta a sentirsi più efficaci e fiduciosi nelle proprie capacità, il che a sua volta contribuisce al loro benessere psicologico e ad affrontare con successo la situazione.

9. Chiedere aiuto: non esitare a chiedere aiuto se ritieni di non poter gestire una situazione da solo. Rivolgiti ad amici, familiari o professionisti che possano aiutarti a comprendere la tua situazione e trovare una soluzione.

Chiedere aiuto non è un segno di debolezza, ma una manifestazione di forza e consapevolezza dei propri bisogni. Per le vittime di aggressioni e violenza di genere, soprattutto per quelle sensibili e insicure, questa può essere la chiave per riformulare la situazione e trovare soluzioni.

Innanzitutto è importante capire che chiedere aiuto non è un segno di debolezza o di mancanza di capacità. Nessuno può risolvere ogni problema da solo e ci sono momenti in cui può essere necessario l'aiuto degli altri. Il sostegno degli altri non solo aiuta a risolvere il problema, ma dà anche una sensazione di sostegno e comprensione, il che è particolarmente importante per coloro che soffrono di aggressione o violenza di genere.

È anche importante scegliere le persone giuste a cui rivolgersi per chiedere aiuto. Amici, familiari o professionisti possono essere tutti utili in diverse situazioni. Amici e familiari possono fornire sostegno emotivo e consigli basati sull'esperienza personale, mentre professionisti come psicologi o consulenti hanno le conoscenze e le competenze necessarie per aiutare in situazioni difficili.

Sentiti libero di condividere i tuoi sentimenti e le tue esperienze con coloro di cui ti fidi. Spesso, semplicemente parlare del problema può alleviare la tensione e aiutarti a vedere la situazione più chiaramente. Questo potrebbe anche essere il primo passo verso una soluzione.

Inoltre, la ricerca di aiuto può includere la ricerca di un aiuto professionale. Il supporto psicologico o la consulenza possono aiutarti a comprendere i tuoi sentimenti, imparare come affrontare efficacemente l'aggressività o la violenza di genere e sviluppare strategie per affrontare la paura e la fiducia in te stesso.

Infine, ricorda che chiedere aiuto è un atto di cura di te stesso e del tuo benessere. Sentiti libero di utilizzare questa risorsa quando ritieni che sia difficile o impossibile gestire una situazione da solo. Vale la pena ottenere il supporto e l'aiuto di cui hai bisogno per il tuo benessere e la tua fiducia in te stesso.

Suggerimenti per acquisire forza e sicurezza ti aiuteranno a diventare più sicuro e forte, il che a sua volta ti aiuterà ad affrontare situazioni di violenza di genere e a migliorare la qualità della tua vita.

Capitolo 22.
La tua maschera della bestia.

In un mondo in cui l'aggressività e la violenza di genere stanno diventando sempre più comuni, è importante disporre di strumenti e strategie per proteggersi e mantenere la fiducia in se stessi. In questo capitolo parleremo del concetto di "maschera della bestia" e di come può diventare tua alleata nella lotta contro le influenze negative.

La maschera della bestia è una rappresentazione metaforica della capacità di una persona di cambiare il proprio pensiero e comportamento in risposta a varie situazioni, soprattutto nei casi in cui è necessario proteggersi dall'aggressione e dalla pressione degli altri. Immagina di avere una bestia interiore: un simbolo di forza, determinazione e fiducia. Quando ritieni di dover affrontare una minaccia o un comportamento aggressivo, puoi indossare questa maschera da bestia per rafforzare la tua posizione e proteggerti.

La Maschera della Bestia ti consente di cambiare la tua mentalità interiore e il tuo approccio a una situazione in modo da poter rispondere in modo più sicuro ed efficace. Ciò non significa che perdi la tua autenticità o adotti un comportamento aggressivo. Al contrario, è un modo per mantenere la propria integrità e proteggersi dalle influenze negative senza perdere i propri valori e principi personali.

La maschera della bestia è necessaria per aiutarti a mantenere il controllo su te stesso e sulla situazione in quei momenti in cui ti senti vulnerabile o sei sotto pressione da parte di altre persone. È uno strumento di autodifesa e di rafforzamento della fiducia che ti aiuta a rimanere saldo ed emotivamente stabile in ogni circostanza.

Quando si tratta di "indossare" la maschera della bestia, questa non è solo un'azione fisica, ma soprattutto un processo psicologico. È importante imparare a passare al giusto stato d'animo per rispondere efficacemente alle situazioni aggressive. Ecco alcuni passaggi che ti aiuteranno a "indossare" la maschera della bestia e a cambiare il tuo comportamento:

1. Preparazione mentale: inizia con l'allenamento mentale. Immagina te stesso nei panni di un animale: potente, forte, sicuro di te e pronto a difenderti. Visualizza questa immagine con rabbia, disprezzo e odio verso il tuo aggressore. Ciò ti consentirà di attivare le giuste emozioni e prepararti per una situazione di lotta.

2. Allenamento con sentimenti di rabbia e compassione: durante l'allenamento, concentrati sull'evocazione di sentimenti di rabbia e compassione verso il tuo aggressore. Questo ti aiuterà ad attivare la maschera della bestia e a passare alla modalità emotiva desiderata. È importante imparare a controllare queste emozioni e usarle come fonte di forza e motivazione.

3. Formazione pratica: conduci una formazione regolare in cui crei situazioni di conflitto o attacco da parte dell'aggressore. Immagina te stesso come una bestia, che respingi gli attacchi del tuo avversario con intelligenza, forza e furia. Questo ti aiuterà a mettere in pratica le tue risposte all'aggressività e a migliorare le tue capacità di difesa.

4. Diventa come lui, ma più intelligente, più forte e più arrabbiato: ricorda che il tuo obiettivo non è solo respingere gli attacchi dell'aggressore, ma anche proteggere te stesso e mantenere la tua integrità. Diventa come lui nel senso che attivi la tua maschera da bestia e gli mostri che non ti lascerai intimidire o distruggere. Sii intelligente, usa la tua forza intellettuale ed emotiva per trovare modi efficaci per proteggerti. Sii più forte, mostra la tua resilienza fisica ed emotiva. E sii più cattivo, nel senso che non permetti all'aggressore di manipolarti e violare il rispetto di te

stesso e i tuoi confini.

Indossare una maschera da bestia non significa trasformarsi in una bestia a tempo pieno. Ciò significa imparare ad attivare i giusti stati d'animo e le emozioni al momento giusto per proteggersi e mantenere la fiducia in se stessi. Allenati, pratica e credi in te stesso.

Usare la maschera della bestia per proteggersi dall'aggressione della violenza di genere richiede di capire come può cambiare lo stato mentale di una persona e come indossarla efficacemente in situazioni di conflitto. Ecco alcuni modi per utilizzare la maschera della bestia e il suo effetto sullo stato mentale della vittima:

1. Attivare la maschera della bestia prima di una situazione di conflitto:

- Prima di aspettarsi un attacco da parte dell'aggressore, la vittima può eseguire allenamento mentale e visualizzazione, attivando la sua maschera da bestia.

- Visualizzare una bestia potente, forte e sicura di sé aiuterà la vittima a sentirsi più sicura e pronta ad affrontare la situazione.

2. Cambiare la concentrazione mentale:

- Indossando la maschera della bestia, la vittima sposta la sua attenzione dai sentimenti di vulnerabilità e paura alla forza e determinazione.

- La Maschera della Bestia ti aiuta a concentrarti sulla risposta all'aggressività con sicurezza e determinazione piuttosto che nel panico o nell'impotenza.

3. Usare le emozioni come fonte di forza:

- La Maschera della Bestia attiva le emozioni di rabbia, disprezzo e determinazione, che possono essere utilizzate come fonte di forza e motivazione per proteggersi.

- Queste emozioni aiutano la vittima a superare la paura e l'incertezza, permettendole di affrontare l'aggressore in modo più efficace.

4. Formazione di comportamenti fiduciosi:

- Indossando la maschera della bestia, la vittima cambia il suo comportamento, diventando più sicura e decisa.

- Può usare espressioni facciali, voce e gesti luminosi ed energici per mostrare la sua sicurezza e fermezza di fronte a un aggressore.

5. Dimostrare una difesa aggressiva del confine:

- La maschera della bestia aiuta la vittima ad assumere un atteggiamento aggressivo nel proteggere i suoi confini e diritti personali.

- La vittima può esprimere in modo chiaro e sicuro i propri limiti ed esigere rispetto, mostrando all'aggressore che non cederà al suo dominio.

Indossare la maschera della bestia non significa diventare un aggressore o usare violenza. Ciò significa accettare la propria forza e fiducia in se stessi per proteggersi dall'aggressione e dalla violenza di genere. Inoltre, l'uso della maschera della bestia aiuta la vittima a mantenere la sua integrità psicologica e il suo benessere emotivo in una situazione di conflitto.

Il ruolo della maschera della bestia nella protezione contro l'aggressione e la violenza di genere è quello di aiutare la vittima ad affrontare in modo più efficace le situazioni negative e a mantenere la propria fiducia e integrità psicologica. Ecco gli aspetti principali del ruolo della maschera della bestia:

1. Attivare Emozioni e Potere: La Maschera della Bestia aiuta ad attivare emozioni come rabbia, determinazione e carità. Queste emozioni fungono da fonte di forza e motivazione per la vittima, permettendole di rispondere con maggiore sicurezza all'aggressione e alla violenza di genere.

2. Cambiamento di focus psicologico: indossando la maschera della bestia, la vittima cambia il suo stato mentale da sentimenti di vulnerabilità e impotenza a forza e determinazione. Ciò le consente di mantenere il controllo della situazione e prendere decisioni con maggiore sicurezza.

3. Protezione dei confini personali: La Maschera della Bestia aiuta la vittima a stabilire e proteggere i propri confini personali. Ti consente di esprimere le tue esigenze e richieste in modo chiaro e sicuro, senza consentire violazioni da parte dell'aggressore.

4. Manifestazione di assertività: la maschera della bestia aiuta la vittima a dimostrare un comportamento assertivo, cioè a esprimere con sicurezza e chiarezza i propri pensieri, sentimenti e bisogni. Ciò le consente di proteggersi dalle influenze negative e di stabilire limiti sani nelle sue relazioni con gli altri.

5. Aumento dell'autostima e della fiducia: l'uso della maschera della bestia aiuta la vittima a sentirsi più sicura e potente. Ciò aiuta ad aumentare l'autostima e l'autostima, rendendola meno suscettibile all'influenza dell'aggressore e alla violenza di genere.

Nel complesso, la maschera della bestia svolge un ruolo importante nel proteggere la vittima dall'aggressione e dalla violenza di genere, aiutandola ad attivare le risorse interne e ad affrontare le situazioni negative in modo più efficace. Permette alla vittima di mantenere la sua forza, dignità e fiducia in se stessa nonostante le sfide e le prove che deve affrontare.

Padroneggiare la maschera della bestia implica non solo comprendere il concetto di questa metafora, ma anche saper individuare le situazioni in cui il suo utilizzo diventa necessario. Diamo uno sguardo più da vicino:

1. Comprendere la Maschera della Bestia: prima di tutto, padroneggiare la maschera della bestia inizia con la comprensione di ciò che rappresenta. La maschera della bestia è un simbolo di forza, determinazione e fiducia che una vittima può attivare per proteggersi dall'aggressione e dalla violenza di genere. Questa non è solo una

maschera, ma anche uno strumento psicologico che aiuta a cambiare lo stato mentale e il comportamento.

2. Identificazione delle situazioni: per padroneggiare la Maschera della Bestia, la vittima deve imparare a identificare le situazioni in cui il suo utilizzo può essere utile. Potrebbero verificarsi momenti in cui sperimenta comportamenti aggressivi o minacce da parte di altre persone, in cui si sente vulnerabile o sotto pressione. Tali situazioni possono includere conflitti sul lavoro o a scuola, incontri spiacevoli con persone aggressive o persino lotte interne con pensieri ed emozioni negative.

3. Rispondere alle sfide: una volta che la vittima ha identificato le situazioni in cui è necessario "indossare la maschera della bestia", deve imparare a rispondere alle sfide con fiducia e determinazione. Ciò può includere l'uso di un linguaggio assertivo e del linguaggio del corpo, la definizione di confini e aspettative chiari e l'essere assertivi nelle relazioni con gli altri.

4. Addestramento e pratica: padroneggiare la Maschera della Bestia richiede allenamento e pratica. La vittima può condurre esercizi di visualizzazione, immaginandosi nel ruolo di un animale forte e fiducioso. Può anche esercitare le sue abilità in situazioni reali, iniziando da quelle più facili e passando gradualmente a quelle più difficili.

5. Valutare e adattare: è importante che la vittima valuti regolarmente l'efficacia dell'uso della maschera della bestia e adatti i propri approcci se necessario. Può imparare quali strategie funzionano meglio in diverse situazioni e imparare a riconoscere e gestire meglio le sue emozioni.

Padroneggiare la Maschera della Bestia richiede tempo, pazienza e pratica, ma può essere un potente strumento di protezione e rassicurazione per le vittime di aggressioni e violenza di genere. Ciò consente loro di sentirsi più sicuri e di affrontare le situazioni negative con forza e determinazione.

L'addestramento e lo sviluppo delle capacità di regolazione emotiva sono una parte importante dell'utilizzo della Maschera della Bestia. Quando una vittima di violenza di genere indossa la maschera della bestia, ha bisogno di controllare le proprie emozioni per rimanere calma e fiduciosa durante le situazioni di conflitto. Ecco alcuni modi in cui puoi esercitare e sviluppare queste abilità:

1. Consapevolezza delle proprie emozioni: il primo passo verso la regolazione emotiva è la consapevolezza delle proprie emozioni. La vittima deve imparare a riconoscere quali emozioni sorgono nelle diverse situazioni e come influenzano il suo comportamento.

2. Tecniche di respirazione: gli esercizi di respirazione aiutano a ridurre lo stress e l'ansia, consentendoti di controllare meglio le tue emozioni. La vittima può praticare la respirazione profonda o altre tecniche di rilassamento per calmarsi nei momenti di tensione.

3. Pratica la meditazione e la visualizzazione: la meditazione e la visualizzazione aiutano a migliorare la concentrazione e l'attenzione sul momento presente, il che aiuta a controllare le emozioni. La vittima può condurre brevi sessioni di meditazione o utilizzare la visualizzazione per immaginarsi calma e forte mentre indossa la maschera della bestia.

4. Gestione del pensiero: la vittima può imparare a riformulare i suoi pensieri e trasformarli da negativi a positivi. Questo ti aiuta a cambiare la tua risposta emotiva a una situazione e a rimanere più calmo e più equilibrato.

5. Sviluppare la consapevolezza di sé: la vittima deve essere consapevole dei suoi punti di forza e di debolezza, nonché dei fattori scatenanti che possono causare reazioni emotive. Ciò le consente di controllare più efficacemente le sue emozioni e di rispondere ad esse in conformità con i suoi obiettivi e bisogni.

6. Pratica in situazioni reali: la vittima deve praticare attivamente la regolazione emotiva in situazioni reali in cui si sente vulnerabile o suscettibile all'aggressione. A poco a poco, svilupperà la capacità di controllare le emozioni e diventerà più calma e sicura di sé.

La formazione e lo sviluppo delle capacità di regolazione emotiva sono aspetti importanti dell'uso della maschera della bestia per proteggersi dall'aggressione e dalla violenza di genere. Queste abilità consentono alla vittima di rimanere calma e fiduciosa in tutte le situazioni, il che la aiuta ad affrontare efficacemente le sfide e a mantenere la sua integrità psicologica.

L'uso efficace della maschera della bestia in situazioni di violenza di genere può essere la chiave per la protezione e l'autodifesa. Ecco alcuni consigli pratici su come utilizzare la maschera della bestia in modo efficace:

1. Preparazione e formazione:

- Prima di entrare in qualsiasi potenziale situazione di conflitto, condurre la preparazione e la formazione. Immagina te stesso come un animale forte e fiducioso, pronto a difendersi.

- Praticare tecniche di regolazione emotiva e rilassamento per gestire le proprie emozioni durante una situazione di violenza di genere.

2. Comportamento sicuro:

- Mostra fiducia nel tuo comportamento e nelle espressioni facciali. Mantieni una postura eretta, mantieni il contatto visivo e usa una voce chiara quando comunichi con l'aggressore.

- Ricorda che la tua sicurezza può aiutare a reprimere l'aggressività e convincere l'aggressore che non sei un bersaglio facile.

3. Stabilire i confini:

- Sii pronto a esprimere chiaramente i tuoi limiti e a pretendere rispetto. Non esitate a far capire che vi sentite a disagio o che non siete d'accordo con il comportamento dell'aggressore.

- Mantieni i tuoi confini incrollabili, anche se l'aggressore cerca di violarli.

4. Comunicazione assertiva:

- Usa capacità di comunicazione assertiva per esprimere i tuoi pensieri e sentimenti in modo chiaro e sicuro senza essere aggressivo.

- Se necessario, esercitarsi con frasi o risposte preparate a tipici scenari di violenza di genere.

5. Non reagire alle provocazioni:

- Ricorda che l'aggressore potrebbe cercare di provocarti per provocare una reazione negativa. Resisti a questi tentativi e mantieni la calma.

- Ignora insulti e minacce, concentrati sul tuo obiettivo: proteggerti e mantenere la calma.

6. Trovare supporto:

- Non esitare a chiedere aiuto se la situazione sfugge al controllo. Rivolgiti ad amici, familiari o professionisti che possano supportarti e aiutarti a trovare una soluzione al problema.

- Annotare o ricordare i contatti delle organizzazioni che offrono assistenza alle vittime di violenza di genere per ricevere ulteriore supporto e consulenza.

7. Mantieni la calma e mantieni il controllo:

- È importante rimanere calmi e controllare le proprie emozioni durante le situazioni di violenza di genere. Usa la maschera della bestia per sedare la paura e l'incertezza e rimani concentrato sulla protezione di te stesso.

Usare una maschera da bestia richiede pratica e abilità, ma può essere una potente difesa contro l'aggressione e la violenza di genere. Ricorda che la tua sicurezza e il tuo benessere sono della massima importanza e che hai il diritto di proteggerti da ogni forma di violenza e dominio.

Rispondere secondo la Maschera della Bestia implica comprendere i diversi tipi di comportamento aggressivo e strategie efficaci per rispondere a ciascuno. Ecco una panoramica dei tipi di comportamento aggressivo e delle strategie di risposta appropriate:

1. Aggressione fisica: include attacchi fisici, colpi, calci, spinte e altre forme di violenza fisica. Strategie di risposta:

- Allontanarsi dall'aggressore e allontanarsi dalla situazione pericolosa.

- Se possibile, chiedi aiuto o chiedi aiuto ad altri.

- Usa tecniche di autodifesa se necessario per proteggerti.

2. Aggressione verbale: include insulti, minacce, scherno, umiliazione e altre forme di violenza verbale. Strategie di risposta:

- Mantieni la calma e non litigare con l'aggressore.

- Esprimi i tuoi confini e chiedi rispetto in modo chiaro e sicuro.

- Ignora insulti e minacce, non permettendo all'aggressore di vedere la tua reazione.

3. Aggressione psicologica: include umiliazione, manipolazione, isolamento, pressione psicologica e altre forme di violenza psicologica. Strategie di risposta:

- Mantieni il rispetto e la fiducia in te stesso rifiutando i tentativi del bullo di minare la tua autostima.

- Utilizzare capacità di comunicazione assertiva per esprimere i propri sentimenti e bisogni in modo chiaro e sicuro.

- Cerca il sostegno di amici, familiari o professionisti se ritieni di non poter farcela da solo.

4. Aggressione sociale: include l'esclusione dal gruppo, la diffusione di pettegolezzi, la distruzione di relazioni e altre forme di violenza sociale. Strategie di risposta:

- Mantieni le tue connessioni sociali e le relazioni con coloro che ti supportano e ti rispettano.

- Ignorare pettegolezzi e calunnie, non entrare in conflitto e non reagire alle provocazioni.

- Chiedi aiuto a gruppi o organizzazioni sociali se ti trovi di fronte a forme sistematiche di violenza sociale.

È importante ricordare che rispondere efficacemente all'aggressione richiede una combinazione di autocontrollo, fiducia e pensiero strategico.

Mantenere la fiducia e la forza quando si indossa la maschera della bestia può essere fatto con le seguenti strategie:

1. Affermazione positiva: ripeti affermazioni positive su te stesso. Assicurati di concentrare i tuoi pensieri sui tuoi punti di forza e sui tuoi risultati piuttosto che su pensieri negativi su te stesso. Ciò ti aiuterà a rafforzare la tua sicurezza e la tua forza.

2. Visualizzazione del successo: Visualizza te stesso come una persona forte e sicura di sé, pronta a proteggersi dalle aggressioni. Immagina te stesso in varie situazioni di violenza di genere in cui superi con successo le sfide e mantieni il controllo della situazione.

3. Supporto sui social network: connettiti con amici, familiari o altre persone fidate che possono supportarti e affermare la tua sicurezza e la tua forza. Ricevere sostegno dagli altri aiuta a mantenere il benessere emotivo.

4. Attività fisica: intraprendi un'attività fisica che ti piace e rafforza il tuo corpo. La forza fisica e la salute possono mantenerti sicuro e forte.

5. Sviluppo delle abilità di autodifesa: padroneggia le abilità di autodifesa e impara a difenderti efficacemente in caso di aggressione. Sapere che puoi proteggerti aumenta la tua sicurezza e la tua forza.

6. Pratica la preparazione mentale: dedica del tempo alla preparazione mentale immaginandoti forte e sicuro di te. L'allenamento mentale ti aiuta a mantenere la concentrazione e la prontezza nei momenti critici.

7. Accetta i tuoi limiti e i tuoi bisogni: abbi fiducia nei tuoi limiti e

nei tuoi bisogni e sentiti libero di esprimerli in modo chiaro e sicuro. Conoscere e accettare i tuoi bisogni aiuta a mantenere la tua forza e la fiducia in te stesso.

Mantenendo la fiducia e la forza quando indossi la maschera della bestia, diventi più capace di proteggerti dall'aggressione e dalla violenza di genere mantenendo la tua integrità psicologica.

Ecco alcuni scenari di esempio e storie di successo che dimostrano come l'uso della maschera della bestia può aiutare altre vittime di violenza di genere:

Esempio 1: Scenario: Jane soffre di violenza di genere a lungo termine a scuola. È spesso vittima di bullismo e umiliata di fronte ad altri studenti.

Storia di successo: Jane inizia a usare la maschera della bestia, presentandosi come forte e sicura di sé. Ha imparato ad esprimere i suoi limiti e ad esigere rispetto. Di conseguenza, la violenza di genere è diminuita notevolmente e alcuni ex aggressori hanno interrotto i loro attacchi.

Esempio 2: Scenario: Mark è stato bersaglio di violenza mentale basata sul genere sul lavoro. Il suo capo critica costantemente il suo lavoro e fa commenti sprezzanti davanti ai suoi colleghi.

Storia di successo: Mark decide di utilizzare una maschera da bestia al lavoro. Diventa più fiducioso in se stesso e inizia a difendere i suoi interessi. Ben presto il capo nota un cambiamento nel comportamento di Mark e smette di umiliarlo. Mark inizia a ricevere più rispetto dai suoi colleghi.

Esempio 3: Scenario: Anna soffre di violenza di genere online. Riceve spesso minacce e insulti da persone anonime sui social network.

Storia di successo: Anna inizia a indossare una maschera da bestia nel mondo virtuale. Smette di reagire alle provocazioni e alle minacce e inizia invece a esprimere i suoi pensieri e sentimenti in modo assertivo e sicuro. Ciò fa sì che gli aggressori perdano interesse e smettano di inseguirla.

Questi esempi dimostrano come l'uso della maschera della bestia possa aiutare le vittime di violenza di genere a cambiare mentalità e comportamento, il che a sua volta porta a una diminuzione dell'aggressività e a un miglioramento della qualità della vita. Sottolineano l'importanza della fiducia e della forza nelle situazioni di violenza di genere e dimostrano che ciò può essere raggiunto con la giusta preparazione mentale e strategie di difesa.

Utilizzando la Maschera della Bestia potresti incontrare una serie di ostacoli che potrebbero comprometterne l'efficacia. Ecco alcuni dei principali ostacoli e come superarli:

1. Paura e incertezza: le vittime di violenza di genere spesso sperimentano paura e insicurezza, che possono interferire con l'uso della

maschera della bestia. Potrebbero temere una reazione negativa da parte degli altri o temere che ciò non farà altro che peggiorare la situazione.

- Superamento: per superare la paura e l'incertezza, è importante abituarsi gradualmente all'uso della maschera della bestia. Questo può essere fatto praticando la regolazione emotiva e l'assertività. La formazione e il gioco di ruolo possono aiutare a migliorare le capacità di controllo emotivo e ad aumentare la fiducia.

2. Mancanza di sostegno da parte degli altri: alcune persone potrebbero non comprendere o approvare l'uso della maschera della bestia, il che può causare difficoltà a coloro che cercano di usarla.

- Affrontare la situazione: è importante trovare sostegno da amici intimi, familiari o professionisti che comprendano la tua situazione e siano disposti ad aiutarti. Entrare in contatto con le persone che ti supportano può aiutarti a rafforzare la tua autostima e la fiducia nell'uso della maschera della bestia.

3. Mancanza di pratica e formazione: l'uso della maschera della bestia richiede pratica e formazione per diventare una difesa efficace contro la violenza di genere. Per alcuni potrebbe essere difficile mantenerlo regolarmente.

- Superamento: la pratica e l'allenamento regolari sono fondamentali per utilizzare con successo la maschera della bestia. Sviluppa le tue capacità di regolazione emotiva e fiducia in te stesso ripetendo affermazioni positive e partecipando a scenari di formazione con il supporto di amici o professionisti.

4. Perseveranza dell'aggressore: a volte gli aggressori possono essere persistenti e continuare le loro azioni nonostante utilizzino la maschera della bestia.

- Superamento: in tali situazioni, è importante rimanere persistenti e coerenti nell'usare la maschera della bestia. Utilizzare strategie di comunicazione assertiva e stabilità emotiva per affrontare efficacemente un aggressore.

Superare questi ostacoli richiede tempo, impegno e supporto, ma con la pratica e la tenacia puoi padroneggiare l'uso della Maschera della Bestia e difenderti efficacemente dalla violenza di genere.

Mantenere la motivazione e la fiducia mentre si utilizza la maschera della bestia è la chiave per combattere con successo la violenza di genere. Ecco alcuni suggerimenti che possono aiutarti in questo:

1. Determina i tuoi obiettivi e motivazioni: determina perché vuoi usare la maschera della bestia e quali obiettivi vuoi raggiungere. Tieni i tuoi obiettivi davanti agli occhi e ricordali quando sorgono difficoltà.

2. Pratica regolarmente: la pratica e l'allenamento regolari ti aiuteranno a diventare più sicuro nell'uso della maschera della bestia. Prenditi del tempo ogni giorno per praticare la regolazione emotiva e la comunicazione assertiva.

3. Impara dai tuoi errori: se qualcosa non funziona, non disperare. Cerca invece di imparare dai tuoi errori e di capire come puoi migliorare le tue capacità. Ogni fallimento ti avvicina al successo se sei disposto a imparare.

4. Cerca supporto: non esitare a chiedere aiuto ad amici, familiari o professionisti se hai bisogno di supporto o consigli. Racconta loro la tua esperienza con la maschera della bestia e chiedi feedback.

5. Mantieni una mentalità positiva: concentrati sui tuoi punti di forza e sui tuoi risultati piuttosto che su fallimenti e difficoltà. Ricorda che puoi superare qualsiasi ostacolo se credi in te stesso.

6. Premiati per il successo: premiati per i tuoi risultati nell'uso della maschera della bestia. Premiati dopo ogni sfida che superi o ogni piccolo obiettivo che raggiungi.

7. Tieni un registro dei progressi: tenere un diario dei tuoi progressi ti aiuterà a tenere traccia dei tuoi progressi e miglioramenti. Ti aiuterà anche a vedere quanta strada hai già fatto.

8. Rimani flessibile e paziente: ricorda che lo sviluppo delle competenze richiede tempo e impegno. Preparati al fatto che non tutto sarà perfetto fin dall'inizio e continua ad andare avanti anche nei momenti difficili.

Mantieniti motivato e fiducioso seguendo questi suggerimenti e ricorda che ogni passo avanti ti avvicina al raggiungimento dei tuoi obiettivi.

Usare una maschera da bestia può essere un modo efficace per proteggersi dalla violenza di genere, ma è importante avere il sostegno degli altri e cercare un aiuto professionale se necessario. Ecco alcune fonti di supporto su cui puoi fare affidamento quando usi la maschera della bestia:

1. Famiglia e amici: le persone vicine come familiari e amici possono essere la tua prima linea di difesa. Possono fornirti supporto emotivo, aiutarti a rilassarti e darti consigli su come affrontare la violenza di genere.

2. Insegnanti e datori di lavoro: se subisci violenza di genere a scuola, all'università o al lavoro, contatta i tuoi insegnanti o la direzione per chiedere aiuto. Possono suggerire strategie per risolvere il problema e adottare misure per prevenire ulteriori incidenti.

3. Psicologi e consulenti: psicologi, consulenti e terapisti professionisti hanno le competenze e l'esperienza necessarie per aiutare ad affrontare le difficoltà emotive, inclusa la violenza di genere. Possono fornirti supporto emotivo, aiutarti a sviluppare strategie di coping e offrire consigli specifici.

4. Gruppi di supporto: aderire a gruppi di supporto per vittime di violenza di genere può offrirti l'opportunità di condividere esperienze con persone che affrontano problemi simili. In questi gruppi puoi ottenere

supporto, comprensione e consigli pratici.

5. Risorse online: sono disponibili molte risorse online per aiutare a combattere la violenza di genere e fornire supporto alle vittime. Potrebbero essere siti Web, forum, comunità di social media o app di supporto per la salute mentale.

6. Linee di assistenza telefonica: in alcuni paesi esistono organizzazioni che offrono linee di assistenza telefonica per le persone che affrontano violenza di genere e altri problemi. Puoi contattarli per supporto e consigli riservati.

È importante ricordare che chiedere aiuto non è un segno di debolezza, ma, al contrario, una manifestazione di forza e fiducia in se stessi. Trova persone di cui ti fidi e non esitare a contattarle se hai bisogno di aiuto. Insieme potete superare qualsiasi sfida, inclusa la violenza di genere.

❖ · ❖ · ❖ · ❖ · ❖ · ❖ · ❖ · ❖ · ❖ · ❖ · ❖ · ❖ · ❖ · ❖ · ❖

Capitolo 23.
Come rispondere efficacemente alla violenza di genere.

Superare la violenza di genere richiede una combinazione di diverse strategie e competenze per aiutare la vittima a rispondere efficacemente all'aggressione. Ecco alcuni passaggi chiave che puoi intraprendere per superare la violenza di genere:

1. Mantenere la calma e l'autocontrollo: è importante mantenere la calma e l'autocontrollo in situazioni di violenza di genere. Usa esercizi di respirazione profonda o altre tecniche di rilassamento per ridurre lo stress e l'ansia.

Mantenere la calma e l'autocontrollo in situazioni di violenza di genere è un aspetto fondamentale per proteggere te stesso e il tuo benessere emotivo. Per coloro che soffrono di violenza di genere e provano sentimenti di impotenza, questo può essere particolarmente difficile. Tuttavia, con l'aiuto di determinate strategie e pratiche, puoi imparare a controllare le tue emozioni e a mantenere la calma anche in situazioni spiacevoli.

- Comprendere le reazioni allo stress: il primo passo per mantenere la calma è capire come reagisci allo stress. Conosci le tue tipiche reazioni fisiche ed emotive alle situazioni stressanti. Ciò può includere un battito cardiaco accelerato, aumento della respirazione, ansia o irritabilità.

- Pratica esercizi di respirazione: gli esercizi di respirazione profonda sono un potente strumento per gestire lo stress e l'ansia. Prova la tecnica di respirazione 4-7-8: inspira per 4 secondi, trattieni il respiro per 7 secondi, espira per 8 secondi. Questo aiuta a ridurre lo stress e ripristina un senso di controllo.

- Pratica la meditazione e la visualizzazione: la meditazione regolare e la visualizzazione di un luogo tranquillo possono aiutarti a rafforzare la tua calma e a bilanciare le tue emozioni. Visualizza te stesso in un luogo sicuro e accogliente dove ti senti a tuo agio e calmo.

- Comunicazione assertiva: impara a comunicare in modo assertivo per esprimere i tuoi sentimenti e bisogni in modo chiaro e sicuro senza violare i diritti e i sentimenti degli altri. Esercitati a esprimere in modo assertivo i tuoi limiti e le tue richieste di rispetto.

- Evitare situazioni tossiche: se possibile, evita situazioni tossiche e persone che potrebbero causarti stress e ansia. Ciò può significare limitare il tempo trascorso in determinati luoghi o in compagnia di determinate persone.

- Cercare supporto: non esitare a chiedere aiuto ad amici, familiari o professionisti se ritieni di non poter gestire una situazione da solo. Parla dei tuoi sentimenti e ottieni supporto e consigli.

- Pratica di auto-calmante: sviluppa il tuo sistema di auto-calmante che funzioni per te. Ciò può includere camminare all'aperto, ascoltare musica rilassante, perseguire un hobby o altre attività che ti aiutano a rilassarti e a raccogliere i pensieri.

- Pensiero positivo: concentrati sugli aspetti positivi della tua vita e delle tue capacità. Pratica la gratitudine e ricompensati per ogni piccolo passo avanti.

Queste strategie possono aiutarti a mantenere la calma e l'autocontrollo in situazioni di violenza di genere, prevenendo reazioni emotive e aiutandoti a rispondere in modo efficace alle situazioni negative.

2. Stabilire i confini ed esigere rispetto: esprimi i tuoi confini in modo chiaro e sicuro. Non esitate a pretendere rispetto e a difendere i vostri diritti. Ad esempio, potresti dire: "Non sono d'accordo con il modo in cui mi tratti. Per favore, smettila".

Stabilire dei limiti ed esigere rispetto sono aspetti importanti per proteggersi dalla violenza di genere e garantire il proprio benessere. Per molte vittime di violenza di genere, soprattutto quelle altamente sensibili e insicure, dover difendere i propri confini può essere estremamente difficile. Tuttavia, con la pratica e il supporto degli altri, puoi imparare a esprimere i tuoi limiti in modo sicuro ed efficace.

- Comprendere i propri confini: prima di tutto è importante capire dove sono i propri confini personali, cioè quei limiti oltre i quali non si è pronti o non si è in grado di oltrepassarli. Ciò può includere lo spazio fisico, emotivo, personale e altri aspetti della tua vita.

- Esprimere i confini con sicurezza: una volta compresi i propri confini, è importante imparare come esprimerli con sicurezza. Usa dichiarazioni chiare e specifiche per spiegare agli altri che non sei d'accordo con il modo in cui ti trattano. Ad esempio: "Non mi sento a mio agio quando mi parli in quel modo. Ti chiedo di smetterla".

- Fiducia nella pratica: la fiducia è un elemento chiave per esprimere con successo i confini. Esercita la sicurezza ripetendo pose sicure, lavorando sul tuo dialogo interiore e riconoscendo il tuo valore come persona.

- Supporto da parte degli altri: non esitate a chiedere supporto ad amici, familiari o professionisti. Racconta loro le tue preoccupazioni e difficoltà nell'esprimere i confini e chiedi aiuto in merito.

- Preparati per possibili reazioni: preparati a diverse reazioni alla tua espressione dei confini. Alcune persone potrebbero essere comprensive e rispettose, mentre altre potrebbero cercare di ignorarti o addirittura attaccarti per questo. Preparati a questo e mantieni le tue armi.

- Pratica costante: esprimere i confini è un'abilità che richiede pratica costante. Non aver paura di ripetere i tuoi confini in situazioni diverse e con persone diverse. Più lo fai, più diventi sicuro ed efficace.

Stabilire dei limiti ed esigere rispetto è un tuo diritto e responsabilità per proteggere i tuoi interessi e il tuo benessere. Inizia in piccolo, impegnati nella pratica e ottieni supporto, e sicuramente troverai successo nell'esprimere i tuoi limiti.

3. Chiedere aiuto: non esitare a chiedere aiuto ad amici, familiari, insegnanti o altre persone fidate. Racconta loro la situazione della violenza di genere e chiedi sostegno e consigli.

Cercare aiuto è un passo importante per superare la violenza di genere e ripristinare il proprio benessere. Per coloro che subiscono violenza di genere e si sentono insicuri o spaventati, cercare aiuto può essere difficile. Tuttavia, questo è un passo importante verso la risoluzione del problema e l'ottenimento del supporto di cui hai bisogno. Ecco alcuni suggerimenti aggiuntivi per cercare aiuto in situazioni di violenza di genere:

- Scegli un confidente: trova qualcuno di cui ti fidi che possa offrirti supporto e consigli. Potrebbe essere un amico, un familiare, un insegnante, un consulente scolastico o un professionista della salute mentale.

- Preparati per la conversazione: prima di chiedere aiuto, pensa a cosa vuoi dire e quali domande hai. Preparati a ricevere domande sulle tue esperienze di violenza di genere, quindi cerca di essere onesto e aperto.

- Sii calmo e fiducioso: cerca di rimanere calmo e fiducioso durante la conversazione. Questo ti aiuterà a esprimere i tuoi pensieri e sentimenti in modo più chiaro ed efficace.

- Richiedi un supporto specifico: spiega al tuo confidente esattamente di quale aiuto hai bisogno. Potrebbe trattarsi semplicemente di qualcuno che ti ascolterà e ti sosterrà emotivamente, o qualcuno che possa aiutarti a sviluppare strategie per affrontare la violenza di genere.

- Cercare un aiuto professionale: se stai affrontando un grave caso di violenza di genere o ritieni di non poter affrontare la situazione da solo, non esitare a cercare un aiuto professionale. Psicologi scolastici, consulenti comportamentali e psicoterapeuti possono offrirti il supporto e l'aiuto di cui hai bisogno per risolvere il tuo problema.

Cercare aiuto è un passo coraggioso e importante che può aiutarti a superare situazioni difficili di violenza di genere e a riprendere il controllo della tua vita. Ricorda che non sei solo e che ci sono sempre persone pronte ad aiutarti.

4. Evitare l'isolamento: cerca di non isolarti o di evitare di socializzare per paura o ansia. Mantieni le tue connessioni sociali e trova supporto da amici e familiari.

Evitare l'isolamento è un aspetto importante per proteggersi dagli effetti negativi della violenza di genere e mantenere il benessere psicologico. Per molte vittime di violenza di genere, soprattutto quelle altamente sensibili e insicure, le situazioni di conflitto possono causare una paura intensa e il desiderio di isolarsi. Tuttavia, l'isolamento spesso peggiora il problema, quindi è importante mantenere attivamente le proprie connessioni sociali e trovare sostegno da amici e familiari. Ecco alcuni suggerimenti aggiuntivi per evitare l'isolamento in situazioni di violenza di genere:

- Cercare supporto: raggiungi le persone di cui ti fidi e condividi con loro le tue preoccupazioni. Potrebbe essere un amico, un parente, un insegnante o un consulente scolastico. Parla apertamente con loro dei tuoi sentimenti e dei tuoi problemi e chiedi loro supporto e consigli.

- Unirsi a gruppi e club: prova ad unirti a gruppi o club che ti interessano. Potrebbe trattarsi di una squadra sportiva, un club artistico, un club teatrale o qualsiasi altra attività generale. Partecipare a tali gruppi ti aiuterà a sentirti parte di una comunità e a costruire nuove connessioni sociali.

- Trascorrere del tempo con gli amici: prova a trascorrere del tempo attivo con amici e persone care. Incontrarsi, comunicare, partecipare a vari eventi insieme. Il sostegno di amici e familiari ti aiuterà a sentirti protetto e amato.

- Sviluppare nuove competenze: esplora nuovi interessi o hobby che possono aiutarti ad espandere la tua cerchia sociale e imparare qualcosa di nuovo. Potrebbe trattarsi di studiare musica, danza, arte o qualsiasi altra cosa che ti interessi.

- Crea un ambiente di supporto: fornisci a te stesso un ambiente di supporto in cui ti senti a tuo agio e fiducioso. Ciò può includere la creazione di uno spazio positivo ed edificante in casa, frequentando luoghi che ti fanno sentire bene ed evitando coloro che ti portano negatività.

Evitare l'isolamento è importante non solo per il tuo benessere emotivo, ma anche per affrontare efficacemente la violenza di genere. Maggiore è il sostegno e la rete sociale di cui disponi, più facile sarà per te affrontare e superare gli impatti negativi della violenza di genere.

5. Usa una comunicazione assertiva: esprimi i tuoi sentimenti e pensieri in modo chiaro e sicuro utilizzando capacità di comunicazione assertiva. Sii calmo e deciso nelle tue dichiarazioni.

Usare una comunicazione assertiva è uno strumento chiave per contrastare la violenza di genere e proteggersi. Per le sopravvissute alla violenza di genere, soprattutto quelle altamente sensibili e insicure, avere a che fare con un aggressore può causare paura e ansia. Tuttavia, imparare a essere assertivi ed esprimere i propri pensieri e sentimenti in modo chiaro e sicuro può migliorare notevolmente la situazione e aiutare a prevenire ulteriori violenze. Ecco alcune raccomandazioni aggiuntive per l'utilizzo della comunicazione assertiva per proteggersi dalla violenza di genere:

- Preparati in anticipo: prima di iniziare una conversazione con un aggressore, pensa a cosa vuoi dire e come lo dirai. Attenersi ai fatti e utilizzare dichiarazioni chiare e specifiche.

- Esprimi i tuoi sentimenti: sii aperto nell'esprimere le tue emozioni. Ad esempio, puoi dire: "Mi sento molto turbato dal modo in cui mi tratti". Ciò aiuterà il bullo a capire in che modo le sue azioni ti influenzano.

- Sii sicuro: parla con sicurezza e determinazione. Mantenere lo sguardo dritto e una postura ferma. Ciò mostrerà all'aggressore che prendi sul serio le tue parole e non sei pronto a soccombere alla sua influenza.

- Stabilisci dei limiti: preparati a stabilire dei limiti e a difendere i tuoi diritti. Ad esempio, puoi dire: "Non sono d'accordo con questo trattamento. Ti chiedo di fermarti.

- Evita l'aggressività: ricorda che l'assertività non significa aggressività. Cerca di evitare insulti e provocazioni. Il tuo obiettivo è esprimere i tuoi pensieri e sentimenti senza violenza o minacce.

- Confini pratici: inizia stabilendo dei limiti nella tua vita quotidiana e pratica le capacità di comunicazione assertiva in una varietà di situazioni. Più utilizzi queste competenze, più facile sarà affrontare la violenza di genere.

Usare una comunicazione assertiva ti aiuterà a proteggerti dall'aggressione della violenza di genere e a stabilire limiti sani nelle tue interazioni con gli altri. Ricorda che il tuo diritto al rispetto e alla sicurezza è innegabile e hai il diritto di proteggerti da ogni forma di violenza e discriminazione.

6. Rispondere all'aggressività con umorismo o ignorarla: a volte ignorare o rispondere all'aggressività con umorismo può aiutare ad ammorbidire la situazione e ridurre la tensione. Tuttavia, utilizza questo approccio con attenzione e solo se ritieni che si adatti al tuo stile e alla tua

situazione.

Rispondere all'aggressività con umorismo o ignorarla può essere uno strumento efficace per mitigare una situazione di conflitto e ridurre la tensione. Tuttavia, è importante comprendere che questo approccio non è sempre adatto a tutti i casi di violenza di genere e dovrebbe essere utilizzato con attenzione.

- Usare l'umorismo: usare l'umorismo può essere utile quando l'aggressività non è seria o fisica. Ad esempio, puoi provare a rispondere agli insulti o ai commenti sprezzanti con umorismo per allentare le situazioni di tensione. Tuttavia, è importante ricordare che le battute divertenti non sono sempre efficaci e possono peggiorare le cose se non sono adatte al contesto specifico.

- Ignorare: ignorare l'aggressione può essere utile quando si ha l'opportunità di sfuggire alla situazione o quando l'aggressione non rappresenta una minaccia immediata per la propria sicurezza. Ignorare un aggressore può privarlo dell'attenzione e della soddisfazione derivante dalla tua risposta, il che potrebbe indurlo a smettere di prestarti attenzione.

Tuttavia, per le vittime di violenza di genere che sono molto sensibili e insicure, usare l'umorismo o essere ignorate può essere difficile. Alcuni potrebbero temere che le loro battute vengano prese nel modo sbagliato, il che non farà altro che aumentare l'aggressività. Inoltre, cercare di ignorare un aggressore può causare paura e ansia, soprattutto se la situazione sembra minacciosa.

È importante ricordare che rispondere all'aggressività con umorismo o ignorarla è solo uno dei tanti approcci possibili alla risoluzione dei conflitti. Non esiste una ricetta universale che vada bene per tutti. Pertanto, è importante scegliere strategie adatte alla tua personalità, situazione e obiettivi. Se non sei sicuro della migliore linea d'azione, cerca il supporto di persone o professionisti fidati che possano aiutarti a trovare il modo più appropriato per rispondere all'aggressione.

7. Registrare gli incidenti e contattare l'assistenza: tenere un registro degli episodi di violenza di genere in modo da avere informazioni documentate su ciò che accade. Se necessario, contatta l'help desk della tua scuola, università o luogo di lavoro per ricevere aiuto e consigli.

Tenere un registro della violenza di genere e contattare i servizi di supporto sono passi importanti per proteggersi e ottenere aiuto in situazioni di conflitto. Per le sopravvissute alla violenza di genere, soprattutto quelle altamente sensibili e insicure, raccogliere informazioni documentate e cercare aiuto può essere difficile a causa della paura o dell'ansia. Tuttavia, queste azioni possono svolgere un ruolo chiave nel porre fine alla violenza di genere e nel garantire la tua sicurezza e il tuo benessere.

Ecco alcune linee guida aggiuntive su come utilizzare questo approccio:

- Conservazione dei registri: è importante documentare ogni episodio di violenza di genere, inclusa la data, l'ora, il luogo e la descrizione degli eventi. Ciò ti aiuterà ad avere un quadro chiaro di ciò che sta accadendo e ti fornirà prove documentate se hai bisogno di chiedere aiuto. Le registrazioni possono anche aiutarti a monitorare i modelli di comportamento del bullo e capire come rispondere al meglio.

- Contattare i servizi anti-bullismo o la polizia: se ritieni di non poter affrontare la situazione da solo, contatta i servizi anti-bullismo della tua scuola, università, luogo di lavoro o comunità, o la polizia per chiedere aiuto. I professionisti saranno in grado di fornirti consulenza, supporto e risorse per risolvere il problema. Non essere timido nel chiedere aiuto; questo non significa debolezza, ma piuttosto coraggio e capacità di prendersi cura di sé.

- Costruisci una rete di supporto: parla della tua situazione con amici intimi, familiari o colleghi fidati. Tieni presente che hai persone che ti supportano e sono disposte ad aiutarti. Insieme potrete sviluppare strategie per rispondere alla violenza di genere e superare le sfide.

- Adottare misure di sicurezza: Se ritenete che la vostra sicurezza sia a rischio, informate immediatamente le persone responsabili o i servizi di sicurezza. Non esitate a prendere provvedimenti per proteggervi.

Nel complesso, tenere registri e contattare i servizi di supporto sono passi importanti nella lotta alla violenza di genere e nella protezione di se stessi. Non aver paura di chiedere aiuto, il tuo benessere è importante e meriti sostegno e protezione.

8. Sviluppa abilità di autodifesa: impara e pratica abilità di autodifesa che possono aiutarti a difenderti in caso di aggressione fisica. Contatta istruttori professionisti o organizzazioni che offrono corsi di difesa personale.

Sviluppare capacità di autodifesa è un aspetto importante per mantenere la propria sicurezza e fiducia in se stessi, soprattutto per le vittime di violenza di genere che possono sentirsi vulnerabili e insicure. L'allenamento di autodifesa non solo fornisce abilità pratiche di difesa fisica, ma migliora anche la preparazione mentale e la fiducia, che possono fare la differenza in una reale situazione di bullismo.

Ecco alcuni aspetti chiave dell'allenamento di difesa personale:

- Padroneggiare le tecniche di base: istruttori professionisti e organizzazioni che offrono corsi di autodifesa insegnano una varietà di tecniche di difesa fisica come bloccare, colpire, prendere e come liberarsi dalla presa. Queste abilità possono essere utili per difendersi se attaccati.

- Fiducia e autocontrollo: imparare l'autodifesa aiuta anche a sviluppare fiducia e autocontrollo. Sapere di avere le capacità per proteggersi ti aiuta a sentirti più sicuro in una varietà di situazioni, compresi potenziali episodi di aggressione.

- Reazione a situazioni stressanti: l'allenamento di difesa personale aiuta anche a migliorare la capacità di reagire a situazioni stressanti. Partecipare a situazioni di allenamento simulate ti consente di abituarti all'adrenalina e alla tensione, che possono aiutarti a controllare le tue emozioni e le tue azioni in una situazione reale.

- Superare la paura: per molte vittime di violenza di genere, uno dei principali ostacoli all'autodifesa è la paura. Partecipare ad un corso di autodifesa aiuta a superare questa paura dimostrando che affrontare l'aggressività è possibile e che si hanno le capacità e gli strumenti per farlo.

È importante capire che imparare l'autodifesa non significa invocare la violenza o provocare conflitti. Si tratta piuttosto di un mezzo per garantire la sicurezza e la protezione personale in caso di minaccia reale. Pertanto, è importante scegliere corsi e formatori che enfatizzino questi aspetti e incoraggino un uso intelligente delle competenze apprese.

9. Protezione attiva utilizzando oggetti ambientali, "maschere da bestia" e competenze acquisite dall'allenamento in società sportive con una propensione al combattimento.

L'utilizzo di oggetti ambientali, della "maschera da bestia" e delle competenze acquisite dall'addestramento nelle società di sport da combattimento rappresenta un aspetto importante della difesa attiva contro l'aggressione e la violenza di genere. Questo approccio aiuta le vittime della violenza di genere a sentirsi più sicure e sicure in varie situazioni in cui potrebbe esserci una minaccia.

- Utilizzo di oggetti ambientali: questo aspetto dell'autodifesa prevede l'utilizzo di oggetti che si trovano intorno a te per proteggersi o fuggire da un aggressore. Potrebbe trattarsi di qualsiasi cosa, da una borsa o uno zaino a mobili, rocce o persino sabbia. Sapere come utilizzare gli oggetti ambientali a tuo vantaggio può darti un vantaggio e aumentare le tue possibilità di evitare con successo un attacco o di difenderti.

- Maschera della Bestia: La Maschera della Bestia è un concetto che prevede il cambiamento del pensiero e del comportamento in una situazione di aggressività. La "maschera della bestia" si riferisce all'attivazione della forza interiore e della determinazione, che consente di rispondere con maggiore sicurezza ed efficacia a una minaccia. Le vittime della violenza di genere sono incoraggiate a immaginare se stesse come esseri forti e determinati in grado di difendersi. Ciò aiuta a ridurre i sentimenti di impotenza e ad aumentare la fiducia.

- Competenze acquisite nell'allenamento: la partecipazione ad allenamenti in società sportive con una propensione al combattimento, come il karate, il jiu-jitsu o la boxe, insegna varie tecniche di difesa fisica e sviluppa anche la resistenza fisica e psicologica. Queste abilità possono essere utili quando si affronta l'aggressività.

È importante ricordare che l'uso della protezione attiva dovrebbe essere limitato a situazioni in cui altri metodi sono inefficaci e esiste una minaccia reale per la tua sicurezza. È anche importante ricevere un'istruzione e una formazione adeguate da parte dei professionisti per utilizzare questi metodi in modo sicuro ed efficace. Inoltre, la preparazione mentale gioca un ruolo importante nell'utilizzo di queste tecniche per aiutarti a mantenere la calma e a prendere decisioni intelligenti in situazioni stressanti.

Superare la violenza di genere è un processo lungo e difficile, ma con il sostegno degli altri e strategie di risposta efficaci, puoi superare le sfide e riacquistare un senso di controllo sulla tua vita. Superare la violenza di genere è un processo complesso che può richiedere tempo, impegno e sostegno. Quando provi un'aggressione da parte degli altri, ciò può avere un grave impatto sul tuo benessere emotivo e psicologico. Tuttavia, è importante ricordare che non sei solo e ci sono molti modi per superare questa difficile situazione.

1. Supporto da parte degli altri: è importante chiedere aiuto ad amici intimi, familiari, insegnanti, psicologi o altri professionisti. Queste persone possono fornirti supporto emotivo, consulenza e assistenza nello sviluppo di strategie per far fronte alla violenza di genere. Discutere delle tue preoccupazioni e preoccupazioni con qualcuno di cui ti fidi può far sentire la tua situazione meno solitaria e più gestibile.

2. Utilizzare strategie di risposta efficaci: sviluppare un piano d'azione per rispondere alla violenza di genere può aiutarti a sentirti più sicuro e ad avere il controllo della situazione. Ciò può includere la definizione di limiti, l'uso di una comunicazione assertiva, il mantenimento della calma, la ricerca di aiuto da parte di adulti o figure autoritarie e la documentazione degli incidenti per una revisione successiva.

3. Autosostegno e rafforzamento dell'autostima: è importante lavorare per rafforzare la propria autostima e fiducia. Praticare affermazioni positive, ricompensarti per i risultati raggiunti, coltivare hobby e svolgere attività che ti danno gioia e soddisfazione possono aiutarti a sentirti apprezzato e potente, indipendentemente da ciò che dicono o fanno gli altri.

4. Cerca aiuto professionale: se la violenza di genere sta compromettendo seriamente la tua salute mentale o fisica, potrebbe essere necessario cercare aiuto da uno psicologo o da un altro professionista qualificato. Possono offrirti strategie efficaci per affrontare la violenza di genere, aiutarti a comprendere i tuoi sentimenti e le tue emozioni e fornirti supporto e comprensione.

Superare la violenza di genere è un processo che richiede pazienza, determinazione e sostegno. È importante ricordare che meriti rispetto e sicurezza e che esistono molte risorse e strategie che possono aiutarti a superare queste sfide. Non esitare a chiedere aiuto e sostegno, meriti di vivere in un ambiente sicuro e premuroso.

Capitolo 24.
Come intervenire se si assiste alla violenza di genere.

Se si assiste a una situazione di violenza di genere, è importante non rimanere indifferenti e attivarsi per aiutare la vittima. Se non sei sicuro delle tue capacità, puoi chiedere aiuto e documentare l'atto di aggressione. E se l'allenamento negli sport da combattimento ha già cominciato a dare i suoi risultati, allora puoi intervenire direttamente. Ecco alcuni modi in cui puoi intervenire:

1. Cerca aiuto: se una situazione sta andando fuori controllo o non ritieni di poterla gestire da solo, cerca aiuto da insegnanti, genitori o altri adulti. Fai loro sapere cosa sta succedendo e chiedi loro di agire.

Cercare aiuto per la violenza di genere è uno dei passi più importanti che puoi compiere per porre fine a questa spiacevole situazione. Per coloro che soffrono di violenza di genere, questa può essere una decisione difficile a causa del timore di possibili conseguenze o perché non sono sicuri che qualcuno sarà disposto o in grado di aiutare. Tuttavia, è importante capire che chiedere aiuto non è un segno di debolezza, ma un segno di forza e determinazione nell'affrontare la violenza di genere.

Innanzitutto, se stai vivendo una situazione di violenza di genere fuori controllo o ritieni di non poterla gestire da solo, è importante cercare di trovare un adulto di cui ti fidi. Potrebbe trattarsi di un insegnante, un consulente scolastico, un genitore o un altro adulto che conosci e con cui ti senti a tuo agio. Gli adulti possono chiamare immediatamente la polizia e chiedere aiuto descrivendo la situazione.

Quando si chiede aiuto, è importante essere pronti a descrivere la situazione nel modo più dettagliato possibile. Descrivi cosa sta succedendo, quando e dove sta succedendo, chi è coinvolto e come ti influenza. Quanto più accuratamente descriverai la situazione, tanto meglio potranno aiutarti.

Non esitate a chiedere supporto e azione. Gli adulti hanno la responsabilità di prendersi cura della sicurezza e del benessere dei bambini e dei giovani e devono agire per fermare la violenza di genere e proteggere la vittima. Possono anche offrirti consigli e supporto su come affrontare la violenza di genere in futuro.

Gli adulti possono analizzare da soli la situazione, chiedere aiuto e, se le condizioni fisiche della persona lo consentono, anche intervenire nella situazione.

Ricorda che cercare aiuto non solo ti aiuterà ad affrontare la tua attuale situazione di violenza di genere, ma può anche aiutarti a creare un ambiente sicuro e solidale nella tua scuola o nella comunità in generale.

2. Documentare l'incidente: se è sicuro farlo, annotare i dettagli dell'evento, inclusi data, ora, luogo e nomi dei testimoni. Questo potrebbe essere utile in futuro se hai bisogno di fornire informazioni su cosa è successo.

Documentare gli episodi di violenza di genere è un passo importante non solo per la vittima, ma anche per coloro che possono contribuire a risolvere il problema. La registrazione dei dettagli degli incidenti fornisce una base documentata e obiettiva per le azioni successive e può essere utile in una varietà di situazioni.

Innanzitutto, è importante comprendere che documentare gli episodi di violenza di genere è necessario non solo per garantire la sicurezza della vittima, ma anche per prevenire ulteriori incidenti. Registrare i dettagli di un evento, come data, ora, luogo e descrizione di ciò che è accaduto, aiuta a creare un quadro oggettivo di ciò che è accaduto e fornisce informazioni importanti per indagare sulla situazione.

È importante notare che la documentazione degli incidenti dovrebbe essere effettuata solo in un ambiente sicuro per evitare di mettere a rischio la vittima. Se la vittima ritiene di essere in pericolo o che la sua sicurezza potrebbe essere compromessa documentando l'incidente, dovrebbe chiedere aiuto a un adulto o ad un'altra persona di fiducia.

È importante includere nella documentazione anche i nomi dei testimoni, se disponibili. Le testimonianze possono essere importanti per confermare quanto accaduto e aiutare a prendere decisioni sui passi successivi.

Infine, documentare gli episodi di violenza di genere aiuta a creare una base per agire per prevenire ulteriore violenza di genere e proteggere i diritti della vittima. Questi documenti possono essere utilizzati in vari contesti, ad esempio contattando le autorità scolastiche, le forze dell'ordine o le autorità giudiziarie, se necessario.

Nel complesso, documentare gli episodi di violenza di genere svolge un ruolo importante nel garantire la sicurezza della vittima, prevenire ulteriori incidenti e garantire la giustizia.

3. Interrompi la situazione: se vedi qualcuno che subisce violenza di genere, prova a interrompere la situazione indirizzando l'attenzione dell'aggressore su qualcos'altro o intraprendendo una conversazione con la vittima per distogliere la sua attenzione.

Quando ci si trova ad affrontare una situazione di violenza di genere, interromperla può essere un modo efficace per aiutare la vittima e cambiare il corso degli eventi. L'intervento può aiutare a ridurre la tensione e impedire che il conflitto si inasprisca ulteriormente. Ecco alcuni dettagli su come interrompere la violenza di genere e perché è importante.

- Intervento diretto: nel caso in cui vedi qualcuno che subisce violenza di genere, l'intervento diretto può essere più efficace. Puoi rivolgerti al bullo e interrompere il suo comportamento, ad esempio dicendo: "Per favore, smettila, questo non è il modo giusto di comunicare con altre persone". Questo può funzionare, soprattutto se sei determinato e fiducioso.

- Distrarre l'aggressore: a volte semplicemente distogliere l'attenzione dell'aggressore può aiutare a interrompere una situazione di violenza di genere. Puoi iniziare una conversazione con il bullo su un altro argomento o invitarlo a unirsi a te in un'altra attività. Ciò può aiutare a cambiare la sua attenzione e ridurre il suo desiderio di continuare il comportamento aggressivo.

- Sostenere la vittima: è anche importante prestare attenzione alla vittima e fornire supporto. Mostrare compassione e comprensione può fare una grande differenza nel far sentire la vittima protetta e supportata. Semplicemente parlare con la vittima o esprimere il tuo sostegno può aiutarla a sentirsi meno sola e più sicura di sé.

- Cercare aiuto: se non sei sicuro di come interrompere al meglio una situazione di violenza di genere, o se non hai la capacità di farlo da solo, chiedi aiuto ad altri adulti o al personale educativo. Possono offrire sostegno e adottare le misure necessarie per fermare la violenza di genere.

Interrompere una situazione di violenza di genere potrebbe non essere un passo facile, ma è importante creare un ambiente sicuro e solidale per tutti. L'intervento può aiutare a cambiare il corso degli eventi, proteggere la vittima e prevenire un'ulteriore escalation del conflitto.

4. Mostra sostegno: avvicinati alla vittima e mostra il tuo sostegno. Mostra gentilezza e compassione, chiarisci che vedi cosa sta succedendo e che sei pronto ad aiutare.

Mostrare sostegno a una vittima di violenza di genere è un passo importante che può avere un impatto significativo sul suo benessere emotivo e sulla capacità di farvi fronte. Ecco uno sguardo più da vicino a questa strategia:

- Avvicinarsi con gentilezza e compassione: quando ci si avvicina a una vittima, è molto importante essere gentili e compassionevoli. Usa parole gentili e un'espressione corporea sicura per dimostrare che sei interessato al suo benessere e che sei disposto ad aiutarla.

- Comprendere la situazione: è importante mostrare alla vittima che sei consapevole di ciò che sta accadendo e che la sostieni nella sua lotta. Potresti dire qualcosa del tipo: "Ti ho visto attraversare una situazione difficile e voglio che tu sappia che sono qui per sostenerti".

- Offrire aiuto: dopo aver espresso il tuo sostegno, offri il tuo aiuto. Chiedi alla vittima cosa puoi fare per aiutarla e permetterle di comunicare i suoi sentimenti e bisogni. Potrebbe essere qualcosa del tipo: "Se hai bisogno di qualcuno che ti ascolti, sono qui. Oppure, se hai bisogno di aiuto per risolvere questa situazione, fammi sapere che sono disponibile ad aiutarti".

- Creare uno spazio sicuro: è importante creare uno spazio sicuro e di supporto per la vittima in cui possa sentirsi a proprio agio e protetta. Offri il tuo sostegno e la rassicurazione che non è sola nella sua lotta. Ascoltala attentamente, senza giudicarla, e rispetta i suoi sentimenti.

- Sostegno continuo: è importante continuare a sostenere la vittima e starle vicino a lungo termine. Offri il tuo sostegno e la tua amicizia e sii pronto a sostenerla ogni volta che ha bisogno del tuo aiuto.

Mostrare gentilezza, compassione e disponibilità ad aiutare una vittima di violenza di genere può fare un'enorme differenza nella sua vita. Questo può aiutarla a sentirsi meno sola e più sicura di sé, e fornirle il sostegno di cui ha bisogno per affrontare una situazione difficile.

5. Istruzione: educare gli altri sui danni della violenza di genere e su come aiutare le vittime. Mantieni un ambiente amichevole e rispettoso nel tuo ambiente in cui tutti si sentono sicuri e protetti.

Educare gli altri sui danni della violenza di genere e su come aiutare le vittime è un passo importante verso la creazione di un ambiente sicuro e rispettoso nella nostra società. Ecco uno sguardo più da vicino a questa strategia e perché può essere efficace:

- Comprendere i danni della violenza di genere: il primo passo per educare gli altri sulla violenza di genere è educarli su cosa sia la violenza di genere, sulle forme che può assumere e sul danno che provoca alle vittime. Ciò aiuterà gli altri a comprendere la gravità del problema e il motivo per cui è importante combatterlo.

- Promuovere la conoscenza su come aiutare: educare gli altri su come aiutare le vittime della violenza di genere include la condivisione delle diverse strategie di sostegno e di advocacy che possono essere utilizzate nei casi di violenza di genere. Ciò può includere imparare a riconoscere i segni della violenza di genere, sapere come rispondervi in modo efficace e offrire sostegno ed empatia alla vittima.

- Creare un'atmosfera amichevole e rispettosa: insegnare agli altri include anche la creazione di una cultura generale di rispetto e sostegno nel loro ambiente. Ciò può essere ottenuto promuovendo una comunicazione rispettosa, l'assistenza reciproca e la comprensione tra le persone. Quando le persone sanno di poter contare sul sostegno e sulla protezione di chi le circonda, trovano più facile affrontare situazioni di violenza di genere.

- Sostenere programmi contro la violenza di genere: è importante sostenere e partecipare a programmi e attività volti a combattere la violenza di genere e sostenere le vittime. Ciò può includere la partecipazione ad attività contro la violenza di genere, l'educazione nelle scuole e nelle comunità e il sostegno a enti di beneficenza che combattono il problema.

Educare gli altri sui danni della violenza di genere e su come aiutare le vittime non solo aiuta a diffondere la consapevolezza del problema, ma crea anche una società in cui tutti si sentono protetti e rispettati. Questo è un passo importante verso la creazione di un ambiente sicuro e di supporto per tutti i membri.

È importante ricordare che intervenire in una situazione di violenza di genere richiede coraggio e determinazione, ma il tuo sostegno può salvare la vittima dall'aggressione.

❖ · ❖ · ❖ · ❖ · ❖ · ❖ · ❖ · ❖ · ❖ · ❖ · ❖ · ❖ · ❖ · ❖ · ❖

Capitolo 25.
Educazione e copertura.

Nella società moderna, il problema della violenza di genere rimane una delle sfide sociali più gravi che richiede un intervento immediato ed efficace. Nonostante gli sforzi di molti paesi e organizzazioni internazionali, la violenza di genere continua a essere un fenomeno diffuso, che colpisce la vita di milioni di persone in tutto il mondo. In questo contesto, l'educazione alla violenza di genere gioca un ruolo chiave nel prevenire, superare e trasformare il problema.

In questo capitolo esamineremo l'importanza dell'educazione sulla violenza di genere e il suo impatto sulla prevenzione di questo fenomeno. Esploreremo il ruolo dell'educazione nella prevenzione della violenza di genere e le conseguenze della mancanza di consapevolezza del problema. Successivamente, esamineremo approcci efficaci all'educazione sulla violenza di genere, nonché esempi di programmi e iniziative educative di successo. La parte finale del capitolo sarà dedicata alla valutazione dell'efficacia dei programmi educativi e delle prospettive per il loro sviluppo.

L'educazione alla violenza di genere è una pietra miliare nella lotta a questo problema per una serie di ragioni.

In primo luogo, svolge un ruolo chiave nell'educare la società sulle varie forme di violenza di genere, sulle sue cause e conseguenze. I cittadini informati sono maggiormente in grado di riconoscere e rispondere agli episodi di violenza e di fornire sostegno alle vittime.

In secondo luogo, l'educazione alla violenza di genere aiuta a cambiare gli atteggiamenti culturali e gli stereotipi che sono alla base di questo fenomeno. Attraverso l'educazione si può creare una società tollerante e inclusiva, dove non c'è spazio per la violenza e la discriminazione basata sul genere.

Infine, un'educazione efficace sulla violenza di genere aiuta a creare meccanismi sostenibili per proteggere i diritti delle vittime e punire i colpevoli. Educa i cittadini sui diritti umani e aiuta a costruire una condanna pubblica della violenza, un passo importante verso la sua eliminazione.

La violenza di genere continua a essere un problema serio e l'istruzione svolge un ruolo importante nella sua prevenzione. In questa sezione esamineremo vari aspetti del ruolo dell'educazione nel prevenire e affrontare la violenza di genere.

I programmi e i corsi educativi sulla violenza di genere rappresentano uno strumento importante per contrastare questo fenomeno. Permettono di diffondere la conoscenza sulle varie forme di violenza di genere, sulle sue cause e conseguenze tra diversi gruppi di età e strati sociali. Questi programmi possono includere conferenze, seminari, corsi di formazione e webinar, nonché corsi online disponibili per un'ampia gamma di utenti. Lo scopo di tali programmi non è solo quello di educare la società sul problema della violenza di genere, ma anche di insegnare le competenze per prevenirla e affrontarla.

Le scuole e le istituzioni educative svolgono un ruolo importante nel plasmare la visione del mondo e i valori delle generazioni più giovani. È qui che inizia il processo di sviluppo di una comprensione dell'uguaglianza di genere e del rispetto dei diritti di tutte le persone, indipendentemente dal genere. I programmi scolastici dovrebbero includere moduli educativi sulla violenza di genere che aiutino gli studenti a comprenderne gli effetti dannosi e insegnino modi efficaci per rispondere. È anche importante creare un ambiente sicuro e di supporto nei contesti educativi in cui gli studenti possano sentirsi sicuri e compresi.

Un passo importante verso il superamento della violenza di genere è l'inclusione di argomenti rilevanti nei programmi di studio e nei libri di testo. Ciò contribuirà a garantire uno studio sistematico e completo del problema a vari livelli di istruzione. Gli studenti riceveranno informazioni sulla violenza di genere nelle prime fasi del loro percorso formativo, che consentiranno loro di sviluppare una corretta comprensione dei propri diritti e responsabilità.

Le attività educative e le campagne di sensibilizzazione sulla violenza di genere sono importanti per sensibilizzare l'opinione pubblica sul problema. Permettono non solo di diffondere informazioni sulle forme e le conseguenze della violenza, ma anche di provocare la condanna pubblica di questo fenomeno. Tali campagne possono includere marce, forum, conferenze e l'uso di social network e media per diffondere informazioni. È importante che questi eventi siano rivolti a un vasto pubblico e contribuiscano alla formazione di una società tollerante e inclusiva.

Un'educazione insufficiente sulla violenza di genere ha gravi conseguenze sia per la società nel suo insieme che per il benessere psicologico individuale. Questa sezione è dedicata alla considerazione di queste conseguenze.

Un'educazione insufficiente sulla violenza di genere porta a una serie di conseguenze negative per la società. In primo luogo, perpetua le norme culturali e sociali che sostengono la discriminazione e la violenza contro determinati gruppi. Ciò crea un ambiente inospitale in cui la violenza di genere può persistere e persino intensificarsi. Inoltre, un'istruzione insufficiente limita la capacità di una società nel suo complesso di svilupparsi e prosperare, poiché costituisce un ostacolo al pieno potenziale di tutti i suoi membri.

La mancanza di informazioni sulla violenza di genere può avere gravi conseguenze sul benessere psicologico di un individuo. Le persone che non hanno una conoscenza sufficiente della violenza di genere possono diventarne vittime o testimoni senza la capacità di rispondere e proteggersi adeguatamente. Ciò può portare a sentimenti di impotenza, paura, bassa autostima, ansia e depressione nelle vittime, nonché al deterioramento delle relazioni familiari e comunitarie.

Un'educazione inadeguata sulla violenza di genere ha anche conseguenze economiche e sociali. Può portare a una minore partecipazione delle donne alla vita sociale ed economica, nonché a un accesso limitato all'istruzione, all'assistenza sanitaria e alle risorse. Ciò, a sua volta, ha un impatto negativo sullo sviluppo economico del Paese e sulla struttura sociale della società nel suo complesso. Combattere la violenza di genere attraverso l'educazione diventa quindi un passo necessario per garantire uno sviluppo sostenibile ed equo della società.

L'educazione alla violenza di genere richiede approcci e strategie innovativi per essere più efficaci. Questa sezione esamina i vari approcci che possono essere utilizzati per implementare con successo i programmi educativi.

L'uso di metodi di insegnamento innovativi è fondamentale per un'educazione efficace sulla violenza di genere. Ciò include l'apprendimento attivo, tecniche basate sul gioco, casi di studio e altre forme interattive di apprendimento che possono coinvolgere gli studenti e motivarli a conoscere un determinato argomento. Tali tecniche aiutano a rendere il processo educativo più accessibile, comprensibile e attraente per un vasto pubblico.

Il coinvolgimento dei media e del pubblico è un altro approccio efficace all'educazione sulla violenza di genere. Ciò include la creazione di campagne di sensibilizzazione, la pubblicazione di articoli e materiali su pubblicazioni cartacee, la partecipazione a programmi televisivi e radiofonici e l'utilizzo dei social media e di altri canali di comunicazione per diffondere informazioni sulla violenza di genere. Attraverso il coinvolgimento attivo del pubblico, è possibile aumentare la consapevolezza su un problema e stimolare il dialogo pubblico sull'argomento.

Il coinvolgimento dei giovani e degli studenti svolge un ruolo importante nella lotta alla violenza di genere. I giovani sono la forza trainante del cambiamento sociale e la loro partecipazione attiva ai programmi educativi può aiutare a modellare nuovi valori e norme incompatibili con la violenza e la discriminazione. Ciò può essere raggiunto attraverso l'organizzazione di club studenteschi, eventi e progetti dedicati al problema della violenza di genere, nonché attraverso l'inclusione di argomenti rilevanti nel curriculum e la discussione attiva degli stessi in classe.

Un approccio interdisciplinare all'educazione alla violenza di genere ci consente di considerare questo problema da diverse prospettive e nel contesto di diverse discipline scientifiche. Ciò include l'utilizzo della conoscenza della sociologia, della psicologia, del diritto, della medicina, degli studi culturali e di altri campi della scienza per comprendere meglio le cause e le conseguenze della violenza di genere e per sviluppare metodi più efficaci per prevenirla e superarla.

I programmi educativi e le iniziative per combattere la violenza di genere sono fondamentali per affrontare questo grave problema sociale. Questa sezione esamina esempi di programmi e iniziative educative di successo a vari livelli.

A. Progetti e iniziative internazionali:

1. UNITE per porre fine alla violenza contro le donne: questa iniziativa delle Nazioni Unite mira a promuovere gli sforzi degli stati per combattere la violenza di genere. Il programma prevede numerose attività educative e informative volte a sensibilizzare l'opinione pubblica sul problema e mobilitare l'opinione pubblica nel contrasto alla violenza contro le donne.

2. Progetto MenEngage Alliance: questo progetto è un'alleanza globale di organizzazioni che lavorano per coinvolgere uomini e ragazzi nella lotta contro la violenza di genere. Sostiene programmi e iniziative educative volte a superare gli stereotipi sul ruolo di genere e a prevenire la violenza.

Programmi a livello nazionale:

1. Educazione senza violenza, Brasile: questo programma, introdotto nelle scuole brasiliane, mira a prevenire la violenza nelle istituzioni educative. Comprende attività educative per studenti, genitori e insegnanti sulla violenza di genere, nonché formazione per insegnanti sui metodi di prevenzione e risposta ai casi di violenza.

2. Pari opportunità per tutti, Svezia: questo programma nazionale mira a creare pari opportunità per tutti i cittadini, compresa la prevenzione e la lotta alla violenza di genere. Il programma comprende attività educative su larga scala e campagne volte a cambiare gli atteggiamenti e le

norme culturali che promuovono la violenza.

3. Anche la Spagna dispone di un programma per combattere la violenza di genere, noto come Ley Orgánica de medidas de protección integral contra la violencia de género. Questo programma è stato adottato nel 2004 e consiste in un insieme di misure volte a prevenire, proteggere e punire la violenza di genere.

Il programma comprende vari aspetti della lotta alla violenza di genere:

- Prevenzione e sensibilizzazione: conduzione di campagne ed eventi educativi per sensibilizzare l'opinione pubblica sul problema della violenza di genere, sulle sue forme, conseguenze e sulle risorse disponibili per aiutare.

- Protezione e sostegno alle vittime: fornire alle vittime della violenza di genere vari tipi di sostegno, tra cui consulenza, assistenza psicologica, rifugi, assistenza legale, ecc.

- Punire gli stupratori: emanare leggi per aumentare le pene per gli autori di violenza di genere e garantire giustizia alle vittime.

- Istruzione e formazione: introduzione di programmi educativi nelle istituzioni educative per sviluppare nei bambini e nei giovani un atteggiamento rispettoso verso l'uguaglianza di genere e un comportamento non violento.

Questo programma rappresenta un passo importante nella lotta contro la violenza di genere in Spagna e comprende misure a vari livelli della società per garantire la sicurezza e la protezione delle vittime e per cambiare gli atteggiamenti culturali che contribuiscono alla violenza.

C. Iniziative locali e progetti comunitari

1. Progetto Comunità senza violenza, India: questo progetto è implementato a livello locale e mira a prevenire la violenza di genere nelle comunità rurali dell'India. Comprende programmi educativi per i residenti locali, seminari e formazione sull'uguaglianza di genere e sulla comunicazione non violenta.

2. Iniziativa a sostegno delle vittime della violenza di genere, USA: questa iniziativa opera a livello locale e mira a fornire sostegno alle vittime della violenza di genere. Comprende programmi educativi per le comunità locali sulle cause e le conseguenze della violenza, nonché sulle risorse e sul supporto disponibili.

Valutare l'efficacia dei programmi educativi per combattere la violenza di genere gioca un ruolo importante nel determinare il loro impatto sulla società e sulle vittime. A questo scopo vengono utilizzati vari metodi:

1. Analisi dei dati: raccogliere e analizzare dati quantitativi e qualitativi sulle risposte del pubblico ai programmi educativi, inclusi tassi di partecipazione, comprensione dei problemi, cambiamento di

comportamento e feedback sul programma.

2. Sondaggi e interviste: conduzione di sondaggi e interviste con i partecipanti a programmi educativi per valutare la loro soddisfazione, il livello di conoscenza e le intenzioni di cambiare il loro comportamento dopo aver partecipato al programma.

3. Osservazione e analisi del contenuto: osservare l'avanzamento del programma e analizzare il contenuto dei materiali per valutarne la rilevanza rispetto agli obiettivi del programma e l'efficacia dell'impatto.

4. Studi comparativi: conduzione di studi comparativi per confrontare i risultati del programma con i risultati di altri programmi simili o gruppi di controllo.

Per valutare efficacemente un programma, è importante identificare i bisogni e le preoccupazioni del pubblico che possono influenzarne il successo:

1. Analisi dei dati sulla violenza: esaminare le statistiche e i dati sulla violenza di genere per determinare le priorità e gli obiettivi del programma educativo.

2. Sondaggi e focus group: condurre sondaggi e focus group con il pubblico target per identificare i loro bisogni, aspettative e problemi legati alla violenza di genere.

3. Analisi del feedback: analisi del feedback dei partecipanti al programma, che consente di identificare problemi e carenze nella sua organizzazione e nei suoi contenuti.

La determinazione degli indicatori chiave di successo aiuta a valutare l'efficacia dei programmi educativi:

1. Cambiamento nella conoscenza e nel comportamento: misurare i livelli di conoscenza dei partecipanti prima e dopo il programma, nonché i cambiamenti nel loro comportamento e atteggiamento nei confronti della violenza di genere.

2. Livello di soddisfazione: una valutazione della soddisfazione dei partecipanti al programma riguardo al suo contenuto, organizzazione e utilità.

3. Livello di partecipazione e coinvolgimento: valutare il livello di partecipazione e di attività dei partecipanti ai programmi, nonché la loro volontà di partecipare attivamente alla lotta contro la violenza di genere dopo aver completato i corsi educativi.

Valutare l'efficacia dei programmi di educazione alla violenza di genere aiuta a identificarne i punti di forza e di debolezza e ad apportare modifiche per migliorarne e aumentarne ulteriormente l'efficacia.

In conclusione, dovremmo riassumere l'importanza dell'educazione alla violenza di genere e il suo impatto sulla società, sulle vittime e sul processo di superamento della violenza. I punti salienti includono:

1. Importanza dell'istruzione: l'educazione alla violenza di genere è parte integrante della prevenzione e della lotta a questo fenomeno. Svolge

un ruolo chiave nella sensibilizzazione del pubblico, nella creazione di empatia e sostegno per le vittime e nel cambiamento delle norme e dei valori culturali che promuovono la violenza.

L'educazione alla violenza di genere è una pietra miliare nel processo di superamento di questo fenomeno sociale globale. È innegabile che la conoscenza e la comprensione dei principali aspetti della violenza di genere tra i membri della società costituisce il primo passo per superarla. Vediamo perché l'istruzione gioca un ruolo così importante:

- Sensibilizzazione dell'opinione pubblica: l'educazione alla violenza di genere educa un'ampia gamma di persone sulle varie forme di violenza, sulle sue cause, conseguenze e modi per combatterla. Ciò aiuta le persone a riconoscere la violenza nel loro ambiente e ad essere più vigili e pronte ad agire.

- Costruire empatia e sostegno per le vittime: l'istruzione aiuta a sviluppare empatia e compassione per le vittime della violenza di genere. Più le persone comprendono la gravità e la portata del problema, più potranno mostrare sostegno e solidarietà alle vittime.

- Cambiare norme e valori culturali: l'istruzione può stimolare il dibattito e sfidare norme e valori culturali obsoleti che possono contribuire alla violenza di genere. Quanto più una società è informata ed educata, tanto più è probabile che rifiuti la violenza come comportamento inaccettabile.

Per le vittime della violenza di genere, che possono essere estremamente sensibili e insicure, l'istruzione non è solo un mezzo di protezione, ma anche uno strumento per riprendere il controllo sulla propria vita. Conoscere e comprendere i propri diritti e le proprie opzioni aiuta le vittime a diventare più sicure e capaci di agire e a trovare sostegno e aiuto nel proprio ambiente.

Inoltre, l'istruzione crea le condizioni per trasformare l'opinione pubblica e la cultura, rendendo l'ambiente più solidale e più preparato ad affrontare la violenza di genere. In definitiva, l'educazione alla violenza di genere non è solo uno strumento per combatterla, ma anche una base per costruire una società più giusta e inclusiva.

2. Risultati positivi: i programmi educativi sulla violenza di genere mostrano risultati positivi nel ridurre gli episodi di violenza, aumentare il sostegno alle vittime e creare ambienti più sicuri e inclusivi.

I risultati positivi ottenuti attraverso i programmi di educazione alla violenza di genere hanno un impatto significativo sulla società in generale e sulle vittime di violenza in particolare. Diamo un'occhiata agli aspetti principali che confermano l'efficacia di tali programmi:

- Riduzione degli episodi di violenza: i programmi educativi sulla violenza di genere spesso mirano a cambiare le norme culturali che possono contribuire alla violenza. Educando le persone ai diritti, all'uguaglianza e al rispetto, questi programmi creano le basi per ridurre la violenza nella società. Le persone istruite e informate hanno maggiori probabilità di condannare e opporsi alla violenza, il che aiuta a creare un ambiente più sicuro.

- Maggiore sostegno alle vittime: i programmi educativi sulla violenza di genere aiutano anche a ridurre lo stigma e l'isolamento delle vittime fornendo loro informazioni sulle risorse e sul sostegno disponibili in caso di violenza. Questi programmi rafforzano anche le reti di sostegno, tra cui amici, familiari, comunità e organizzazioni professionali, rendendo più facile per le vittime cercare aiuto e sostegno.

- Creare un ambiente sicuro e inclusivo: i programmi educativi sulla violenza di genere contribuiscono alla creazione di una società in cui ogni persona è rispettata e protetta dalla violenza. Educando le comunità sui diritti e sull'uguaglianza, questi programmi aiutano a creare una cultura di rispetto e sostegno che promuove un ambiente più sicuro e inclusivo per tutti.

Per le vittime di violenza di genere che sono sensibili e mancano di fiducia in se stesse, la conoscenza dell'efficacia dei programmi educativi può essere una fonte di sostegno e motivazione. Possono vedere che esistono strumenti e risorse che possono aiutarli a superare le sfide e trovare forza. I risultati positivi di questi programmi dimostrano che il cambiamento è possibile e che ogni persona merita di vivere in un ambiente sicuro e rispettoso.

3. La necessità di ulteriore sviluppo: è importante continuare a sviluppare e migliorare i programmi educativi, tenendo conto delle mutevoli esigenze della società, delle nuove sfide e dei requisiti.

L'ulteriore sviluppo e miglioramento dei programmi educativi sulla violenza di genere è un aspetto estremamente importante nella lotta a questo fenomeno globale. Diamo un'occhiata ad alcuni argomenti chiave che evidenziano la necessità di questo sviluppo:

- Cambiamenti dei bisogni della società: la società è in continua evoluzione, così come le esigenze di educazione sulla violenza di genere. Le nuove tecnologie, le tendenze socioculturali e i cambiamenti nella legislazione possono richiedere l'aggiornamento e l'adattamento dei programmi educativi per soddisfare in modo più efficace i bisogni della società.

- Nuove sfide ed esigenze: la violenza di genere è un fenomeno complesso e sfaccettato che assume costantemente nuove forme e manifestazioni. Per combattere questo fenomeno, i programmi educativi devono essere flessibili e pronti ad adattarsi alle nuove sfide come la violenza digitale, il bullismo online, la violenza economica e altre forme di aggressione che possono verificarsi.

- Miglioramento continuo di metodi e approcci: lo sviluppo di programmi educativi sulla violenza di genere richiede anche un costante miglioramento dei metodi e degli approcci. Ciò può includere ricerca, valutazione delle prestazioni, condivisione di esperienze con altri programmi e approcci innovativi alla formazione e alla comunicazione.

- Sostenere e rafforzare le vittime: per le vittime della violenza di genere, il continuo sviluppo di programmi educativi significa l'accesso a una gamma più ampia di risorse e sostegno. Ciò può includere programmi di salute mentale, consulenza legale, sostegno comunitario e altri tipi di assistenza per aiutare le vittime a guarire e a tornare alla vita normale.

Per le vittime di violenza di genere che sono estremamente sensibili e mancano di fiducia in se stesse, è importante capire che lo sviluppo di programmi educativi significa che la società riconosce i loro problemi ed è pronta a fornire loro aiuto e sostegno. Ciò crea le basi per un cambiamento in meglio e fornisce la speranza per un ambiente più sicuro e più solidale.

La società deve sviluppare prospettive per lo sviluppo dell'educazione sulla violenza di genere e determinare ulteriori passi:

1. Sviluppo di nuovi metodi: è necessario cercare e implementare costantemente nuovi metodi e approcci all'insegnamento della violenza di genere, tenendo conto delle tendenze attuali e delle capacità tecnologiche.

Lo sviluppo di nuovi metodi di insegnamento della violenza di genere rappresenta un aspetto importante nel contrasto a questo fenomeno. Diamo un'occhiata ad alcuni aspetti chiave che evidenziano l'importanza di ricercare e implementare costantemente nuove tecniche:

- Tendenze attuali: la società è in costante cambiamento e con essa cambiano anche le tendenze nell'istruzione e nell'informazione. Le nuove generazioni affrontano sfide e situazioni uniche che richiedono metodi di apprendimento adeguati. Ad esempio, con lo sviluppo delle tecnologie digitali e di Internet, i programmi educativi possono introdurre corsi online, applicazioni mobili e altri strumenti didattici moderni.

- Capacità tecnologiche: le moderne tecnologie offrono grandi opportunità per la creazione di materiali didattici interattivi e attraenti. L'uso della realtà virtuale, dell'animazione, della gamification e di altri metodi innovativi può rendere l'apprendimento più divertente ed efficace, soprattutto per i giovani e gli studenti.

- Approccio individualizzato: una varietà di metodi di insegnamento consente di adattare l'approccio di apprendimento alle esigenze e alle caratteristiche individuali di ogni studente. Alcune vittime di violenza di genere potrebbero avere difficoltà a comunicare o apprendere nelle aule tradizionali. In questo caso, ad esempio, possono essere più efficaci consulenze individuali o sessioni di gruppo.

- Approccio interdisciplinare: l'integrazione di conoscenze provenienti da vari campi, come la psicologia, la sociologia, il diritto e altri, ci consente di creare una comprensione più completa e approfondita del problema della violenza di genere. Formare studenti e professionisti con un approccio multidisciplinare può fornire una risposta più completa ed efficace a questo fenomeno.

- Ricerca continua: la ricerca continua sull'istruzione e sulla violenza di genere sta aiutando a identificare nuovi approcci e tecniche che potrebbero essere più efficaci nel prevenire la violenza e sostenere le vittime. Il sostegno a progetti di ricerca e lo scambio di esperienze tra scienziati e professionisti contribuisce allo sviluppo di metodi di insegnamento innovativi.

L'introduzione di nuovi metodi di insegnamento sulla violenza di genere non solo migliora la comprensione di questo problema, ma contribuisce anche a prevenirlo e controllarlo più efficacemente. Ciò crea speranza per un futuro in cui tutti abbiano accesso a un'istruzione di qualità e a informazioni che aiutino a proteggere i diritti e la sicurezza di tutti i membri della società.

2. Aumentare l'accessibilità: è importante garantire che l'educazione sulla violenza di genere sia accessibile a tutti i segmenti della società, compresi i diversi gruppi di età, categorie sociali e regioni.

Rendere l'educazione sulla violenza di genere accessibile a tutti i segmenti della società è un aspetto fondamentale nella lotta a questo grave problema sociale. Diamo un'occhiata ad alcuni punti importanti che evidenziano l'importanza di aumentare l'accesso all'istruzione:

- Inclusività: i programmi educativi sulla violenza di genere dovrebbero essere inclusivi e raggiungere diverse categorie sociali, tra cui donne, uomini, bambini, adolescenti, anziani e persone provenienti da contesti culturali ed etnici diversi. Ciò consente la massima copertura e tiene conto di una varietà di situazioni ed esigenze.

- Approccio multilivello: l'educazione alla violenza di genere dovrebbe essere disponibile a diversi livelli, dagli asili e scuole ai corsi universitari e ai programmi di formazione professionale. Questo approccio multilivello ci consente di raggiungere tutte le fasce d'età e garantire un'educazione continua per tutta la vita.

- Aspetto regionale: è importante tenere conto delle caratteristiche delle diverse regioni quando si sviluppano programmi educativi. In alcune società, la violenza di genere può essere più comune o meno denunciata, pertanto gli approcci devono essere adattati alle esigenze locali e ai contesti culturali.

- Sicurezza psicologica: per molte vittime di violenza di genere, conoscere questo argomento può essere emotivamente difficile. Pertanto, è importante creare ambienti educativi sicuri e di supporto in cui le persone possano discutere apertamente le proprie esperienze e ricevere l'aiuto e il sostegno di cui hanno bisogno.

- Accesso alle risorse: oltre ai programmi di formazione, è importante fornire accesso a varie risorse informative sulla violenza di genere, come opuscoli, siti web, conferenze, video, ecc. Ciò consente alle persone di istruirsi sull'argomento e ottenere le informazioni necessarie.

Rendere l'educazione alla violenza di genere accessibile a tutti i settori della società non solo aiuta a prevenire la violenza, ma aiuta anche a creare un ambiente più solidale e sicuro in cui tutti possono sentirsi protetti e rispettati.

3. Rafforzare la cooperazione internazionale: è necessario promuovere lo scambio di esperienze e la cooperazione tra paesi e organizzazioni internazionali per sviluppare e attuare programmi educativi efficaci.

Il rafforzamento della cooperazione internazionale nello sviluppo e nell'attuazione di programmi educativi sulla violenza di genere svolge un ruolo importante nella lotta contro questo grave fenomeno sociale. Vediamo gli aspetti principali di questo processo:

- Scambio di esperienze e trasferimento di conoscenze: la cooperazione internazionale consente ai paesi e alle organizzazioni di condividere le loro esperienze, le migliori pratiche e le migliori pratiche nel campo dell'educazione alla violenza di genere. Questo scambio ci consente di imparare dalle esperienze di altri paesi e di adattare approcci di successo alle nostre condizioni e bisogni unici.

- Ricerca e progetti congiunti: la cooperazione internazionale facilita anche lo sviluppo congiunto di programmi e iniziative educative, nonché la ricerca e l'analisi congiunte dell'efficacia dei metodi applicati. Ciò aiuta a identificare le sfide comuni e a trovare soluzioni innovative.

- Formazione e personale: lo scambio di esperienze comprende non solo il trasferimento di conoscenze, ma anche la formazione dei professionisti che lavorano nel campo della violenza di genere, come psicologi, assistenti sociali, insegnanti e altri specialisti. Ciò consente al personale di essere meglio formato e di fornire servizi più efficaci alle vittime.

- Sviluppo di norme e politiche internazionali: la cooperazione internazionale contribuisce allo sviluppo e al sostegno di norme e leggi internazionali nel campo della protezione dei diritti delle vittime della violenza di genere. Ciò crea le basi per la formazione di approcci armonizzati al problema a livello internazionale.

-Sostegno ai gruppi vulnerabili: la cooperazione internazionale contribuisce inoltre a garantire che i gruppi vulnerabili, come i migranti, i rifugiati, la comunità LGBTQ+ e altri, siano particolarmente sostenuti, tenendo conto delle loro esigenze specifiche e delle sfide legate alla violenza di genere.

Per le sopravvissute alla violenza di genere che potrebbero provare paura e incertezza, è importante capire che la cooperazione internazionale rafforza la capacità di combattere la violenza a livello globale. La condivisione di esperienze e conoscenze tra paesi aiuta a sviluppare approcci più efficaci per prevenire la violenza e sostenere le vittime, creando un ambiente più sicuro e solidale per tutti.

In conclusione, va sottolineato che l'educazione alla violenza di genere svolge un ruolo fondamentale nella creazione di una società più sicura e più giusta. La nostra responsabilità sociale è garantire che tale istruzione sia accessibile a tutti i segmenti della popolazione, indipendentemente dal loro status sociale, età, sesso o luogo di residenza.

L'ulteriore sviluppo di programmi educativi sulla violenza di genere è un passo necessario verso la creazione di una cultura della non violenza e del rispetto dei diritti di ogni persona. Questi programmi non solo promuovono misure preventive, ma aiutano anche le vittime a riprendersi e a ricevere il sostegno di cui hanno bisogno.

Date le sfide in continua evoluzione e le tendenze attuali, dovremmo cercare costantemente nuovi metodi e approcci per insegnare la violenza di genere, nonché promuovere lo scambio di esperienze e la cooperazione a livello internazionale.

Solo attraverso una maggiore attenzione a questo problema e maggiori sforzi nella sfera educativa possiamo costruire una società in cui ogni persona è protetta dalla violenza di genere e dove i diritti e le libertà di ogni individuo sono riconosciuti e rispettati.

❖ · ❖ · ❖ · ❖ · ❖ · ❖ · ❖ · ❖ · ❖ · ❖ · ❖ · ❖ · ❖ · ❖ · ❖

Capitolo 26.
Il coinvolgimento della comunità.

Nella società moderna, il problema della violenza di genere rimane una delle sfide più gravi che richiede una soluzione immediata e globale. La violenza di genere, indipendentemente dalla sua forma fisica, psicologica, sessuale o economica, ha conseguenze devastanti sia per gli individui che per la società nel suo insieme. Distrugge vite umane, sconvolge il benessere psicologico ed emotivo e crea squilibri nelle relazioni socioeconomiche.

La violenza di genere è la violenza basata sull'appartenenza di una persona a un particolare sesso o gruppo di genere. Può assumere la forma di violenza fisica, psicologica, sessuale o economica e si verifica in vari ambiti della vita, tra cui la famiglia, la comunità, il posto di lavoro e le istituzioni educative. La violenza di genere colpisce più spesso donne e ragazze, ma colpisce anche uomini e ragazzi, in forme e contesti diversi. L'impegno della comunità è un elemento fondamentale nella lotta contro la violenza di genere. La società, riconoscendo la gravità del problema e prendendo parte attiva alla sua soluzione, può essere un motore chiave del cambiamento e della creazione di un ambiente sicuro e inclusivo per tutti i suoi membri. Il sostegno e la partecipazione di ciascun individuo nel superamento della violenza di genere non solo aiuta a sostenere le vittime e a prevenire ulteriori casi di violenza, ma crea anche una società consapevole, empatica e responsabile, pronta ad accettare e rispettare le differenze e a creare condizioni per l'uguaglianza e la giustizia..

L'istruzione svolge un ruolo chiave nel superare la violenza di genere, poiché è uno dei principali strumenti per modellare valori, norme e modelli comportamentali nella società. Programmi e campagne educativi efficaci aiutano ad aumentare la consapevolezza sulla violenza di genere, a creare empatia e sostegno per le vittime e a cambiare gli atteggiamenti culturali che promuovono la violenza. L'istruzione aiuta le persone a comprendere l'importanza dell'uguaglianza di genere, del rispetto dei diritti individuali e della dignità di ogni persona, che è il fondamento per la creazione di una società sicura e inclusiva.

Programmi e campagne educative:

1. Conferenze e seminari: organizzare conferenze e seminari sulla violenza di genere aiuta ad aumentare la consapevolezza sul problema e fornisce anche una piattaforma per discutere problemi e trovare soluzioni.

2. Corsi di perfezionamento e corsi di formazione: lo svolgimento di corsi di perfezionamento e corsi di formazione sul tema della violenza di genere aiuta ad ampliare le conoscenze e le competenze nel campo della prevenzione e della risposta alla violenza.

3. Creazione di opuscoli informativi e campagne pubblicitarie: lo sviluppo di materiali informativi e campagne pubblicitarie aiuta a diffondere informazioni sulle forme di violenza di genere, sulle sue conseguenze, nonché sulle risorse disponibili e sui modi per combatterla.

4. Video didattici: La realizzazione di video didattici consente di trasmettere informazioni sulla violenza di genere ad un pubblico più ampio, rendendole più accessibili e comprensibili.

5. Campagne interattive sui social media: l'utilizzo dei social media per condurre campagne interattive sulla violenza di genere aiuta a raggiungere un pubblico più ampio, in particolare i giovani, e stimola il dialogo e lo scambio sull'argomento.

6. Integrazione della violenza di genere nei programmi di studio: incorporare l'educazione alla violenza di genere nei programmi di studio e nei libri di testo aiuta ad aumentare la consapevolezza del problema a livello educativo e fornisce una base per comprendere e prevenire la violenza futura.

La formazione di operatori e professionisti della comunità svolge un ruolo importante nella lotta alla violenza di genere, poiché questi professionisti sono spesso i primi a rispondere alle vittime di violenza e sono fondamentali nel fornire supporto e protezione.

1. Vari gruppi professionali: viene fornita formazione a funzionari delle forze dell'ordine, operatori sanitari, assistenti sociali, educatori, avvocati e altri professionisti che potrebbero incontrare vittime di violenza di genere nel loro lavoro.

2. Riconoscere i segni di violenza: la formazione mira a consentire ai professionisti di riconoscere i segni di violenza di genere nei loro clienti o

pazienti e fornire loro supporto e assistenza adeguati.

3. Condurre una risposta adeguata: la formazione comprende tecniche per risposte adeguate a situazioni di violenza di genere, tra cui fornire assistenza di emergenza, fornire informazioni sulle risorse e sui servizi disponibili e fornire alloggi sicuri per le vittime.

4. Fornire supporto emotivo: i professionisti sono formati per fornire supporto emotivo alle vittime di violenza di genere, compreso l'ascolto, l'empatia e la comprensione dei loro bisogni.

5. Collaborazione con altre organizzazioni: la formazione comprende anche aspetti di collaborazione con altri professionisti e organizzazioni che lavorano nel campo della prevenzione e della lotta alla violenza di genere per fornire un supporto completo alle vittime.

La formazione degli operatori e dei professionisti della comunità non solo li aiuta a comprendere meglio e a rispondere alla violenza di genere, ma aiuta anche a creare sistemi di supporto più efficaci per le vittime e a prevenire la violenza nella società.

L'integrazione della violenza di genere nei programmi di studio e nei materiali didattici svolge un ruolo chiave nella lotta contro questo fenomeno. Ciò consente agli studenti di sviluppare una comprensione delle norme di genere, degli stereotipi e dei ruoli, nonché di insegnare loro le competenze per prevenire e rispondere alla violenza. Ecco alcuni aspetti che è importante considerare quando si incorpora la violenza di genere nei programmi di studio:

1. Integrazione in varie materie: i temi della violenza di genere possono essere introdotti in varie materie educative, come sociologia, psicologia, diritto, medicina, scienze sociali e altre. Ciò aiuta gli studenti ad acquisire una comprensione completa di un problema da molteplici prospettive e a sviluppare una comprensione completa dei suoi meccanismi e delle sue conseguenze.

2. Formazione sull'empatia e sulle competenze di sostegno: i programmi educativi dovrebbero includere moduli sullo sviluppo dell'empatia, sulla comprensione dei sentimenti e dei bisogni degli altri e sulle competenze per sostenere le vittime della violenza di genere. Ciò aiuta a creare un'atmosfera di comprensione reciproca e solidarietà nell'ambiente di apprendimento.

3. Comunicare sui diritti e sulle risorse: i materiali educativi dovrebbero fornire informazioni sui diritti delle vittime della violenza di genere, sulle risorse disponibili per l'assistenza e la protezione e sulle procedure per cercare aiuto. Ciò aiuta gli studenti a comprendere i loro diritti e le loro opzioni di fronte alla violenza.

4. Sviluppo del pensiero critico: L'insegnamento della violenza di genere promuove lo sviluppo del pensiero critico negli studenti, aiutandoli ad analizzare gli stereotipi, le norme e i pregiudizi che sono alla base della violenza e a sviluppare la propria posizione riguardo a questo problema.

5. Applicazione nella vita reale: è importante che i programmi educativi forniscano agli studenti l'opportunità di applicare le conoscenze e le competenze acquisite nella vita reale, ad esempio attraverso la partecipazione a progetti, eventi o volontariato per combattere la violenza di genere.

Nel complesso, includere la violenza di genere nei programmi di studio e nei materiali educativi è un passo importante verso la creazione di una società consapevole ed empatica in grado di affrontare questo problema e creare un ambiente sicuro per tutti.

I media e le comunicazioni pubbliche svolgono un ruolo chiave nel plasmare l'opinione pubblica e nell'influenzare norme e valori sociali. Quando si tratta di combattere la violenza di genere, questi strumenti possono essere un potente strumento per educare, aumentare la consapevolezza sul problema e cambiare l'atteggiamento del pubblico nei confronti della questione. Ecco alcuni modi in cui i media e la comunicazione pubblica possono essere coinvolti in quest'area:

1. Campagne di informazione: le campagne mediatiche possono diffondere in modo specifico informazioni sulla violenza di genere, sulle sue conseguenze e sui modi per prevenirla. Ciò può essere fatto attraverso trasmissioni televisive e radiofoniche, pubblicazioni cartacee, spot pubblicitari, nonché attraverso piattaforme online e social network.

2. Programmi educativi: i media possono sostenere programmi educativi sulla violenza di genere attraverso programmi speciali, documentari, webinar e interviste con esperti. Ciò aiuta a sensibilizzare l'opinione pubblica sul problema e promuove modelli di comportamento positivi.

3. Sostegno alle vittime: le piattaforme mediatiche possono fungere da luogo di sostegno per le vittime della violenza di genere, fornendo informazioni sulle risorse disponibili, linee di assistenza anonime e opportunità di consulenza. Questo crea spazio per esprimere i tuoi sentimenti e ottenere l'aiuto di cui hai bisogno.

4. Sensibilizzare: i media possono utilizzare la loro piattaforma per attirare l'attenzione del pubblico su casi specifici di violenza di genere e stimolare il dibattito sulle cause, le conseguenze e le soluzioni al problema.

5. Sfidare gli stereotipi: i media possono aiutare a contrastare gli stereotipi e i pregiudizi di genere che possono contribuire alla violenza creando immagini positive di uguaglianza di genere e rispetto.

Attraverso i media e le comunicazioni pubbliche è possibile creare un potente contesto informativo e culturale per contribuire a cambiare l'atteggiamento nei confronti della violenza di genere e creare un ambiente sicuro per tutti i membri della società.

Il ruolo dei media nel plasmare l'opinione pubblica sulla violenza di genere non può essere sopravvalutato. Sono uno strumento potente che modella le percezioni, le norme e i valori nella società. Ecco alcuni aspetti che evidenziano la loro importanza in questo contesto:

1. Funzione di informazione: i media sono la principale fonte di informazione per la società. Evidenziano casi di violenza di genere, rivelandone i dettagli, le conseguenze e il contesto. Ciò sensibilizza l'opinione pubblica sul problema e offre l'opportunità di guardarlo in modo più ampio.

2. Plasmare l'opinione pubblica: i media possono influenzare le opinioni e le convinzioni delle persone. Fungono da piattaforme di discussione, analisi e commento pubblico sulla violenza di genere. Film, programmi televisivi, articoli e resoconti possono plasmare alcune idee sulle cause e sulle conseguenze di tale violenza.

3. Creare modelli di comportamento: i media possono presentare eroi e antieroi che influenzano il comportamento degli spettatori. Modelli di comportamento positivi, come sostenere le vittime o opporsi alla violenza, possono essere modelli di comportamento. Allo stesso tempo, le immagini negative che giustificano o normalizzano la violenza possono esacerbare il problema.

4. Contrastare stereotipi e pregiudizi: i media possono influenzare la formazione di stereotipi e pregiudizi di genere, che possono diventare la base della violenza di genere. Presentando immagini diverse e positive di donne e uomini ed evidenziando le cause e le conseguenze della violenza, i media possono contribuire a cambiare questi stereotipi.

5. Educazione e sensibilizzazione: i media possono fungere da strumento di educazione e sensibilizzazione, fornendo al pubblico informazioni sulla violenza di genere, sulle sue forme, conseguenze e metodi di prevenzione. Ciò può aumentare la consapevolezza e aiutare la società a comprendere l'importanza di combattere questo problema.

L'opinione pubblica generata attraverso i media può avere un impatto significativo nel sostenere le risposte alla violenza di genere, nel definire politiche e norme culturali e nella creazione di un ambiente sicuro per tutti i membri della società.

Le campagne di sensibilizzazione e i social media svolgono un ruolo chiave nella lotta contro la violenza di genere, raggiungendo un vasto pubblico e creando piattaforme per la condivisione delle informazioni, il sostegno e l'energia per l'opinione pubblica. Ecco alcuni modi in cui contribuiscono a questa lotta:

1. Educazione e sensibilizzazione: le campagne di informazione e i social media forniscono informazioni sulla violenza di genere, sulle sue forme, sintomi e conseguenze. Aiutano il pubblico a comprendere meglio il problema e la sua portata evidenziando casi di violenza e le storie dei sopravvissuti.

2. Supporto e assistenza: i social media consentono la creazione di comunità di sostegno per le vittime della violenza di genere. Forniscono un forum per condividere esperienze, consigli e supporto emotivo, aiutando i

sopravvissuti a sentirsi meno isolati e più supportati.

3. Mobilitare l'opinione pubblica: campagne di informazione e attività sui social media possono galvanizzare l'opinione pubblica e attirare l'attenzione sul problema della violenza di genere. Possono stimolare la discussione, sollevare domande sulla necessità di agire e lanciare inviti all'azione.

4. Promuovere relazioni sane: relazioni sane e paritarie tra i sessi possono essere promosse attraverso i social media dimostrando esempi di rispetto, cooperazione e sostegno. Ciò aiuta a combattere gli stereotipi e i pregiudizi di genere che sono alla base di alcune forme di violenza.

5. Formazione e risorse: i social media possono essere una piattaforma per diffondere materiali formativi, risorse e consigli sulla prevenzione e la risposta alla violenza di genere. Possono fornire accesso alle informazioni sui servizi di supporto disponibili e aiutare i sopravvissuti a trovare l'aiuto di cui hanno bisogno.

6. Monitoraggio e reporting: i social media possono essere utilizzati per monitorare gli episodi di violenza di genere e raccogliere dati. Possono anche contribuire a sensibilizzare l'opinione pubblica sul problema e dare voce ai sopravvissuti attraverso le loro storie.

Le campagne di sensibilizzazione e i social media sono quindi strumenti potenti per combattere la violenza di genere, creare un ambiente favorevole e sensibilizzare sulla necessità di affrontare questo problema.

I progetti contro il cyberbullismo e la violenza online svolgono un ruolo importante nella protezione degli utenti di Internet, in particolare giovani e bambini, da varie forme di violenza e molestie digitali. Ecco alcuni aspetti chiave di tali progetti:

1. Educazione ed educazione: i progetti anti-cyberbullismo in genere includono componenti educativi che aiutano gli utenti a riconoscere comportamenti online negativi, insegnano la sicurezza online e forniscono risorse per affrontare il cyberbullismo.

2. Creazione di ambienti sicuri: i progetti mirano a creare un ambiente online sicuro e di supporto per tutti gli utenti. Ciò può includere lo sviluppo di piattaforme in cui le vittime possano ricevere supporto, nonché l'attuazione di politiche e misure di sicurezza online.

3. Sostegno alle vittime: i progetti forniscono risorse e servizi per aiutare le vittime del cyberbullismo e della violenza online. Ciò può includere supporto psicologico, consulenza e materiale informativo su come proteggersi e ottenere aiuto.

4. Monitoraggio e prevenzione: i progetti anti-cyberbullismo monitorano l'ambiente online per identificare casi di violenza e molestie digitali. Forniscono inoltre strumenti e risorse per prevenire e rispondere a tali incidenti.

5. Collaborazione con l'industria: molti progetti collaborano con piattaforme online, social network e altre società digitali per sviluppare e

implementare misure per proteggere gli utenti dal cyberbullismo. Ciò potrebbe includere l'aggiornamento delle politiche di utilizzo, la moderazione dei contenuti e lo sviluppo di strumenti per prevenire e rispondere alla violenza digitale.

6. Educazione e sostegno del pubblico: i progetti conducono campagne di sensibilizzazione ed educazione del pubblico sul cyberbullismo e sulle sue conseguenze. Possono anche aiutare a costruire una comunità di sostegno per gli utenti che subiscono violenza digitale e ad aumentare la consapevolezza sul problema in generale.

Questi progetti svolgono un ruolo importante nel promuovere la sicurezza e il benessere online fornendo risorse essenziali, supporto e istruzione agli utenti che hanno subito cyberbullismo e violenza online.

Lavorare con i giovani e gli studenti è un aspetto fondamentale per combattere la violenza di genere e costruire relazioni sane nella società. Ecco diversi metodi e approcci per lavorare con questo pubblico:

1. Programmi educativi: realizzazione di eventi e corsi educativi per giovani e studenti sulla violenza di genere, le sue forme, conseguenze e metodi di prevenzione. Questi programmi possono includere conferenze, seminari, corsi di formazione e gruppi di discussione.

2. Creare spazi sicuri: creare spazi sicuri e di supporto per giovani e studenti per discutere apertamente le questioni relative alla violenza di genere, condividere le loro preoccupazioni e ricevere sostegno da colleghi e professionisti.

3. Sostenere le vittime: garantire l'accesso al sostegno e alle risorse per i giovani e gli studenti che subiscono violenza di genere. Ciò può includere supporto psicologico, consulenza, sessioni di supporto di gruppo e materiale informativo.

4. Campagne mediatiche e informative: conduzione di campagne informative e progetti mediatici volti ad aumentare la consapevolezza dei giovani sulla violenza di genere, nonché a promuovere ruoli e relazioni di genere sani.

5. Attivismo e protesta: sostenere la partecipazione attiva dei giovani ai movimenti sociali e alle proteste contro la violenza di genere. Ciò può includere l'organizzazione di marce, proteste, petizioni e altre forme di impegno civico.

6. Sviluppare competenze ed empatia: insegnare ai giovani le competenze per avere empatia, rispetto per la diversità di genere e come rispondere alla violenza nel loro ambiente. Ciò può aiutarli a diventare sostenitori attivi dell'uguaglianza di genere e della prevenzione della violenza di genere.

Lavorare con i giovani e gli studenti è importante perché è un periodo di formazione di opinioni, valori e modelli di comportamento. Attraverso l'istruzione, il sostegno e la partecipazione attiva, i giovani possono svolgere un ruolo importante nel porre fine alla violenza di genere e creare società più giuste e sicure.

Esistono numerosi programmi e iniziative volti a avviare ed educare i giovani sulle questioni relative alla violenza di genere. Alcuni di essi includono:

1. Programmi di istruzione scolastica: molti paesi hanno introdotto lezioni o moduli sulla violenza di genere nei programmi scolastici, fornendo agli studenti informazioni sulle forme di violenza, sulle sue conseguenze e sui modi per prevenirla. Questi programmi possono essere organizzati come corsi obbligatori o opzionali.

2. Corsi e club universitari: molte università offrono corsi, workshop e club sui temi della violenza di genere, dell'uguaglianza di genere e della sicurezza sessuale. Queste iniziative possono includere corsi di studi di genere, attività di sensibilizzazione alla violenza e programmi educativi sulla prevenzione della violenza.

3. Organizzazioni e club giovanili: molte organizzazioni e club giovanili lavorano per educare e mobilitare i giovani nella lotta contro la violenza di genere. Queste organizzazioni possono offrire eventi educativi, formazione, campagne di sensibilizzazione e altre opportunità di partecipazione attiva.

4. Risorse e corsi online: ci sono molte risorse e corsi online a disposizione dei giovani che consentono loro di ottenere informazioni sulla violenza di genere e sviluppare competenze di prevenzione. Potrebbero essere webinar, corsi video, corsi di formazione online e risorse informative.

5. Programmi di scambio internazionale: molti programmi di scambio giovanile includono componenti educative incentrate sulla violenza di genere e sull'uguaglianza di genere. La partecipazione a tali programmi offre ai giovani l'opportunità di apprendere e scambiare esperienze con giovani provenienti da paesi e culture diverse.

Questi programmi e iniziative svolgono un ruolo importante nel creare una generazione informata e impegnata, pronta ad affrontare la violenza di genere e contribuire a creare ambienti più sicuri e inclusivi.

Le organizzazioni e i movimenti studenteschi svolgono un ruolo importante nella lotta alla violenza di genere e nella promozione di ambienti sicuri e inclusivi nei campus universitari e oltre. Ecco alcuni modi in cui le organizzazioni e i movimenti studenteschi stanno influenzando questo problema:

1. Creare consapevolezza: organizzazioni e movimenti studenteschi organizzano eventi, campagne ed eventi volti a diffondere la consapevolezza sulla violenza di genere, sulle sue forme, conseguenze e modalità di prevenzione. Ciò può includere riunioni, seminari, webinar, conferenze e discussioni.

2. Sostegno alle vittime: le organizzazioni studentesche possono creare attività e servizi di sostegno per gli studenti che subiscono violenza

di genere. Ciò può includere consulenza, hotline, gruppi di supporto e altre forme di assistenza.

3. Attivismo e proteste: i movimenti studenteschi possono organizzare azioni e proteste contro la violenza di genere, chiedendo cambiamenti nelle politiche universitarie o nella società in generale. Possono scendere in piazza, firmare petizioni, organizzare manifestazioni e altre forme di attivismo.

4. Partnership con l'Università: le organizzazioni studentesche possono collaborare con l'Università per creare politiche e programmi per prevenire e combattere la violenza di genere. Possono rappresentare gli interessi degli studenti nel dialogo con l'amministrazione universitaria e partecipare allo sviluppo e alla realizzazione delle iniziative.

5. Istruzione e formazione: le organizzazioni studentesche possono fornire attività educative e formazione agli studenti e al personale universitario sulla violenza di genere e sui metodi per prevenirla. Possono insegnare agli studenti le capacità di ascolto attivo, empatia e intervento quando necessario.

Il ruolo delle organizzazioni e dei movimenti studenteschi nella lotta alla violenza di genere è inestimabile poiché possono influenzare la cultura universitaria, modellare l'opinione pubblica e stimolare il cambiamento sociale.

I progetti e le iniziative incentrati sui giovani svolgono un ruolo importante nella lotta alla violenza di genere, poiché i giovani sono un gruppo target chiave e possono avere un'influenza significativa sulle norme culturali e sul comportamento sociale. Ecco alcune tipologie di progetti e iniziative rivolte ai giovani:

1. Programmi educativi: questi programmi sono progettati per educare i giovani sulla violenza di genere, sulle sue forme, cause e conseguenze. Possono anche includere formazione sulla risoluzione dei conflitti, sull'empatia e sul sostegno alle vittime.

2. Campagne ed eventi: organizzare campagne ed eventi dedicati alla prevenzione della violenza di genere può aiutare a sensibilizzare i giovani su questo tema. Potrebbero essere maratone, concerti, festival, webinar, conferenze e altri eventi il cui scopo è informare e ispirare i giovani ad agire.

3. Corsi di formazione e workshop: condurre corsi di formazione e workshop per i giovani sul tema della violenza di genere può aiutare a sviluppare capacità di gestione dei conflitti, comunicazione e leadership, nonché ad aumentare la consapevolezza e la comprensione di questo problema.

4. Progetti di ricerca: i giovani possono essere coinvolti in progetti di ricerca per studiare la violenza di genere, le sue cause e conseguenze. Ciò aiuta non solo ad aumentare la conoscenza sulla questione, ma anche a creare una piattaforma in cui le voci e le idee dei giovani possano essere

espresse.

5. Social media e piattaforme online: l'uso dei social media e delle piattaforme online può raggiungere un vasto pubblico di giovani e diffondere la consapevolezza sulla violenza di genere. Ciò può avvenire sotto forma di campagne sui social media, serie web, podcast e altri formati digitali.

6. Partecipazione ai movimenti sociali: i giovani possono partecipare attivamente ai movimenti sociali e alle organizzazioni che lottano per i diritti delle donne e contro la violenza di genere. La partecipazione a marce, proteste e altri eventi contribuisce alla formazione della coscienza civica e al coinvolgimento dei giovani nelle attività pubbliche.

I progetti e le iniziative incentrati sui giovani svolgono un ruolo importante nella creazione di consapevolezza, nel cambiamento delle norme culturali e nella creazione di un ambiente sicuro e inclusivo per tutti.

Collaborare con il governo e le organizzazioni pubbliche è un aspetto importante della lotta alla violenza di genere e della creazione di un ambiente sicuro per tutti i membri della società. L'interazione tra agenzie governative e organizzazioni non governative ci consente di unire le forze per risolvere efficacemente il problema. Ecco alcuni modi per collaborare con queste organizzazioni:

1. Partenariato e cooperazione: le organizzazioni governative e non governative possono avviare partenariati per sviluppare e attuare congiuntamente programmi e progetti per prevenire e combattere la violenza di genere. Ciò consente di combinare le risorse, le competenze e l'esperienza di entrambe le parti per ottenere risultati migliori.

2. Scambio di esperienze e migliori pratiche: il governo e le organizzazioni pubbliche possono scambiare esperienze e trasferire le migliori pratiche nel campo del lavoro con le vittime della violenza di genere, conducendo campagne di informazione, formando il personale e altri aspetti. Questo scambio di esperienze aiuta a ottimizzare le attività e ad aumentare l'efficienza operativa.

3. Fare lobbying e influenzare la legislazione: il governo e le organizzazioni pubbliche possono lavorare insieme per sviluppare e migliorare la legislazione sulla violenza di genere e fare pressione per l'introduzione e l'attuazione di nuove leggi e politiche volte a proteggere i diritti delle vittime e prevenire la violenza.

4. Formazione e sviluppo professionale: la collaborazione tra organizzazioni governative e non governative può includere formazione e sviluppo professionale per i lavoratori che si occupano di violenza di genere. Ciò contribuisce a migliorare le competenze dei professionisti e a fornire un'assistenza più efficace alle vittime.

5. Monitoraggio e valutazione dei programmi: il governo e le organizzazioni pubbliche possono monitorare e valutare congiuntamente programmi e progetti per combattere la violenza di genere. Ciò consente di

identificare approcci efficaci e adattare le strategie operative in base al cambiamento delle esigenze e delle sfide.

In generale, la cooperazione tra governo e organizzazioni pubbliche svolge un ruolo importante nell'aumentare l'efficacia della lotta contro la violenza di genere e nella creazione di un ambiente sicuro per tutti i membri della società.

La legislazione e le politiche sulla violenza di genere variano da Paese a Paese, ma generalmente includono una serie di leggi, politiche e misure volte a prevenire, combattere e punire i casi di violenza di genere, nonché a proteggere i diritti e il sostegno delle vittime. Ecco alcuni aspetti chiave della legislazione e della politica in questo settore:

1. Leggi per proteggere i diritti delle vittime: molti paesi hanno leggi che proteggono i diritti delle vittime della violenza di genere. Queste leggi possono includere misure per fornire rifugi, protezione legale, limitare i contatti con l'aggressore e altri.

2. Leggi per punire gli stupratori: la legislazione generalmente criminalizza la violenza di genere e stabilisce sanzioni per gli stupratori. Ciò può includere la reclusione, multe, programmi di riabilitazione obbligatori e altre misure.

3. Politiche per prevenire la violenza di genere: molti paesi stanno sviluppando e implementando politiche e programmi per prevenire la violenza di genere. Queste politiche possono includere educazione e sensibilizzazione, campagne antiviolenza e formazione per gli operatori sanitari, le forze dell'ordine e altri settori.

4. Sostegno alle vittime: le leggi e le politiche possono anche fornire misure di sostegno alle vittime della violenza di genere, compreso l'accesso all'assistenza sanitaria, alla consulenza, all'assistenza legale, al sostegno psicologico, all'alloggio temporaneo e ad altri servizi.

5. Trattati e standard internazionali: molti paesi hanno ratificato trattati e convenzioni internazionali che li obbligano ad agire per combattere la violenza di genere e proteggere i diritti delle vittime. Ad esempio, la Convenzione delle Nazioni Unite sull'eliminazione di tutte le forme di discriminazione contro le donne (CEED) e il Protocollo Beilis.

L'efficacia della legislazione e delle politiche sulla violenza di genere dipende dalla loro attuazione, dall'accesso alla giustizia, dalle risorse, dal monitoraggio e dalla valutazione. È inoltre importante continuare a sviluppare e migliorare leggi e politiche in linea con le mutevoli esigenze e sfide nel campo della violenza di genere.

La cooperazione con le forze dell'ordine e le istituzioni governative svolge un ruolo importante nella lotta alla violenza di genere. Ecco alcuni aspetti di tale cooperazione:

1. Fornire assistenza e protezione: le forze dell'ordine svolgono un ruolo chiave nel garantire la sicurezza delle vittime della violenza di genere. Rispondono alle chiamate di violenza, forniscono assistenza alle

vittime, conducono indagini e agiscono per proteggere le vittime.

2. Raccolta di dati e statistiche: le forze dell'ordine raccolgono dati sui casi di violenza di genere, che consentono loro di valutare la portata del problema, identificare le tendenze e adottare misure preventive.

3. Istruzione e formazione del personale: le istituzioni governative e le forze dell'ordine conducono corsi di formazione e seminari per il proprio personale su questioni relative alla violenza di genere, compreso il riconoscimento dei segni di violenza, il lavoro con le vittime e gli aggressori, il rispetto della legge, ecc.

4. Programmi e iniziative congiunte: le forze dell'ordine possono collaborare con organizzazioni non governative e altre istituzioni governative per sviluppare e attuare programmi e iniziative congiunte per combattere la violenza di genere.

5. Legislazione e tutela legale: le istituzioni governative svolgono un ruolo fondamentale nello sviluppo e nell'adozione di leggi, politiche e misure volte a prevenire e combattere la violenza di genere. Forniscono inoltre protezione legale alle vittime e perseguimento giudiziario degli stupratori.

6. Monitoraggio e valutazione: le forze dell'ordine sono coinvolte nel monitoraggio e nella valutazione dell'efficacia delle leggi e delle politiche sulla violenza di genere e nello sviluppo di raccomandazioni per il loro miglioramento.

La cooperazione con le forze dell'ordine e le istituzioni governative ci consente di creare un sistema più efficace per proteggere le vittime della violenza di genere e reprimere i trasgressori.

Le organizzazioni non governative (ONG) e le iniziative comunitarie svolgono un ruolo chiave nella lotta alla violenza di genere e nella creazione di un ambiente sicuro per tutti. Ecco alcuni aspetti del loro ruolo:

1. Sostegno alle vittime: le ONG e le iniziative comunitarie forniscono un'ampia gamma di servizi e sostegno alle vittime della violenza di genere, tra cui consulenza, assistenza legale, centri di crisi, rifugi, supporto psicologico e altri tipi di assistenza.

2. Educazione e consapevolezza: conducono campagne educative, corsi di formazione, seminari ed eventi volti a sensibilizzare l'opinione pubblica sulla questione della violenza di genere, riconoscendone le forme e le conseguenze e i modi per prevenirla.

3. Attivismo e lobbying: le ONG e le iniziative comunitarie sostengono attivamente cambiamenti nella legislazione, nelle politiche e nei documenti politici per migliorare la protezione dei diritti delle vittime della violenza di genere, rafforzare la punizione degli autori del reato e aumentare l'efficacia delle misure di prevenzione della violenza.

4. Monitoraggio e valutazione: monitorano e valutano la situazione della violenza di genere, raccolgono dati sui casi di violenza, analizzano le tendenze e forniscono informazioni per sviluppare strategie efficaci per

combattere questo fenomeno.

5. Reti di sostegno: le ONG creano reti di sostegno per le vittime della violenza di genere, che includono consulenti professionisti, volontari, gruppi di auto-aiuto e altre organizzazioni pronte ad aiutare le sopravvissute.

6. Programmi educativi: sviluppano e implementano programmi e materiali educativi sulla violenza di genere e conducono anche eventi di formazione per professionisti e pubblico.

7. Cooperazione internazionale: le ONG cooperano attivamente a livello internazionale, scambiano esperienze, migliori pratiche e informazioni, il che contribuisce a una lotta più efficace contro la violenza di genere.

Il ruolo delle organizzazioni non governative e delle iniziative pubbliche è inestimabile nel creare un ambiente di sostegno per le vittime, prevenire la violenza di genere e superare le sue conseguenze nella società.

Rafforzare i legami familiari e comunitari è fondamentale per combattere la violenza di genere e creare un ambiente sicuro per tutti i membri della società. Ecco alcuni aspetti chiave dell'importanza di rafforzare queste connessioni:

1. Supporto e protezione: la famiglia e la comunità possono fornire supporto e protezione alle vittime della violenza di genere. Quando i familiari e gli altri membri della comunità mostrano sostegno e disponibilità ad aiutare, le vittime possono sentirsi più sicure e responsabilizzate.

2. Prevenire la violenza: quando le famiglie e le comunità hanno un ambiente caldo e solidale, è meno probabile che si verifichi la violenza. La prevenzione inizia con la creazione di relazioni sane e sicure all'interno dell'ambiente familiare e sociale.

3. Educazione e sensibilizzazione: le famiglie e le comunità possono essere luoghi di educazione e sensibilizzazione sulla violenza di genere. Genitori, parenti, amici e vicini possono parlare del problema della violenza, riconoscerne i segni e insegnare come prevenirla e rispondervi.

4. Sostenere le vittime e abbandonare la violenza: le famiglie e le comunità possono aiutare le vittime della violenza di genere a lasciare relazioni tossiche e iniziare una nuova vita. Ciò può includere alloggio, sostegno finanziario, supporto emotivo e accesso alle risorse.

5. Impatto sociale: quando le famiglie e le comunità condannano la violenza e sostengono le vittime, inviano un chiaro messaggio alla società che tale comportamento non sarà tollerato. Ciò può contribuire al cambiamento culturale e alla creazione di una società libera dalla violenza.

Il rafforzamento dei legami familiari e comunitari è una componente chiave della risposta pubblica alla violenza di genere. Investire nello sviluppo di queste connessioni può contribuire a creare un ambiente più sicuro e di maggior supporto per tutti i membri.

Esistono numerosi programmi a sostegno delle famiglie e delle vittime di violenza di genere che offrono un'ampia gamma di servizi e risorse. Di seguito sono riportati alcuni di essi:

1. Centri di crisi e rifugi: sono luoghi in cui le vittime della violenza di genere possono ricevere alloggio temporaneo, cibo, vestiario e sicurezza. I centri di crisi forniscono anche supporto emotivo e accesso a servizi legali e medici.

2. Linee dirette telefoniche e supporto online: molte organizzazioni offrono linee dirette telefoniche e supporto online per le vittime di violenza di genere. Ciò può includere consulenza telefonica o online, chat anonime e forum di supporto.

3. Supporto psicologico ed emotivo: i programmi di supporto psicologico offrono consulenza e terapia alle vittime di violenza di genere, aiutandole ad affrontare il trauma, la paura e lo stress causati dalla violenza.

4. Assistenza legale e patrocinio: i programmi legali forniscono consulenza legale, assistenza nell'ottenimento di ordini di protezione e rappresentanza in tribunale per le vittime di violenza di genere.

5. Assistenza finanziaria: alcuni programmi forniscono assistenza finanziaria alle vittime che hanno lasciato i loro aggressori e hanno bisogno di aiuto per pagare l'alloggio, le spese mediche e altre spese.

6. Programmi educativi: i programmi educativi e di sensibilizzazione aiutano le vittime della violenza di genere a ottenere informazioni sui loro diritti, sulle opzioni di supporto e sui modi per sfuggire a una situazione violenta.

Questi programmi mirano a fornire alle sopravvissute alla violenza di genere la sicurezza, il sostegno e le risorse di cui hanno bisogno per sfuggire alle situazioni pericolose e iniziare una nuova vita.

Le reti e le organizzazioni comunitarie svolgono un ruolo chiave nel sostenere le vittime della violenza di genere, fornendo una varietà di forme di assistenza e creando un ambiente sicuro per i sopravvissuti. Ecco alcuni dei modi in cui forniscono supporto:

1. Fornire informazioni e risorse: le organizzazioni a livello comunitario diffondono informazioni sui segnali e sulle conseguenze della violenza di genere e offrono risorse per le vittime, come hotline, rifugi, assistenza legale e consulenza.

2. Supporto emotivo: le organizzazioni forniscono supporto emotivo alle vittime di violenza di genere ascoltandole e fornendo supporto incondizionato nei momenti difficili. Ciò può includere sessioni di supporto di gruppo, consulenza e terapia.

3. Creare comunità libere dalla violenza: le organizzazioni lavorano per creare comunità libere dalla violenza attraverso attività educative, campagne antiviolenza e promuovendo il cambiamento delle norme culturali che sostengono la violenza.

4. Assistenza nel contattare le forze dell'ordine e i tribunali: le organizzazioni comunitarie aiutano le vittime della violenza di genere a contattare le forze dell'ordine, ottenendo un ordine di protezione e rappresentanza in tribunale. Possono anche fornire accompagnamento alle udienze in tribunale e supporto durante i procedimenti legali.

5. Creare spazi sicuri: le organizzazioni creano spazi sicuri per i sopravvissuti alla violenza di genere in cui possono connettersi con altri sopravvissuti, ricevere supporto e consigli e partecipare a varie attività di gruppo e di auto-aiuto.

6. Sostegno dopo aver lasciato una situazione pericolosa: le organizzazioni comunitarie forniscono sostegno alle vittime di violenza di genere non solo durante una crisi, ma anche dopo che hanno lasciato una situazione pericolosa. Ciò include l'assistenza nell'adattamento a una nuova vita, nella ricerca di lavoro, di un alloggio e in altri aspetti della riabilitazione.

Il ruolo delle reti e delle organizzazioni comunitarie nel sostenere le vittime della violenza di genere è essenziale per creare una società libera dalla violenza e garantire che tutti possano ricevere aiuto e sostegno nel momento del bisogno.

Esistono molti progetti e iniziative per creare spazi pubblici sicuri per prevenire e combattere la violenza di genere. Ecco qui alcuni di loro:

1. Programmi di pianificazione urbana: molte città stanno sviluppando programmi di pianificazione urbana volti a creare spazi pubblici sicuri e inclusivi. Ciò potrebbe includere la ristrutturazione di strade e parchi, l'aggiunta di luci e telecamere a circuito chiuso e l'installazione di fermate sicure dei trasporti pubblici.

2. Iniziative per migliorare l'illuminazione: un'illuminazione insufficiente negli spazi pubblici può creare condizioni pericolose, contribuendo alla violenza di genere. Molti progetti stanno avviando l'installazione di fonti luminose aggiuntive e più luminose per migliorare la visibilità e la sicurezza.

3. Programmi e campagne educative: le iniziative per educare alla violenza di genere possono includere la creazione di campagne informative sulla sicurezza nei luoghi pubblici, la formazione delle vittime e dei testimoni di violenza su come proteggersi e la denuncia degli incidenti.

4. Programmi di prevenzione della violenza: alcuni progetti mirano alla prevenzione precoce della violenza di genere educando il pubblico sui pericoli della violenza, promuovendo relazioni sane e alfabetizzazione emotiva.

5. Creare zone sicure: molte comunità creano zone sicure nelle città, nei parchi e nelle scuole dove le persone possono ottenere aiuto e supporto in caso di emergenza. Tali aree possono essere dotate di telefoni per la richiesta di soccorso, pannelli informativi e personale addestrato.

6. Programmi di partenariato comunitario: molte organizzazioni

governative e non governative stanno collaborando per creare spazi pubblici sicuri. Possono sviluppare e attuare congiuntamente progetti volti a migliorare la sicurezza e la protezione dei diritti di tutti i membri della società.

Questi e altri progetti vengono avviati sia a livello di autorità statali e municipali, sia a livello di organizzazioni pubbliche e gruppi di attivisti. Il loro obiettivo è creare spazi pubblici in cui tutti possano sentirsi sicuri e protetti.

La valutazione dell'efficacia dei programmi e delle iniziative per creare spazi pubblici sicuri svolge un ruolo importante nel loro ulteriore miglioramento e sviluppo. Ecco diversi metodi per valutare l'efficacia e le prospettive di sviluppo:

1. Monitoraggio e valutazione: effettuare un monitoraggio e una valutazione sistematici dell'efficacia di vari progetti e iniziative ci consente di valutare il loro impatto sulla sicurezza e sul comfort degli spazi pubblici. Ciò include la raccolta di dati sul numero di episodi di violenza, sul livello di senso di sicurezza tra residenti e visitatori e sulla percezione degli eventi e delle campagne della comunità.

2. Feedback da parte del pubblico: ottenere feedback da parte del pubblico, comprese le vittime e le potenziali vittime della violenza di genere, consente di valutare l'efficacia degli interventi e di identificare le aree di miglioramento. Questo può essere fatto attraverso sondaggi, focus group, discussioni sui social media e altri metodi di comunicazione.

3. Benchmarking: il confronto dei risultati di diversi programmi e iniziative ci consente di identificare gli approcci di maggior successo per creare spazi pubblici sicuri e identificare le migliori pratiche per un uso futuro.

4. Analisi costi-benefici: la valutazione costi-benefici aiuta a determinare l'efficacia delle risorse investite in programmi e iniziative per combattere la violenza di genere. Ciò include l'analisi dei costi finanziari, delle risorse umane e del tempo impiegato nei progetti.

5. Tenere conto dei cambiamenti nella società: aggiornare e adattare costantemente programmi e iniziative alle mutevoli esigenze e sfide della società è un aspetto importante per valutarne l'efficacia. Ciò include la presa in considerazione dei cambiamenti sociali, economici, culturali e politici che potrebbero influenzare l'efficacia dei programmi esistenti.

Le prospettive di sviluppo includono il miglioramento dei metodi di misurazione delle prestazioni, l'ampliamento della gamma di programmi e iniziative e il rafforzamento dei partenariati tra organizzazioni governative, non governative e private. Ciò include anche l'aumento dei finanziamenti e delle risorse per attuare interventi efficaci per creare spazi pubblici sicuri. In definitiva, sviluppare e sostenere programmi e iniziative efficaci per combattere la violenza di genere è un aspetto chiave della creazione di un ambiente sicuro e inclusivo per tutti i membri della società.

Identificare i bisogni e le sfide è un passo importante nella valutazione dell'efficacia dei programmi e delle iniziative per combattere la violenza di genere. Questo processo ci consente di comprendere quanto bene i programmi esistenti rispondano ai bisogni reali delle vittime di violenza e della società nel suo insieme, e anche di identificare i problemi esistenti che potrebbero ostacolare il raggiungimento degli obiettivi.

1. Analisi di dati e statistiche: condurre un'analisi dei dati sui casi di violenza di genere, sulle denunce alle organizzazioni pertinenti e sul livello di disponibilità dei servizi aiuta a identificare i principali bisogni e problemi in questo settore. Ciò comporta l'analisi di dati quantitativi e qualitativi sulla natura, la portata e il contesto della violenza.

2. Raccogliere feedback dai partecipanti e dalle parti interessate: condurre sondaggi, interviste e focus group con vittime di violenza, operatori comunitari, forze dell'ordine, rappresentanti di organizzazioni non governative e altre parti interessate aiuta a identificare le loro opinioni, bisogni e valutazioni dell'efficacia di programmi esistenti.

3. Valutare l'accessibilità dei servizi: valutare il livello di accessibilità e accessibilità dei servizi per le vittime di violenza di genere ci consente di identificare i problemi associati alla disponibilità dei servizi e identificare le aree di miglioramento. Ciò include la valutazione dell'accessibilità geografica, dell'accessibilità finanziaria, dell'adattamento culturale e linguistico dei servizi.

4. Identificazione delle sfide chiave: l'identificazione delle sfide e dei problemi chiave affrontati dalle vittime della violenza di genere e dagli operatori comunitari consente di concentrare gli sforzi sull'affrontare le questioni più urgenti e sulla creazione di strategie efficaci per superarle.

Gli sviluppi futuri e i prossimi passi nella valutazione dell'efficacia dei programmi e delle iniziative per combattere la violenza di genere includono:

1. Approfondire la ricerca: sono necessarie ulteriori ricerche per comprendere meglio la natura, le cause e le conseguenze della violenza di genere, nonché l'efficacia dei vari metodi per combatterla.

2. Sviluppo di nuovi metodi di valutazione: è importante sviluppare nuovi metodi per valutare l'efficacia dei programmi che tengano conto delle specificità della violenza di genere e consentano di misurare in modo affidabile i risultati delle iniziative esistenti.

3. Espansione geografica e sensibilizzazione: sforzarsi di espandere la geografia e la portata di programmi e iniziative per raggiungere un numero maggiore di vittime di violenza e fornire sostegno ai gruppi più vulnerabili della società.

4. Sensibilizzazione: è importante continuare a sensibilizzare l'opinione pubblica sulla questione della violenza di genere e su come combatterla al fine di creare un ambiente solidale e inclusivo.

5. Creazione di reti interdisciplinari: lo sviluppo di reti

interdisciplinari di cooperazione tra agenzie governative, organizzazioni non governative, istituzioni accademiche e il settore privato aiuta a creare meccanismi efficaci per l'attuazione di programmi e iniziative per combattere la violenza di genere.

Nel complesso, valutare l'efficacia di programmi e iniziative, nonché le prospettive per il loro sviluppo e ulteriori passi, svolgono un ruolo importante nel garantire l'efficacia della lotta contro la violenza di genere e nella creazione di un ambiente sicuro e inclusivo per tutti i membri della società.

Conclusione.

Nel concludere il libro sulla lotta alla violenza di genere, possiamo evidenziare alcuni punti chiave che emergono chiari dalla nostra discussione:

1. La violenza di genere come problema globale: la violenza di genere rimane un problema serio in molte società in tutto il mondo. Colpisce milioni di persone e ha conseguenze devastanti per il loro benessere fisico, psicologico e sociale.

2. Multidimensionalità del problema: la violenza di genere si manifesta in varie forme e contesti e la sua lotta richiede un approccio integrato che tenga conto delle diverse cause e conseguenze di questo fenomeno.

3. L'importanza dell'educazione e della consapevolezza: l'educazione e la consapevolezza svolgono un ruolo chiave nella prevenzione e nella lotta alla violenza di genere. La sensibilizzazione del pubblico, la creazione di empatia e il sostegno per le vittime e il cambiamento delle norme e dei valori culturali contribuiscono a creare un ambiente sicuro e inclusivo.

4. Il ruolo di programmi e iniziative: i programmi e le iniziative pubbliche e governative volti a combattere la violenza di genere svolgono un ruolo importante nella prevenzione della violenza, nel sostegno alle vittime e nella riabilitazione degli stupratori.

5. Necessità di cooperazione e di un approccio internazionale: la lotta alla violenza di genere richiede un'azione concertata a livello internazionale e la cooperazione tra le varie parti interessate, tra cui governi, organizzazioni non governative, mondo accademico, settore privato e pubblico.

6. La necessità di uno sviluppo continuo: la complessità del problema della violenza di genere e la sua natura mutevole richiedono il costante sviluppo e miglioramento di programmi e iniziative, tenendo conto delle tendenze attuali e delle capacità tecnologiche, nonché della costante ricerca di nuove Metodi e approcci per combattere la violenza.

Nel complesso, la lotta alla violenza di genere è un compito complesso e sfaccettato che richiede l'impegno di tutti i membri della società. Il nostro libro mira a far luce su questo problema, offrire soluzioni e ispirare i lettori a unirsi a questo importante movimento per la giustizia, l'uguaglianza e la sicurezza per tutti.

In sintesi, il ruolo della società nella lotta alla violenza di genere è senza dubbio importante e influente. Una risposta efficace a questo problema è possibile solo con la partecipazione attiva di ogni persona nella creazione di un ambiente sicuro e solidale per tutti. L'opinione pubblica, le norme culturali, i quadri giuridici, l'istruzione, i media, le organizzazioni e le istituzioni governative svolgono tutti un ruolo in questo processo.

Il nostro libro mira a ispirare i lettori ad assumere un ruolo attivo nella lotta contro la violenza di genere e a promuovere il cambiamento nell'opinione pubblica e nel comportamento. Abbiamo esaminato vari aspetti di questo problema, evidenziato i fattori chiave e offerto raccomandazioni pratiche per ulteriori azioni.

La nostra speranza è che ogni lettore trovi in questo libro non solo conoscenza sulla violenza di genere, ma anche ispirazione e motivazione per unirsi alle fila di coloro che lavorano per superarla. Insieme possiamo rendere la nostra società sicura, giusta e inclusiva per tutti i suoi membri.

Allo stesso tempo, riconosciamo che ci troviamo di fronte a sfide e opportunità significative nel creare un ambiente sicuro per tutte le vittime della violenza di genere. Una di queste sfide è la necessità di continuare a lavorare per cambiare le norme culturali e gli stereotipi che sostengono e giustificano la violenza. Ciò richiede sforzi collettivi a livello della società, dei media, dell'istruzione e delle istituzioni governative.

Inoltre, è importante sviluppare e migliorare le leggi e le politiche esistenti volte a proteggere i diritti delle vittime della violenza di genere e garantire l'effettiva attuazione di tali misure. Ciò include la formazione delle forze dell'ordine e degli altri servizi che lavorano con le vittime, nonché la garanzia dell'accesso a servizi di supporto e protezione di qualità.

Allo stesso tempo, vediamo risultati promettenti nello sviluppo di nuove tecnologie e approcci che possano aiutare a combattere la violenza di genere, come gli strumenti digitali per prevenire il cyberbullismo e la violenza online, e l'uso dei social media per evidenziare il problema e mobilitare l'opinione pubblica..

Nonostante le sfide, abbiamo l'opportunità di creare un mondo in cui la violenza di genere sia inaccettabile e tutte le vittime siano sostenute, protette e servite con giustizia. Ciò richiede il nostro impegno costante, la nostra solidarietà e la nostra dedizione agli ideali di uguaglianza e giustizia.

Per concludere il libro, vorrei riassumere le principali conclusioni che emergono dalle idee e dalle analisi in esso presentate. È importante sottolineare che la violenza di genere resta uno dei problemi più gravi e diffusi nella società moderna. Questo fenomeno ha un impatto devastante sulla vita di milioni di persone in tutto il mondo, danneggiando non solo la loro salute fisica e psicologica, ma anche i loro diritti e le loro libertà fondamentali.

Il libro è un tentativo di evidenziare vari aspetti della violenza di genere, dalla sua definizione e cause ai metodi di lotta e sostegno alle vittime. Abbiamo discusso del ruolo dell'istruzione, dei media, dei programmi governativi e comunitari e dell'importanza del coinvolgimento della comunità nella risoluzione di questo problema.

Uno dei risultati principali è che la lotta alla violenza di genere richiede gli sforzi congiunti di tutti i membri della società. Questo è un problema che non possiamo ignorare o ignorare. È necessario impegnarsi per creare una società basata sull'uguaglianza, sulla giustizia e sul rispetto dei diritti di ogni persona.

Il libro vuole essere una fonte di ispirazione e una guida pratica per chiunque sia interessato a creare una società sicura e inclusiva. Il suo significato sta nel fatto che aumenta la consapevolezza del problema della violenza di genere e propone anche passi e soluzioni concreti per risolverlo.

Ci auguriamo che il libro serva da punto di partenza per ulteriori azioni e ricerche in quest'area e ispiri i lettori a impegnarsi attivamente nella lotta alla violenza di genere nelle proprie società.

In conclusione di questo libro sulla violenza di genere, è importante guardare al futuro con speranza e ottimismo. Nonostante le sfide che affrontiamo oggi, abbiamo tutte le ragioni per credere che il cambiamento e il miglioramento siano possibili.

Gli ultimi anni hanno portato cambiamenti significativi nella consapevolezza del problema della violenza di genere e un diffuso riconoscimento della necessità di combattere questo fenomeno. Comunità internazionali, governi, organizzazioni non governative e gente comune hanno iniziato a lavorare insieme per superare la violenza e creare società più giuste e sicure.

Assistiamo a un crescente interesse per questo argomento, a un aumento del numero di programmi e iniziative e a un rafforzamento del quadro giuridico per proteggere i diritti delle vittime e prevenire la violenza. Ciò indica che ci stiamo muovendo nella giusta direzione.

Il futuro è un mondo in cui tutti sono protetti dalla violenza di genere, dove tutti possono sentirsi sicuri e rispettati e dove i valori di uguaglianza e giustizia permeano ogni aspetto della vita pubblica.

Crediamo che questo libro farà parte di quel movimento per un cambiamento positivo. Ci auguriamo che tutti coloro che lo leggono trovino ispirazione e motivazione per agire. Continuiamo a lavorare insieme per un futuro migliore per tutti.

✧·✧·✧·✧·✧·✧·✧·✧·✧·✧·✧·✧·✧·✧·✧

Beneficenza.

anche parlarvi della mia fondazione di beneficenza privata "UA heart", nella quale io e mia moglie siamo impegnati in un lavoro molto importante e nobile. Questa fondazione personale aiuta gli orfanotrofi in Ucraina che ospitano bambini che hanno perso i genitori a causa della brutale guerra della Russia contro l'Ucraina.

Questi bambini hanno bisogno del nostro sostegno e delle nostre cure. Vogliono vivere in pace e felicità, imparare e svilupparsi, avere amici e famiglia. Ma non hanno altro che paura e solitudine. Stanno aspettando il nostro aiuto e la nostra speranza.

La nostra fondazione personale "UA heart" organizza vari eventi e progetti per migliorare la vita di questi bambini. Raccoglie donazioni per acquistare vestiti, giocattoli, libri, medicinali e altri beni necessari. Organizza anche eventi in cui i bambini possono comunicare con volontari, psicologi e altre persone pronte a condividere con loro il loro calore e il loro amore.

Se lo desideri, puoi unirti a questa fondazione e contribuire a salvare questi bambini facendo una donazione sul sito della fondazione, che trovi riportato di seguito. Puoi anche diventare volontario e visitare uno degli orfanotrofi in Ucraina per donare personalmente ai bambini la tua attenzione e il tuo sorriso. Puoi parlare del fondo ai tuoi amici e conoscenti per diffondere informazioni sulle sue attività.

Non rimaniamo indifferenti al destino di questi bambini. Mostriamo loro che non ci siamo dimenticati di loro, che siamo con loro, che li amiamo e crediamo in loro. Diamo loro la possibilità di avere un'infanzia felice e un futuro luminoso. Apriamo i nostri cuori per la fondazione "UA heart".

https:www.buymeacoffee.com/UAheart

https:www.facebook.com/o.nashchubskiy

Ora c'è una guerra in Ucraina, le città vengono distrutte, i civili muoiono, le famiglie vengono distrutte e i bambini perdono i genitori e rimangono orfani. Sono sicuro che non potresti rimanere indifferente di fronte a questa enorme tragedia che sta accadendo davanti ai nostri occhi in Ucraina nel nostro secolo. E se desideri fare qualcosa di buono per aiutare queste sfortunate vittime della guerra che meritano una vita migliore, allora ci sono diversi modi in cui puoi mostrare la tua gentilezza e compassione.

Puoi anche fare una donazione alla nostra fondazione privata di beneficenza familiare, che fornisce assistenza umanitaria agli orfani in Ucraina :

E c'è anche un altro modo per aiutare i bambini, che è facilmente accessibile a tutti, ovvero acquistare un'altra copia di questo libro e regalarlo a chi desideri. In questo modo aiuterai economicamente gli autori del libro, che doneranno la metà del ricavato per aiutare i bambini colpiti dalla guerra. Dopotutto, questi sono i bambini, il futuro del nostro pianeta, e non possiamo lasciarli senza sostegno e cura.

Ma il modo migliore per aiutare è adottare un bambino ucraino. In questo modo salverai una vita distrutta e le darai una nuova famiglia, una nuova casa, una nuova speranza. Darai un futuro nella vita a una piccola anima innocente che ha tanto bisogno del tuo amore e delle tue cure. Renderai questo mondo un posto migliore e più gentile, e riceverai in cambio la cosa più preziosa, questa è la gratitudine e la felicità del bambino che diventerà tuo figlio o tua figlia."